Georg Fülberth

Sieben Anstrengungen, den vorläufigen Endsieg des Kapitalismus zu begreifen

Konkret Literatur Verlag

Georg Fülberth
Sieben Anstrengungen,
den vorläufigen Endsieg
des Kapitalismus zu begreifen.

2. Auflage 1992
© 1991 Konkret Literatur Verlag, Hamburg
Umschlaggestaltung: Cordula Reiser
Satz: satzbau GmbH, Hamburg
Druck: Fuldaer Verlagsanstalt, Fulda
ISBN 3-89458-101-8

Inhalt

I. Die Hoffnung des Jürgen Kuczynski

In einem Interview wurde Jürgen Kuczynski 1983 gefragt, welche Chance er noch sehe, daß das Wettrüsten beendet und die Kriegsgefahr beseitigt werden könne. Er antwortete:

»Ich glaube, wir müssen zwischen zwei Fragen unterscheiden. Das eine ist die Aufrüstung selbst, vor allem die nukleare Aufrüstung und ihre Auswirkungen auf die Wirtschaft; das zweite ist die aus der Aufrüstung erwachsende ungeheure Kriegsgefahr.

Man fragt mich manchmal, warum ich optimistisch bin in dieser zuletzt genannten Frage, und ich antworte darauf, daß ich bis zum Zweiten Weltkrieg, bis ich begriff, was ein Nuklearkrieg bedeutet, nicht optimistisch war, sondern sicher war, daß der Sozialismus siegen wird. Kein Mensch ist optimistisch in bezug darauf, ob sich das Fallgesetz durchsetzt, und ebensowenig war ich optimistisch in bezug darauf, daß der Sozialismus im Laufe der Zeit, trotz großer Schwierigkeiten und gelegentlich natürlich auch Niederlagen, siegen wird und für die Menschheit ein, wie es der Dichter Erich Weinert einmal ausdrückte, zweites Kapitel der Weltgeschichte beginnen wird. Ich vertrete Weinert folgend immer die Auffassung, daß es nur zwei Kapitel der Weltgeschichte gibt. Das erste sind Hunderttausende, ja wohl Millionen von Jahren dessen, was wir die Urgemeinschaft nennen. Ihr folgt ein winziges Zwischenkapitel von vielleicht zehntausend Jahren, in denen die Menschheit mit ihrer größten Leistung, nämlich mit der Herstellung des Mehrprodukts, nicht fertig wurde: in der nämlich das Mehrprodukt ganz oder größtenteils an eine winzige Minderheit ging, während die Produzenten des Mehrprodukts leer ausgingen. Und dann kommt das zweite Kapitel, nämlich die Geschichte der Menschheit unter dem Sozialismus und Kommunismus, in dem sie die unerhört große Leistung der Verteilung des ständig wachsenden Mehrprodukts, also der Produktion dessen, was über das unbedingt zum physischen Leben Notwendige hinausgeht, meistert. Heute habe ich nun Optimismus, d.h. nicht mehr die Gewißheit, daß ein Gesetz sich durchsetzt, sondern die ganz starke Hoffnung, daß die Menschheit in Frieden überleben und sich weiterentwickeln wird.«[1]

Dies alles klingt in mehrfacher Weise unaktuell: Als Kuczynski sich im Dezember 1983 so äußerte, wurden in Ausführung eines NATO-Beschlusses von 1979 innerhalb der bis dahin letzten Runde des Kalten Krieges und des Wettrüstens zwischen seinen beiden Hauptmächten die ersten **amerikanischen** Mittelstreckenraketen eines neuen Typs (Cruise **missiles und** Pershing II) in Europa stationiert, und linke Lehrerinnen und Lehrer fragten sich, ob es sich überhaupt noch lohne, ein neues Auto zu kaufen, wenn doch das alte bis zum Atomkrieg, der unmittelbar bevorzustehen schien, noch völlig ausreiche. Heute sind das Erinnerungen einer politischen Generation, die schon nicht mehr die jüngste ist. Kuczynski, damals bereits fast achtzig, rechnet in Jahrmillionen. Die Zeit der Klassengesellschaft taxiert er auf »vielleicht zehntausend Jahre« und läßt dabei offen, ob es nicht etwa auch 9.500 oder 10.500 Jahre sein können und wo auf dieser nicht exakt begrenzten Strecke wir uns heute befinden — vielleicht im Jahr 9.800, während das Ende der Klassengesellschaft erst in 700 Jahren zu erwarten ist?

Unaktuell ist selbstverständlich auch das Reden vom Sozialismus und Kommunismus ebenso wie die lineare Sicht: es finde — so wird nicht mehr als sicher angenommen, aber fest geglaubt — eine Abfolge der Gesellschaftsformationen statt.

Themen von gestern — so scheint es. Der sich da so übergreifend geschichtsphilosophisch äußert, konstatiert selber allerdings einen Umbruch in seiner historischen Interpretation. Das Ende des Kapitalismus ist ihm keine Gewißheit mehr, sondern nur noch Gegenstand der Hoffnung. Er hat sich damit von einem Kanon unverrückbarer weltgeschichtlicher Abläufe, der dem Stalinismus zugeschrieben wurde, verabschiedet. »Schöpferische« Marxisten haben sich immer wieder bemüht, Marx selber von solchem deterministischen Denken freizuhalten. Und doch: die Sicherheit der Aufeinanderfolge von Kapitalismus und Sozialismus ist älter als der Stalinismus. Sie gehört in eine geschichtsphilosophische Tradition, die seit der Aufklärung zur Haupttendenz wurde und die den Begriff des Fortschritts zentral stellte. Verzicht auf ihn führte allemal in das Postulat einer »Postmoderne« und eines »Endes der Geschichte«[2], das aber bis vor kurzem immer nur eine Abweichung vom Mainstream darstellte. Der Marxismus erhob den Anspruch, die Ursachen des Progresses entdeckt zu haben: die Dialektik von Produktivkräften und Produktionsverhältnissen. Bekanntlich kam Marx zu diesem Ergebnis, nachdem er den Hegelschen Entfremdungsbegriff in die Kritik der Politischen Ökonomie transportiert und ihn als Mehrwert materialisiert hatte. Zu Demonstrationszwecken hat er diesen quantifiziert, was ihn in die Schwierigkeit brachte, seine Wertkategorien in Zahlen ausdrücken zu müssen, die in Wirklichkeit nur Preise, also einen ausschließlich in der Zirkulationssphäre sichtbaren »Fetisch« bedeuteten.[3] Mit seinen Exempeln aber konnte er das Mißverständnis wecken, als sei die Endlichkeit des Kapitalismus mathematisch berechenbar. Rosa Luxemburg hat diesen Irrtum auf die Spitze getrieben. Sie konstruierte damit eine Zwangsläufigkeit, die ein populäres Vorverständnis kaum ihr, sondern allenfalls dem Wüterich Stalin zugetraut hätte.

II. Rosa Luxemburg und die Grundrechenarten

Rosa Luxemburg hatte eine intensiv positive, aber vielleicht doch auch unglückliche Beziehung zu den Naturwissenschaften und zur Mathematik, die sie in Zürich ja auch unter anderen Disziplinen studiert hat.

In ihren wissenschaftlichen Schriften war Rosa Luxemburg mit einer Beweisführung erst zufrieden, wenn sie deren Ergebnis mit einer naturgesetzlichen Gewißheit vergleichen konnte. Physik und Mathematik waren die — kaum verheimlichten — Vorbilder ihrer Argumentation. In ihrem 1913 erschienenen Hauptwerk, »Die Akkumulation des Kapitals«, meint sie anhand von Zahlenmodellen den Nachweis für die Endlichkeit des Kapitalismus führen zu können. Beim genaueren Hinsehen allerdings reduziert sich die von ihr angewandte Mathematik auf die vier Grundrechenarten. Diese nämlich hatte Marx benutzt, um im zweiten Band des »Kapital« die Austauschverhältnisse zwischen den Abteilungen I (Produktionsmittel) und II (Konsumgüter) der kapitalistischen Produktion darlegen zu können.[1]

Nach Rosa Luxemburgs Ansicht enthielt Marx' Rechnung zu wenige Variablen. Sie hat diese deshalb ergänzt und kam zu dem Ergebnis, daß mit den neuen Zahlen, die so nötig werden, ein glatter Austausch zwischen den Abteilungen I und II nicht mehr möglich ist. Es entsteht Überproduktion, die nur durch ständige Eroberung bislang nichtkapitalistischer Gebiete behoben werden kann: durch den Imperialismus. Sind diese Regionen alle erschlossen, dann ist der Kapitalismus an seiner äußersten denkbaren Grenze angelangt und bricht zusammen. Der Leidensdruck, den er auf dem Weg zu diesem letzten Punkt erzeugt, werde zwar schon vorher zur Revolution führen, aber sie wäre eine rein voluntaristische Angelegenheit und eigentlich nicht zu rechtfertigen, wenn es diese Markierung nicht gäbe.

Diesen Zweck ihrer Argumentation — die gleichsam naturgesetzliche Unvermeidlichkeit eines Endes des Kapitalismus darzulegen — enthüllt Rosa Luxemburg in ihrer Auseinandersetzung mit den »legalen Marxisten« in Rußland («legal« deshalb, weil deren Schriften unter der zaristischen Zensur erscheinen konnten, während revolutionäre Arbeiterorganisationen verboten waren), die den Nachweis einer ständigen Selbstreproduktionsfähigkeit des Kapitalismus zu führen gesucht hatten. Michail I. Tugan-Baranowsky hatte in diesem Zusammenhang in seinem Werk »Studien zur Theorie und Geschichte der Handelskrisen in England« (russisch 1894, deutsch 1901) die Marxschen Schemata herangezogen. Rosa Luxemburg beschrieb das Problem, das dadurch entstand, so: »Es handelte sich darum, ob der Kapitalismus im allgemeinen und insbesondere in Rußland entwicklungsfähig sei, und die genannten Marxisten haben diese Fähigkeit so gründlich dargetan, daß sie sogar die Möglichkeit der ewigen Dauer des Kapitalismus theoretisch nachgewiesen haben. Es ist klar, daß, wenn man die schrankenlose Akkumulation des Kapitals annimmt, man auch die schrankenlose Lebensfähigkeit des Kapitals bewiesen hat. ... Der wichtigste objektive Pfeiler der wissenschaftlichen sozialistischen Theorie bricht dann zusammen, die politische Aktion des proletarischen Klassenkampfes hört auf, ein Reflex ökonomischer Vorgänge, der Sozialismus hört auf, eine historische Notwendigkeit zu sein. Die Beweisführung, die von der Möglichkeit des Kapitalismus ausging, landet bei der Unmöglichkeit des Sozialismus.«[2]

Das war es, was Rosa Luxemburg fürchtete. Ihre Theorie ist erstmals fundiert von dem Austromarxisten Otto Bauer kritisiert worden. Er modifizierte die Marxschen Zahlen noch weiter und kam zu dem Ergebnis, daß ein zeitlich unbegrenzter Austausch zwischen I und II möglich sei. Seiner Auffassung nach kann der Kapitalismus nur nach Maßgabe des Wachstums der Arbeiterbevölkerung expandieren. Der Imperialismus sei der Versuch, diesem System zusätzliche Arbeitskräfte und überdies weitere stoffliche Produktionselemente zuzuführen. Gelinge dies nicht, dann nähmen die zyklischen Krisen und die mit ihnen verbundenen katastrophalen Auswirkungen auf das Proletariat zu, ohne daß auch dann ein absoluter ökonomischer Endpunkt der kapitalistischen Entwicklung gesetzt wird. Dennoch wird der Kapitalismus revolutionär beseitigt werden: durch die Aktion der Arbeiterklasse, für welche die Leiden, unter denen jeweils die Krisenbereinigung erfolgt, unerträglich werden. »Nach unserer Ansicht ist der Kapitalismus auch ohne Expansion denkbar. Aber ob mit, ob ohne Expansion führt der Kapitalismus selbst seinen Untergang herbei. Ist ihm die Expansion möglich, dann bringt er die Arbeitermassen durch das Wettrüsten, durch wachsenden Steuerdruck, durch kriegerische Katastrophen zur Empörung. Ist ihm die Expansion verwehrt, dann wird die Grenze der Akkumulation verengt, die Krisen werden häufiger, länger, verheerender. In dem einen wie in dem anderen Falle erkennt ein wachsender Teil der Volksmasse, daß seine Lebensinteressen mit der Fortdauer der kapitalistischen Produktionsweise unvereinbar sind.«[3]

Für Rosa Luxemburg bedeutete dies die Auflösung einer wissenschaftlich nachweisbaren Gesetzmäßigkeit in blanken Psychologismus. Sie antwortete auf Bauer und andere Kritiker, die sie ironisch die »Sachverständigen« nannte:

»Nehmen wir hingegen mit den 'Sachverständigen' die ökonomische Schrankenlosigkeit der kapitalistischen Akkumulation an, dann schwindet dem Sozialismus der granitene Boden der objektiven historischen Notwendigkeit unter den Füßen. Wir verflüchtigen uns alsdann in die Nebel der vormarxschen Systeme und Schulen, die den Sozialismus aus bloßer Ungerechtigkeit und Schlechtigkeit der heutigen Welt und aus der bloßen revolutionären Entschlossenheit der arbeitenden Klassen ableiten wollen.«[4]

In diesem Zusammenhang kommt wieder ihr Vorbild zum Vorschein, die Naturwissenschaften. Rosa Luxemburg behauptete, Bauer verwende die Begriffe »Überakkumulation« und »Unterakkumulation« falsch und schloß diese Passage ihrer »Antikritik« auftrumpfend:

»Auf dem Gebiete der Naturwissenschaften ist heute allgemeine Kontrolle und öffentliche Kritik auf der Wacht. Da ist z.B. ganz ausgeschlossen, daß plötzlich jemand zur näheren Erläuterung des modernen astronomischen Systems eine genaue Berechnung über die Bewegung sämtlicher Gestirne um die Erde aufstellt und vom gebildeten Publikum ernstgenommen wird. Ja, ein solcher Einfall würde gar nicht zur Kenntnis des Publikums gelangen, denn es fände sich kein Redakteur einer naturwissenschaftlichen Zeitschrift, der einen solchen Humbug unbemerkt passieren ließe. Unter dem Regime der austromarxistischen Diadochen kann derartiges, wie es scheint, ganz glatt passieren! Die Bauersche Akkumulationstheorie, von einer solchen Tribüne verkündet, ist nicht ein gewöhnlicher Irrtum, wie er im Drange nach wissenschaftlicher Erkenntnis jederzeit passieren kann; sie ist, ganz abgesehen von der Stellung zu meinem Buche, eine Blamage für den derzeitigen offiziellen Marxismus und ein Skandal für die Sozialdemokratie.«[5]

Nach Rosa Luxemburgs Tod ist das von ihr bearbeitete Problem weiterdiskutiert worden. Bucharin ersetzte in den Reproduktionsschemata die bislang benutzten absoluten Zahlen durch algebraische Zeichen und symbolisierte durch sie die grenzenlose Austauschfähigkeit der Abteilungen I und II. Der Imperialismus resultierte für ihn nicht aus der Produktion eines unabsetzbaren Überschusses in einem geschlossenen kapitalistischen System, sondern aus der Jagd nach Extraprofit. Diese führe zum Krieg, der die Massen zur Revolution treibe.[6] Eine solche Beweisführung wäre den logischen Ansprüchen Rosa Luxemburgs zweifellos nicht gerecht geworden, sondern in ihren Augen wahrscheinlich eine Kombination aus Voluntarismus und Verabsolutierung zeitgeschichtlicher Evidenz gewesen. Fritz Sternberg stimmte ihrer zentralen These zu, nahm aber an, daß der Zusammenbruchsprozeß sich langsamer vollziehen werde, als sie annahm, denn nur ein kleiner Teil des akkumulierten Mehrwerts müsse in nichtkapitalistischen Räumen abgesetzt werden.[7]

In seinem 1929 erschienen Werk »Das Akkumulations- und

Zusammenbruchsgesetz des kapitalistischen Systems (Zugleich eine Krisentheorie)« hat Henryk Grossmann die Reproduktionsschemata von Otto Bauer übernommen. Während Bauer deren Entwicklung nur für vier Umschlagsperioden durchgerechnet hatte, setzte Grossmann sie über einen längeren Zeitraum hin fort und kam zu dem Ergebnis, daß keineswegs ein nicht mehr realisierbarer Mehrwert entstehe, im Gegenteil: nach dem 34. Umschlag sei der Mehrwert verschwunden. Damit stoße der Kapitalismus ebenfalls an eine unüberschreitbare Grenze — nicht durch Mehrwertüberschuß, sondern durch Mehrwertmangel.[8]

Spätestens hier drohte die Debatte absurd zu werden: Rosa Luxemburg und Henryk Grossmann gingen von denselben Voraussetzungen aus, nämlich Marx' Reproduktionsschemata, prognostizierten ein notwendiges, errechenbares Ende des Kapitalismus, gelangten aber zu einander entgegengesetzten Resultaten bei der Bestimmung der unmittelbaren Zusammenbruchsursache. Der Grund für dieses Aneinandervorbeireden liegt darin, daß sie den gleichen Fehler begingen, diesen aber mit verschiedenartigen Zahlenannahmen durchführten. Sie nahmen an, die Gesamtheit der Variablen, die auf die Beziehungen zwischen den Abteilungen I und II einwirken, so genau quantifizieren zu können, daß damit tatsächlich gerechnet werden kann: z.B. die organische Zusammensetzung des Kapitals in I und II, der Grad ihrer Verschiedenartigkeit und das Verhältnis des entnommenen Gewinns zum investierten. Marx hatte hier noch mit recht einfachen Annahmen gearbeitet, Luxemburg hat diesen weitere hinzugefügt, und Bauer hat Luxemburgs Zahlen wiederum vervollständigt, worauf dann Grossmann noch einmal weitere Verfeinerungen vornahm. In Wirklichkeit können diese Variablen aber gar nicht rechnerisch antizipiert werden. Sie sind Erfahrungstatsachen, deren Kombination mit der Marxschen Arbeitswertlehre, von der Luxemburg wie selbstverständlich ausgeht, dadurch noch erschwert wird, daß es sich bei allen empirisch feststellbaren Zahlen um Preise und Profite handelt, nicht aber um Wert und Mehrwert. Der Profit muß nicht restlos »aufgehen«, er kann spekulativ angelegt werden. Der Zeitpunkt, an dem es zu Zusammenbrüchen entweder an der Börse oder in der konjunkturellen Entwicklung kommt, hat erstens nichts mit dem Ende des Kapitalismus zu tun und ist zweitens ebensowenig prognostisch »errechenbar« wie dieser. Klammern wir dieses Problem aus und verbleiben auf der Ebene des Wertes, auf der sich Marx bei der Darlegung der Reproduktionsschemata befindet, dann gilt, daß für Marx das Verhältnis der Abteilungen I und II eine Wenn-dann-Beziehung war. Wenn beide sich reibungslos austauschen sollen, dann dürfe es keinen unabsetzbaren Rest geben. Die internen Proportionen in jeder Abteilung — zwischen akkumuliertem und konsumiertem Mehrwert, zwischen konstantem und variablem Kapital — seien dann nur noch das Resultat der quantitativen Übereinstimmung zwischen Konsumgüter- und Investitionsmittelindustrie. Insofern wird die von Bucharin vorgenommene Ersetzung der absoluten Zahlen durch algebraische Zeichen der Marxschen Intention gerecht. Auch in dessen Reproduktionsschemata haben die Zahlen lediglich Zeichencharakter, man kann also mit ihnen nur in dem Rahmen, den Marx zu Demonstrationszwecken entwirft, »rechnen«.

Hier ist zu fragen, weshalb Rosa Luxemburg diese Tatsache verkannte und sich so auf ihre Rechnerei versteift hat. Es ist denkbar, daß hier der Revisionismusstreit der neunziger Jahre des 19. Jahrhunderts nachwirkt. Eduard Bernstein hatte die Sozialdemokratie aufgefordert, ihre Theorie vom Hegelianismus zu reinigen und zu Kant zurückzukehren. Dann werde sie feststellen, daß mit den Methoden der »Kritik der reinen Vernunft« eine Unvermeidlichkeit des Sozialismus nicht nachweisbar sei. Er sei lediglich höchst wünschenswert im Sinne der praktischen Vernunft. Der Weg von Kant zu Hegel war für Bernstein ein Verfall der Vernunft, wie er sie verstand, ein Abstieg von den präzisen Fächern Mathematik und Physik sowie von der Empirie zur geschichtsphilosophischen Spekulation.[9]

Rosa Luxemburg hatte Bernstein in ihrer Schrift »Sozialreform oder Revolution?« zwar heftig widersprochen, der Stachel seiner methodischen Kritik saß aber offensichtlich sehr tief. Eineinhalb Jahrzehnte später begab sie sich selbst auf das Feld des empirischen und rechnerischen Nachweises und unterlag.

III: Marx, Hilferding, Lenin und zurück

Marx' Theorie hat nun allerdings weder mit Bernsteins Kritik noch mit Luxemburgs Apologie etwas zu tun. Sie ist Geschichtsphilosophie, nicht Empirie und nicht Mathematik. Seine Definition der Voraussetzungen von Revolution ist ebenso eine Wenn-dann-Bestimmung wie seine Verwendung der Reproduktionsschemata. Fällt die erste Voraussetzung weg, ist mit deren Folgen auch nicht mehr zu rechnen. Die Bedingungen für eine Revolution beschrieb er so:

»Eine Gesellschaftsformation geht nie unter, bevor alle Produktivkräfte entwickelt sind, für die sie weit genug ist, und neue höhere Produktionsverhältnisse treten nie an die Stelle, bevor die materiellen Existenzbedingungen derselben im Schoß der alten Gesellschaft selbst ausgebrütet worden sind. Daher stellt sich die Menschheit immer nur Aufgaben, die sie lösen kann, denn genauer betrachtet wird sich stets finden, daß die Aufgabe selbst nur entspringt, wo die materiellen Bedingungen ihrer Lösung schon vorhanden oder wenigstens im Prozeß ihres Werdens begriffen sind.«[1]

Das historische Beispiel, das Marx hier vor Augen hat, war der Übergang vom Feudalismus zum Kapitalismus. Dieser war bereits vollständig ausgebildet, bevor er die Hülle der alten Gesellschaft sprengte. Marx hat keinen Zweifel daran gelassen, daß in seiner eigenen Gegenwart die Voraussetzungen für eine kommunistische Gesellschaft noch nicht gegeben waren, mochte er auch die Zeit, die bis dahin vergehen werde, in einzelnen Äußerungen zu knapp bemessen haben.

Fünf Jahrzehnte später sah Rudolf Hilferding die Bedingungen für einen Formationswechsel herangereift. Die Entstehung des Monopolkapitals, seine Steuerung über die Banken habe einen neuen Kapitaltyp hervorgebracht, das Finanzkapital. Damit sei ein Ausmaß an Vergesellschaftung bereits innerhalb des Kapitalismus erreicht worden, das den Übergang in eine nicht mehr auf dem Privateigentum an den wichtigsten Produktionsmitteln beruhende Gesellschaft möglich machen werde:

»Das Finanzkapital bedeutet seiner Tendenz nach die Herstellung der gesellschaftlichen Kontrolle über die Produktion. Es ist aber Vergesellschaftung in antagonistischer Form; die Herrschaft über die gesellschaftliche Produktion bleibt in den Händen einer Oligarchie. Der Kampf um die Depossedierung dieser Oligarchie bildet die letzte Phase des Klassenkampfes zwischen Bourgeoisie und Proletariat.

Die vergesellschaftende Funktion des Finanzkapitals erleichtert die Überwindung des Kapitalismus außerordentlich. Sobald das Finanzkapital die wichtigsten Produktionszweige unter seine Kontrolle gebracht hat, genügt es, wenn die Gesellschaft durch ihr bewußtes Vollzugsorgan, den vom Proletariat eroberten Staat, sich des Finanzkapitals bemächtigt, um sofort die Verfügung über die wichtigsten Produktionszweige zu erhalten. ...

Die Besitzergreifung von sechs Berliner Großbanken würde ja heute schon die Besitzergreifung der wichtigsten Sphären der Großindustrien bedeuten und in der Übergangszeit, solange kapitalistische Verrechnung sich noch als opportun erweist, die Politik des Sozialismus in ihren Anfängen außerordentlich erleichtern.«[2]

Lenin hat in seiner 1916 verfaßten und 1917 erstmals erschienenen Schrift »Der Imperialismus als höchstes Stadium des Kapitalismus« Hilferdings ökonomische Thesen übernommen. Allerdings sah er die innerkapitalistische Vergesellschaftung schon weiter gediehen als dieser. Sie umfasse nicht nur die Finanzsphäre, sondern bereits die Produktion:

»Wenn aus einem Großbetrieb ein Mammutbetrieb wird, der planmäßig, auf Grund genau errechneter Massendaten, die Lieferung des ursprünglichen Rohmaterials im Umfang von zwei Dritteln oder drei Vierteln des gesamten Bedarfs für Dutzende von Millionen der Bevölkerung organisiert; wenn die Beförderung dieses Rohstoffs nach den geeignetsten Produktionsstätten, die mitunter Hunderte und Tausende Meilen voneinander entfernt sind, organisiert wird; wenn von einer Zentralstelle aus alle aufeinanderfolgenden Stadien der Verarbeitung des Materials bis zur Herstellung der verschiedenartigsten Fertigprodukte geregelt werden; wenn die Verteilung dieser Produkte auf Dutzende und Hunderte von Millionen Konsumenten nach einem einzigen Plan geschieht (Petroleumabsatz in Amerika wie in Deutschland durch den amerikanischen 'Petroleumtrust') — dann wird es offensichtlich, daß wir es mit einer Vergesellschaftung der Produktion zu tun haben und durchaus nicht mit einer bloßen 'Verflechtung'; daß privatwirtschaftliche und Privateigentumsverhältnisse eine Hülle darstellen, die dem Inhalt bereits nicht mehr entspricht und die daher unvermeidlich in Fäulnis übergehen muß, wenn ihre Beseitigung künstlich verzögert wird, eine Hülle, die sich zwar verhältnismäßig lange in diesem Fäulniszustand halten kann (wenn schlimmstenfalls die Gesundung von dem opportunistischen Geschwür auf sich warten lassen sollte), die aber dennoch unvermeidlich beseitigt werden wird.«[3]

Für Lenin wie Hilferding waren in ihrer unmittelbaren Gegenwart die Voraussetzungen für einen Formationswechsel gegeben. Der Kapitalismus habe bereits einen Vergesellschaftungsgrad erreicht, der die Beibehaltung des Privateigentums an den wichtigsten Produktionsmitteln obsolet mache. Kapitalismusanalyse war für sie deshalb ein Stück Revolutionstheorie. Der letzte Begriff in Hilferdings Werk »Das Finanzkapital« heißt: »Diktatur des Proletariats«.[4] Über deren konkrete Form machte er damals — das Buch, als Manuskript 1909 abgeschlossen, erschien 1910 — keine Aussagen. Nach der Oktoberrevolution, als Kautsky gegenüber Lenin auf der Notwendigkeit der Beibehaltung parlamentarischer Regeln bestand und die demokratische Republik als die konkrete Form der Diktatur des Proletariats auffaßte, hat Hilferding diese Position geteilt. Den weitgehend vergesellschafteten Kapitalismus definierte er 1925 als »organisierten Kapitalismus«.[5] In seiner Grundsatzrede auf dem Kieler Parteitag der SPD 1927, »Die Aufgaben der Sozialdemokratie in der Republik«, erklärte er das parlamentarisch-demokratische System für das geeignete Instrument, um den Formationswechsel zu bewerkstelligen. Reform und Revolution unterschieden sich nicht mehr prinzipiell.[6] Lenin zog aus einer ähnlichen ökonomischen Analyse einen anderen Schluß. Gegenwehr der Kapitalistenklasse mache die Anwendung revolutionärer Gewalt mit großer Wahrscheinlichkeit notwendig. Die Diktatur des Proletariats faßte er als Negation der bisherigen parlamentarisch-demokratischen Formen auf. Sie werde allerdings in ein Absterben des Staates übergehen, bei dem der öffentlich-rechtliche Regelungsbedarf nicht mehr auf politischem Weg (durch außerökonomischen Zwang, den Menschen gegen andere Menschen anwenden; die wirtschaftliche Machtausübung und Herrschaft sei ohnehin nach dem Ende des Privateigentums an den wichtigsten Produktionsmitteln beseitigt), sondern nur noch durch von allen gemeinsam organisierte Verwaltungsmaßnahmen gedeckt werde.[7]

Bei diesem gravierenden Unterschied zwischen Hilferding und Lenin muß doch festgehalten werden, daß ihnen ein Irrtum gemeinsam war, die Auffassung vom revolutionären Reifegrad der kapitalistischen Ordnung. Das, was Lenin als kapitalistische Vergesellschaftung der Produktion auffaßte, betraf im Grunde nur einen Teilbereich, den der Lenkung von Investitionen und von Warenströmen. Der Arbeitsvorgang selbst wurde dadurch nicht berührt.

Eine Vergesellschaftung noch im Kapitalismus, die im Grunde schon eine neue Ordnung darstellt, mag insofern eine aktuelle Realität sein, als zwischen der vollen Herrschaft des Konkurrenzprinzips im Manchesterkapitalismus und der vielfältigen Regulierung dieser Produktionsweise ein qualitativer, aber immanenter Unterschied besteht. Hilferding und Lenin aber zielten eine nachkapitalistische Ordnung an, in der das bisherige Proletariat ebenso zum Subjekt geworden sei wie die im Feudalismus zunächst noch subalternen Verleger, Manufakturbesitzer, Großhandwerker und Kaufleute, die allmählich die gesamtgesellschaftlich wirkenden Produktions- und Distributionsvorgänge beherrschten, spätestens nach der industriellen Revolution. Dies setzt eine Vergesellschaftung des Arbeitsprozesses durch die unmittelbaren Produzenten selbst voraus. Sie bestand zu Hilferdings und Lenins Zeit ebensowenig wie heute. Nachdem lange Zeit industriesoziologische Untersuchungen eine Polarisierung der Belegschaften von Großbetrieben in Hochqualifizierte einerseits, Un- und Angelernte andererseits festgestellt hatten, entdeckten Horst Kern und Michael Schumann in einem 1984 veröffentlichten Buch eine Tendenz zum »Ende der Arbeitsteilung« zumindest in der Automobilproduktion, in der Chemieindustrie und im Werkzeugmaschinenbau. Eine innerbetriebliche Gruppe der »Produktionsintelligenz« («Straßenführer« in der Kfz.-Fabrik, CNC-Maschinenführer im Werkzeugmaschinenbau, Anlagenfahrer in der Chemieindustrie, Meß- und Regelmechaniker) lenke weitgehend selbständig wichtige Teile des Produktionsprozesses. Ihre Tätigkeit weise ein hohes Maß an Identifikation mit der Arbeit und an notwendigem intellektuellem Engagement auf. Eine Polarisierung finde jetzt nicht mehr in erster Linie im Betrieb selbst statt, sondern zwischen hochqualifizierten Beschäftigten und aus dem Arbeitsprozeß Verdrängten. (Dazwischen gibt es noch die innerbetrieblichen Absteiger.)[8] Hier kann also tatsächlich von Vergesellschaftung des Arbeitsprozesses die Rede sein. Allerdings umfaßt sie nur einen Ausschnitt der Fertigung, keinesfalls den gesamten Reproduktionsprozeß. Auch wenn die Investitionen nach wie vor ebenfalls vergesellschaftet sind, so befindet sich beides — Steuerung des Kapitalflusses und selbstbewußtes Engagement in der unmittelbaren Produktion — doch niemals bei derselben Menschengruppe.

Antonio Gramsci nannte eine zusätzliche Voraussetzung des Formationswechsels: proletarische Hegemonie als eine Form der kulturellen Vergesellschaftung. Bei ihrer Herstellung habe der »organische Intellektuelle«, der die Interessen der Klasse so zum Ausdruck bringe, daß sie als gesamtgesellschaftliche sichtbar würden, eine zentrale Bedeutung.[9] Zweifellos ist ideologische Vergesellschaftung durch audiovisuelle Medien und »Kulturindustrie«[10] im zwanzigsten Jahrhundert ein wichtiges Herrschaftsinstrument geworden: für die Kapitalistenklasse, nicht für das Proletariat. »Vergesellschaftung« allein bezeichnet nur eine Form, nicht ein Subjekt. Wo immer sie bislang in der Zirkulations-, in der Produktions- und in der kulturellen Sphäre festgestellt werden konnte, erwies sie sich als Modus kapitalistischer Stabilität. Sie war im übrigen auch so variabel, daß sie nicht als einliniger Prozeß zu beschreiben ist. Für Hilferding bedeutete kapitalistische Vergesellschaftung eine zunehmende Zentralisierung ökonomischer Entscheidungen, die in staatliche Hände übergehen und dort parlamentarisch- demokratisch gesteuert werden könne. Spätere links-keynesianische Konzepte folgten einem ähnlichen Modell der Vereinheitlichung. Allerspätestens seit Mitte der siebziger Jahre des 20. Jahrhunderts hat die Entwicklung in den am höchsten entwickelten kapitalistischen Ländern aber »Privatisierungs«-Tendenzen sichtbar gemacht, die neben dem Staat den Markt wieder in höherem Maße als Vergesellschaftungsinstanz in den Vordergrund rückten. Einer der glänzendsten Vertreter der Theorie des Staatsmonopolistischen Kapitalismus, Peter Hess, hat daraus 1990 folgenden Schluß gezogen: Nicht nur in den bisherigen Ländern des Realen Sozialismus, sondern auch in den imperialistischen Zentren sei das Privateigentum an den entscheidenden Produktionsmitteln aufgehoben. Schon Marx habe darauf hingewiesen, daß es auf zweierlei Weise beseitigt werden könne: positiv durch das Staatseigentum, negativ mit Hilfe des Kredits. Die negative Form — so Hess — sei im gegenwärtigen Kapitalismus dominant. Mit den »Konzernen, Banken, Versicherungsgesellschaften, Investmenthäusern, Pensions- sowie anderen privaten und staatlichen Geldfonds«[11] sei eine finanzkapitalistische Eigentumsform entstanden, welche eine weit effektivere Ressourcenallokation ermögliche als das Staatseigentum. Es sei deshalb unsinnig, ihre Umwandlung in staatliches Eigentum zu verlangen. Eine antikapitalistische Entwicklung müsse stattdessen durch demokratische Planung, Wegsteuern der Profite und ihr Einfließen in staatliche und gesellschaftliche Fonds sowie »wirkliche Demokratisierung, wirkliche Mitbestimmung und Bestimmung durch die Arbeiter, die wissenschaftliche Intelligenz und die Angestellten«[12] erreicht werden.

Eine der Ursachen für die Fehleinschätzungen von Hilferding und Lenin mag in ihrer letztlich doch undifferenzierten Wahrnehmung des Proletariats bestehen, und diese kann in den Hegelschen Ursprüngen ihres Denkens begründet sein. Als die Arbeiterklasse in Marx' »Einleitung zur Kritik der Hegelschen Rechtsphilosophie« erstmals an die Stelle gerückt wurde, die im idealistischen Denken der zu sich selbst kommende Geist einnahm,[13] war damit lediglich ihre Funktion benannt, jedoch noch lange nicht ihre Realität beschrieben. In seiner letzten Schrift schilderte Friedrich Engels die wachsende revolutionäre Vereinheitlichung des Proletariats. Die Entwicklung zwischen 1848 und 1895 kennzeichnete er so: »Damals die vielen unklaren Sektenevangelien mit ihren Panazeen, heute die eine allgemein anerkannte, durchsichtig klare, die letzten Zwecke des Kampfes scharf formulierende Theorie von Marx; damals die nach Lokalität und Nationalität geschiedenen und verschiedenen, nur durch das Gefühl gemeinsamer Leiden verknüpften, unentwickelten, zwischen Begeisterung und Verzweiflung ratlos hin und her geworfenen Massen, heute die eine große internationale Armee von Sozialisten, unaufhaltam voranschreitend, täglich wachsend an Zahl, Organisation, Disziplin, Einsicht und Siegesgewißheit.«[14]

Engels' Beobachtung hat zeitliche und räumliche Grenzen. Sie beschreibt wahrscheinlich zutreffend eine Tendenz — wenngleich noch keineswegs ein Ergebnis! — der Industriellen Revolution in den höchstentwickelten kapitalistischen Ländern. Danach aber, beim Übergang in den Monopolkapitalismus, trat wieder eine stärkere innere Differenzierung der Arbeiterklasse in den Metropolen ein, und der Imperialismus führte nachgerade zu einem zumindest aktuellen und mittelfristigen Interessengegensatz zwischen dem Proletariat der dominierenden und dem der in Unterentwicklung gehaltenen Länder.

Engels, Hilferding und Lenin dachten ganz offensichtlich in einem historischen Dreischritt: Sei es die Abfolge von Konkurrenz- und Monopolkapitalismus, sei es die Überwindung von der Zersplitterung des Proletariats zu seiner schlagkräftigen Einheit; in jedem Fall war die zweite Stufe die Voraussetzung für die Erreichung einer dritten, auf der dann die revolutionäre Umwälzung erfolgen sollte. Es ist aber zu prüfen, ob an die Stelle der Triade eine vielgliedrige Reihe treten muß, mag dies auf den ersten Blick auch eher zum Beispiel der Stadienlehre von Walt W. Rostow entsprechen. Das Interpretationsangebot, das ich hier mache, unterscheidet sich von Rostow gerade dort, wo er formal (und scheinbar) mit Hilferding und Lenin übereinstimmt, nämlich in ihrer Aktualisierung historischer Teleologie. Für antimarxistische Modernisierungstheoretiker nimmt die — in ihren Augen allerdings ständig verbesserungsbedürftige — kapitalistische Realität die Stelle ein, an der bei Marxistinnen und Marxisten der Kommunismus plaziert ist. Soweit dieser — ansatzweise bei Lenin, in voluntaristischer Setzung bei Stalin und seinen Epigonen, unter denen Chruschtschow sich in dieser Hinsicht als der getreueste Stalin-Schüler erwies, als er das Erreichen des Kommunismus bis zum Jahr 1980 in Aussicht stellte — als ein Ereignis der absehbaren Zukunft dargestellt wird, ist der Unterschied zur Hypostasierung des gegenwärtigen Kapitalismus gar nicht so groß, und es erklären sich auf diese Weise die Konformitätsbemühungen des Realen Sozialismus in seinem Verhältnis zum durch den Kapitalismus geprägten Technologie- und Wachstumsmodell. Erklärungsbedürftig bleibt dann aber, weshalb überhaupt in der bisherigen Geschichte schon mehrmals der Versuch unternommen wurde, den Kapitalismus durch eine kommunistisch-sozialistische Ordnung zu ersetzen. Modernisierungstheoretiker werden diese Ansätze zur Sprengung wahrscheinlich als Durchgangsphasen interpretieren, als Ergebnisse zeitbedingter Defekte, die gerade durch diese Art der Gegenwehr systemimmanent beseitigt werden konnten. Demgegenüber meine ich, Anhaltspunkte dafür zu haben, daß die kapitalistische Gesellschaftsformation tatsächlich einen Mechanismus der Selbstaufhebung besitzt, der, solange er nicht zerstörerisch wirkt, eher ihre Optimierung bewirkt, ohne daß eine Beschränkung auf diese Funktion für alle Zeit ausgemacht sein muß. Ist das aber wahr, dann wäre die bisherige Geschichte des Kapitalismus vor dem Hintergrund seiner möglichen und notwendigen Überwindung zu schreiben. Alle in der Vergangenheit unternommenen Versuche, ihn zu beseitigen, wären dann der Ausdruck der zeitweilig an die Oberfläche gekommenen Wahrheit, daß auch diese Formation nicht nur in einem physikalischen, sondern auch im gesellschaftlichen Sinne endlich ist. Das Scheitern solcher Anläufe aber erklärt sich aus dem Widerspruch zwischen der Organisationsform dieser Gegenwehr und dem für den Sieg einer neuen Ordnung nicht hinreichenden Grad der kapitalistischen Vergesellschaftung. Thomas Kuczynski, Direktor des Zentralinstituts für Wirtschaftsgeschichte an der Akademie der Wissenschaften der ehemaligen DDR, führt dies darauf zurück, daß die gegenwärtige Technologie eine kommunistische Gesellschaft noch nicht ermöglichen könne, der reale Sozialismus habe deshalb nur die Form des »Frühkommunismus« annehmen können. »Es war zweifellos ein Fehler zu glauben, die kommunistische Produktionsweise könne auf der vom Kapitalismus übernommenen technologischen Basis errichtet werden. Kommunismus ist nicht, wie Lenin meinte, Sowjetmacht plus Elektrifizierung. Das Resultat dieser Gleichung ist Frühkommunismus, und der verfügt ebendeshalb auch noch nicht über eine eigene technologische Basis, denn die ist weitgehend identisch mit der des Spätkapitalismus. Er verfügt eben deshalb auch noch nicht über ein ihm eigenes Regulationssystem, denn die Eigentumsverhältnisse und die technologische Basis passen noch nicht zusammen. Deshalb laborieren wir beständig an provisorischen Lösungen, beispielsweise für die enormen Probleme, mit denen wir auf dem Gebiet der Planung und Leitung seit Jahren und Jahrzehnten zu kämpfen haben. Aber eine neue Produktionsweise ist noch nie in ausgereifter Gestalt geboren worden. Der Kapitalismus hat, wie gesagt, etwa drei Jahrhunderte benötigt, um das ihm eigene Regulationssystem von relativem Mehrwert, Produktionspreis, Durchschnittsprofitrate usw. zu entwikkeln.«[15]

Was Thomas Kuczynski als »Frühkommunismus« bezeichnet, ist für Peter Ruben »roher Kommunismus«. Dessen unentwickelter Zustand beruht seiner Meinung nach nicht auf der Differenz zwischen einer fortgeschrittenen Eigentumsform und diesen noch nicht entsprechenden Produktivkräften, sondern darauf, daß der Staat das einzige Wirtschaftssubjekt sei, während das »persönliche Unternehmertum« und damit unabdingbares Innovationspotential »niedergehalten« werde.[16] Deren Entfaltung aber bedürfe des Marktes.

Die beiden hier zitierten Aussagen sind dem Zusammenbruch des realen Sozialismus abgewonnen. Zu den Voraussetzungen der These von Ruben gehört eine Verengung des historischen Blickfeldes. Das Desaster des Sozialismus folge aus Fehlsteuerungen im Sozialismus selbst. Dagegen wäre zu prüfen, ob der Zustand dieser Gesellschaftsformation nicht in erster Linie aus der Geschichte des Kapitalismus erklärt werden sollte. Sozialismus wäre dann vorläufig nichts anderes als eine Art »Einschluß« im Kapitalismus. Dies muß nicht daran hindern, immense subjektive Fehler der kommunistischen Parteien und ihrer Führungen zur Kenntnis zu nehmen. Waren die bisherigen Sozialismusversuche im Sinne von Thomas Kuczynski notwendig »verfrüht« — ebenso wie für ihn die kapitalistische Eigentumsform vor der Durchsetzung der Industriellen Revolution und eines spezifisch kapitalistischen Regulationssystems entstand,[17] also bis dahin auch reversibel blieb —, dann wäre das Versagen von Personen, Institutionen und Parteien nicht Ursache, sondern Folge.

IV. Fünf Perioden kapitalistischer Entwicklung [1]

Es hat sich gezeigt, daß sich die bisherige Geschichte des Kapitalismus nicht in einem Zwei- oder Drei-Phasen-Schema (Herausbildung seiner klassischen Form — aktuelle Reife und Krise — absehbare Aufhebung) darstellen läßt. Es handelt sich um eine noch junge Gesellschaftsformation, deren Ende auf keinen Fall berechenbar ist und deren bisherige Geschichte deshalb auch nicht im Lichte einer Schlußkatastrophe dargestellt werden kann.

Bislang lassen sich fünf Perioden kapitalistischer Entwicklung unterscheiden, deren fünfte gerade erst begonnen hat. Es sind dies:

1. die industrielle Revolution,
2. die imperialistische Konsolidierung,
3. die Periode der innerimperialistischen Konfrontation,
4. »Fordismus« und Kalter Krieg,
5. die zweite imperialistische Konsolidierung unter den Bedingungen eines neuen Produktivkrafttypus und der Niederlage der sozialistischen Länder in der Systemauseinandersetzung sowie der Befreiungsbewegungen in den in Unterentwicklung gehaltenen Regionen und in einigen der Staaten, in denen sie zwischenzeitlich zur Macht gelangt sind.

1. Industrielle Revolution

Die industrielle Revolution erfolgte in den meisten kapitalistisch werdenden Ländern unter so katastrophalen Umständen und war mit so massenhaftem Leid verbunden, daß viele Zeitgenossen — und zwar einerseits Konservative, andererseits revoltierende Arbeiter sowie Theoretiker, die sich mit einer dieser beiden Verlierergruppen verbanden — ein baldiges Ende einer solch ungerechten, »anarchisch« (Engels) sich entwickelnden

Produktionsweise vorhersagten. Ausdruck dieser krisenhaften Situation waren vielfältige antikapitalistische Revolten: Absentismus, Verbrechen, genossenschaftliche Experimente, die englische Chartistenbewegung, die Junischlacht in Paris 1848 und die Pariser Kommune 1871. Seinen theoretischen Ausdruck fand der Protest gegen den jungen Kapitalismus im Frühsozialismus, im utopischen Kommunismus und im Werk von Marx.

Der Terminus »Industrielle Revolution« kann als Bezeichnung für eine Anfangsphase in der Gesamtgeschichte des Kapitalismus nur für einige wenige Länder gelten: Großbritannien, das westliche, mittlere und nördliche Kontinentaleuropa, Italien, die USA, Japan. Sie waren — und auch hier schon nicht gleichzeitig, sondern in einer langen Abfolge — die ersten Staaten, in denen diese Umwälzung stattfand. Rußland ist schon ein Grenzfall im Bereich des Übergangs hin zu jenen Ländern, in denen die industrielle Revolution später stattfand (und bis heute noch stattfindet), die aber gegenüber den altkapitalistischen Regionen entweder in einer Situation der Abhängigkeit verblieben oder deren Vorsprung allenfalls mühsam (und äußerst selten) verringerten. Die ersten Industriestaaten befanden sich nicht nur in Konkurrrenz zueinander, sondern sie übten Herrschaft über die zunächst noch nichtkapitalistisch verbleibenden Gebiete aus, ein Zustand, der häufig auch nach deren formeller politischer Befreiung und nach deren — oft nur partieller — Industrialisierung anhielt. Diese Dominanz war jedoch nicht immer erst durch die industrielle Revolution verursacht. Sie resultierte im Falle Großbritanniens aus der hohen vorindustriell-kapitalistischen Entwicklung, die dieses Land durch die Herausbildung von Agrar- und Handelskapital erreicht hatte, sowie aus seiner überseeischen Herrschaft. In den USA, die sich bereits im 19. Jahrhundert vom »Mutterland« losrissen, und auch in den späteren Dominions Kanada, Australien und Neuseeland vollzog sich die zeitlich spätere industrielle Revolution in einer Weise, die sie zu altkapitalistischen Mächten machte. Die Durchsetzung des Kapitalismus in diesen Ländern gehört somit in den Initialzyklus dieser Produktionsweise.

Die industrielle Revolution kann insofern als Gründungsda-
tum des modernen Kapitalismus gesetzt werden, als erst durch
sie diese Produktionsweise irreversibel wurde. Allerdings entsteht durch diese Datierung die Schwierigkeit einer historischen Einordnung von Gesellschaften, in denen Profiterwirt-
schaftung auf der Basis von Handels- und Agrarkapital sich bereits vorher, nämlich im 17. Jahrhundert, durchgesetzt hatte, in
Großbritannien und den Niederlanden. Der Übergang zum Industriekapitalismus in England ein Jahrhundert später legt
einen ursächlichen Zusammenhang zwischen diesen früheren
Formen und der industriellen Revolution im Sinne einer notwendigen, wenngleich nicht hinreichenden Bedingung nahe.
Agrar- und Handelskapitalismus wären dann vergleichsweise
kurze, wenngleich sehr wichtige Vorphasen gewesen.[2]

Eine Datierung der industriellen Revolution muß selbst dort,
wo dieser Typus des Kapitalismus erstmals sich durchsetzte,
nach Ländern differenzieren. Doch auch in den USA, wo der
Durchbruch der neuen Produktionsweise keine massenhafte,
das kapitalistische System in Frage stellende organisierte Opposition auslöste, fehlt die Revolte nicht. Sie erreichte ihren Höhepunkt in den blutigen Auseinandersetzungen des Jahres 1886
und prägte sich parteipolitisch in den Erfolgen der »People's
Party« der neunziger Jahre aus. Rußland geriet erst nach der
Bauernbefreiung von 1861 in das »Treibhaus des Kapitalismus«
(Valentin Gitermann)[3]. Den Höhepunkt der politischen und
sozialen Industrialisierungskrise — vergleichbar dem Jahr 1848
in West- und Mitteleuropa — bildeten dort die Revolutionen
von 1905 und 1917, die jedoch, anders als dort, nicht in einer Festigung des Kapitalismus endeten, sondern in einer nachkapitalistischen Ordnung.

2. Imperialistische Konsolidierung

In allen anderen Ländern schloß sich an die Periode der industriellen Revolution eine Phase der inneren Konsolidierung des

kapitalistischen Systems an. Es erreichte eine breitere Grundlage, auf der es sich ungefährdet weiterentwickeln konnte. Diese Konsolidierung hatte sowohl interne als auch äußere Ursachen. Im Innern konnte zusätzliches Kapital mobilisiert werden, ohne daß dies zum ständigen Ruin bisher selbständiger Mittelschichten führte. Ein zentraler Hebel hierfür waren die Aktiengesellschaften. Die Herausbildung von Kartellen und — in Kontinentaleuropa — deren zunehmende Abhängigkeit von den Banken einerseits, die allmähliche Sammlung immer größerer Teile der Arbeiterklasse in Gewerkschaften andererseits sowie schließlich die Verdichtung staatlicher Einflußnahme (Sozialgesetzgebung) schufen eine Binnenorganisiertheit des Kapitalismus, die in seiner »anarchischen« Phase nicht denkbar gewesen war. Zugleich wurde die Polarisierung zwischen Lohnarbeit und Kapital, die in der Industriellen Revolution entstanden war, jetzt durch eine Polarisierung in der Kapitalistenklasse selbst ergänzt: zwischen Monopolkapital und nichtmonopolistischen Kapitalisten. Die überlegene Position der Kartelle und Trusts auf dem Binnenmarkt verschaffte ihnen Monopolprofite, die teilweise den in diesen Industrien Beschäftigten zugute kamen. Je weiter der regionale Einflußbereich dieser Zusammenschlüsse war, umso größer war die Masse ihres Extraprofits. Daraus resultierte ihr ständiger Versuch der Ausdehnung über die vorgefundenen nationalen Grenzen hinweg: Schaffung von Einflußzonen, Sicherung und Erwerb von Kolonien, aber auch Bereitschaft zur kriegerischen Eroberung von wichtigen Regionen anderer hochentwickelter kapitalistischer Länder. Rudolf Hilferding hat in seinem »Finanzkapital« dies als die Ursache des Imperialismus gekennzeichnet. Dominanz auf dem Weltmarkt gab die Möglichkeit zusätzlichen Profits, von dem ebenfalls Teile an die Unterklassen abgezweigt werden konnten. Der nach wie vor existierende zentrale Klassenkonflikt in den am meisten entwickelten kapitalistischen Ländern wurden so durch Außenverlagerung teilweise entspannt, wobei die sozialpsychologische Komponente in einigen Ländern — etwa Deutschland — eine größere Bedeutung hatte als die tatsächliche materielle »Bestechung« (Lenin), die wohl vor allem die britische Situation kennzeichnete. Für beide Aspekte verwendet der westdeutsche Historiker Hans-Ulrich Wehler zutreffend die Bezeichnung »Sozialimperialismus«.[4] Dem Streben nach Expansion entsprach der Versuch, den eigenen, zunächst meist national umgrenzten Einflußbereich gegen ausländische Konkurrenz zu sichern: ein neuer Protektionismus.

Innerhalb der Arbeiterbewegung lief jetzt die Radikalität der Marxschen Theorie praktisch leer (auch wenn sie zumindest in Deutschland und Österreich-Ungarn aus Gründen der organisatorischen Identitätsstiftung und -erhaltung beibehalten wurde und sogar neue Anhänger gewann). Einen korrekten Ausdruck der realen ideologischen Situation in der deutschen Sozialdemokratie stellte das 1899 erschienene Buch »Die Voraussetzungen des Sozialismus und die Aufgaben der Sozialdemokratie« von Eduard Bernstein dar. Die reformistische Strömung war aber keineswegs auf das Deutsche Reich beschränkt, sondern anderswo teilweise sogar noch stärker, dort allerdings weniger theoretisch profiliert. Zwischen dem Erscheinen des dritten Bandes des Marxschen »Kapital« (1894) und Hilferdings »Finanzkapital« (1910) stagnierte die marxistische Kritik der Politischen Ökonomie im wesentlichen. Die intellektuellen Vertreter des historischen Materialismus arbeiteten jetzt eher in die Breite, und zwar in dreifachem Sinne. Sie wandten die Marxschen Hypothesen auf immer neue Bereiche der traditionellen Geistes- und Gesellschaftswissenschaften an (z.B. auf die Geschichtsschreibung), diskutierten Einzelaspekte der Theorie (am ausführlichsten in der »Neuen Zeit«, einer wöchentlich erscheinenden Zeitschrift der deutschen Sozialdemokratie) und bemühten sich um Popularisierung. Unbestrittener Repräsentant dieser Arbeitsweise war für Jahrzehnte Karl Kautsky. Die Hauptwerke von Rudolf Hilferding und Rosa Luxemburg gehören ihrem Erscheinungsdatum nach zwar noch dieser Periode der ersten kapitalistischen Konsolidierung an, sie beschreiben aber in der Sache schon die Bedingungen der nächsten, durch innerimperialistische Konfrontation gekennzeichneten

Phase. Hilferdings »Finanzkapital« ist eine weithin zutreffende Darstellung der ökonomischen Grundlagen der kapitalistischen Entwicklung nach dem Abschluß der industriellen Revolution auf dem europäischen Kontinent und in den USA. Indem er zugleich die außenpolitischen Konfliktpotentiale beschreibt, die durch die Expansionstendenz der zunächst national organisierten Monopole entstehen, weist er bereits auf die Periode des imperialistischen Konflikts voraus.

Diese ist auch schon Gegenstand der theoretischen Bemühungen von Rosa Luxemburg. Sie zieht dabei jedoch kaum neues Datenmaterial heran, sondern begibt sich gleichsam zurück zu den »Quellen« der Kritik der Politischen Ökonomie: der Kapitalismus ist bei ihr nicht transformiert, die absehbare Gewaltsamkeit seiner nächsten Konflikte stellt insofern nichts Neues dar, sondern ist Ausdruck seiner von Anfang an unverändert wirkenden Gesetzmäßigkeiten.

3. Innerimperialistische Konfrontation

Die innerimperialistische Konfrontation trat mit dem Beginn des Ersten Weltkriegs offen zutage. Sie hatte aber bereits in den neunziger Jahren mit dem europäischen Wettrüsten begonnen, also schon in der Phase der imperialistischen Konsolidierung.

Seit dem Ausbruch des Ersten Weltkriegs 1914 nahmen die führenden kapitalistischen Staaten den offenen militärischen Kampf um die Neuverteilung ihrer Territorien und Einflußsphären gegeneinander auf. Nach kurzer Zeit ging diese Konfrontation in eine als Systemgefährdung wahrgenommene Erschütterung über. Ihre Ergebnisse waren der Umsturz in Rußland 1917 und die an ihn anschließende Offensive des Bolschewismus, der bis 1923 selbst proklamierte, daß die Ergebnisse der Oktoberrevolution nur gesichert werden könnten, wenn die Revolution von Rußland auf die entwickelten kapitalistischen Länder übergreife. Die gescheiterten Aufstandsbewegungen in Finnland, Estland, Lettland, Litauen, Ungarn 1918/1919 sowie

Deutschland 1918/19, 1920 und 1923 waren Ausdruck dieser Situation. Nach einer kurzen Phase der relativen Stabilisierung des Kapitalismus 1924-1928 schien die Weltwirtschaftskrise 1929-1933 eine innere Grenze des kapitalistischen Systems zu markieren, die »Reinigungsfunktion« der Depression blieb aus. Der New Deal in den USA, der Faschismus in Deutschland sowie eine Politik verstärkter staatlicher Nachfrage in Japan leiteten eine Periode neuer innenpolitischer Stabilisierung in diesen drei Ländern ein. In den Vereinigten Staaten konsensual, in Japan und Deutschland teils mit Gewalt, teils ebenfalls mit Massenkonsens. In Großbritannien war die weitgehende innere Konsolidierung, die schon 1848 begonnen hatte, auch durch den Übergang in die Periode der imperialistischen Konfrontation ohnehin niemals in Frage gestellt. Die wirtschaftspolitischen Instrumente, mit denen in den USA, in Japan und in Deutschland die ökonomische und politische Krise überwunden wurde, waren implizit keynesianisch, sie wurden angewandt, noch bevor — 1936 — Keynes' »Allgemeine Theorie der Beschäftigung, des Zinses und des Geldes«[5] erschienen war. Die staatliche Nachfragesteigerung erfolgte im Faschismus und in Japan über die Rüstung, in den Vereinigten Staaten durch Sozialpolitik und Ausbau von Infrastruktur. In Deutschland konnte die daraus resultierende Staatsverschuldung nur unter der Perspektive eines großen Krieges hingenommen werden, in dem es gelingen mußte, durch Raub, territoriale Expansion und Errichtung handelspolitischer Hegemonie die Verluste der Vergangenheit auszugleichen. (Eine friedlichere Variante eines »Keynesianismus vor Keynes« war bereits in den zwanziger Jahren, vor allem zwischen 1924 und 1928, auf kommunaler Ebene sichtbar. Lokale Arbeitsbeschaffungsmaßnahmen zur Verbesserung der Infrastruktur wurden von marktradikalen Kritikern als »kalte Sozialisierung« angegriffen. Sie standen von Anfang an vor den Problemen der Finanzierung durch Kredit [6].)

Japan strebte mit der Eroberung der Mandschurei, Indochinas sowie großer Teile Chinas die Gründung einer von ihm dominierten »Neuen Ordnung in Ostasien« (eines — wie die japanischen Protagonisten dieses Kurses das nannten — »Größeren Raums gemeinsamen Wohlergehens«) an. Die USA erreichten die mit dem New Deal angestrebte Vollbeschäftigung nie. Eine Exportoffensive mußte das innenpolitische Programm flankieren. Die Pläne Japans und Hitler-Deutschlands, protektionistische Wirtschaftsimperien zu errichten, schienen in absehbarer Zeit diesen Ausweg abzuschneiden. So war auch der Weg der USA in den Krieg vorgezeichnet, damit zugleich neue staatliche Nachfrage über die Rüstung angebahnt.

Die Oktoberrevolution von 1917 erscheint als das Schlüsselereignis für die Interpretation der dritten Phase der kapitalistischen Entwicklung. Zunächst einmal war sie aber nichts anderes als eine »typische« Revolution innerhalb einer industriellen Revolution, vergleichbar also dem Jahr 1848 in Mittel- und Westeuropa. Allerdings erfolgte sie zugleich »verspätet«, d.h. schon unter den Bedingungen der innerimperialistischen Konfrontation. So resultierte aus ihr nicht eine Verbreiterung des kapitalistischen Entwicklungsweges in Rußland, sondern sein — vorläufiger — Abbruch. Für den Kapitalismus im Weltmaßstab war dies insofern von Bedeutung, als der Einflußbereich des Imperialismus dadurch eingeengt und seine politische Dynamik spätestens seit 1941 auf die Systemkonfrontation gelenkt wurde. Letztlich aber hat die Oktoberrevolution doch die kapitalistische Entwicklung keineswegs einseitig beeinflußt, sondern ihre Resultate gerieten zunehmend unter den Druck der kapitalistischen Dynamik.

Die Weiterentwicklung der Kritik der Politischen Ökonomie, welche die Ursachen der innerimperialistischen Konfrontation analysieren sollte, fand bereits unmittelbar vor dem Ersten Weltkrieg durch Rudolf Hilferding und Rosa Luxemburg statt. Danach trat der historische Materialismus in eine Periode der unmittelbaren Operationalisierung ein. Symptomatisch hierfür ist Lenins Imperialismusschrift von 1916: Einerseits resümiert sie die Thesen Hilferdings (und des britischen Imperialismuskritikers John A. Hobson), andererseits werden diese für ihn zur Basis einer aktuellen Revolutionstheorie. Die von

Eugen Varga in den zwanziger und dreißiger Jahren verfaßten Konjunkturanalysen waren als Beitrag zur Erforschung der Voraussetzungen der aktuellen Aufhebung der kapitalistischen Produktionsweise konzipiert. Mit dem Machtantritt des deutschen Faschismus und mit der vollen Durchsetzung des Stalinismus wurde die Weiterentwicklung der marxistischen Kritik der Politischen Ökonomie für lange Zeit gestoppt. Einerseits war die Arbeiterbewegung nun in Kämpfe gezogen worden, die in hohem Maße von Krieg und internationaler Politik bestimmt waren, andererseits zerstörte die Umformung des historischen Materialismus zur ausschließlichen Bestätigungsdoktrin für von der Führung bereits getroffene Entscheidungen ihre wissenschaftlichen Möglichkeiten. Die Weltwirtschaftskrise schien Zusammenbruchsprognosen, wie sie insbesondere in der populären Agitation von Marxisten während der zwanziger Jahre gestellt wurden, zu belegen. Sie gab deshalb keinen unmittelbaren Anstoß zur Weiterentwicklung der historisch-materialistischen Kritik der Politischen Ökonomie. Dagegen führte sie in einem Teil der bürgerlichen Wirtschaftswissenschaften zu einer Erneuerung: John Maynard Keynes stellte die klassische These, daß jedes Angebot — auch das von Arbeitskräften — sich seine Nachfrage schaffe, in Frage und forderte »eine ziemlich umfassende Verstaatlichung der Investition«.[7] Da er damit aber letztlich theoretisch begründete, was in einigen der am weitesten entwickelten kapitalistischen Staaten schon im Gange war, war seine Schrift nicht nur ein Beitrag zur Teilrevision überkommener nationalökonomischer Vorstellungen, sondern sie war gleichsam nur eine Begleiterscheinung einer real sich vollziehenden Transformation des Kapitalismus selbst. Keynes blieb bei den Voraussetzungen der »bürgerlichen« Wissenschaft u.a. auch durch die Beibehaltung der Grenznutzenvorstellungen, die er lediglich für das Problem des Angebotes und der Nachfrage von Beschäftigung modifizierte (aber auch da nicht in toto verwarf). Werttheoretisch stand er auf einem ganz anderen theoretischen Boden als Marx, auf diesem Feld arbeitete er auch seinen Gegensatz zu Ricardo heraus. Die in der damaligen kommunistischen Bewegung, aber auch in Teilen der Linken in der Bundesrepublik nach der ersten westdeutschen Rezession von 1966/67 verbreitete Vorstellung, die Weltwirtschaftskrise 1929-1933 habe sowohl die kapitalistische Ordnung erschüttert als auch deren theoretische Grundannahmen zerstört, trifft deshalb nicht zu. Das Gegenteil ist richtig. Es handelte sich um eine Transformation und Selbstbehauptung des Kapitalismus — praktisch wie theoretisch.

4. »Fordismus« und Kalter Krieg

Beginnend mit dem Überfall Hitler-Deutschlands auf die Sowjetunion 1941, dann verallgemeinert mit dem offenen Ausbruch des Kalten Kriegs 1947 ging die Periode der imperialistischen Konfrontation in eine neue Phase über. Der Konflikt zwischen den hochentwickelten kapitalistischen Staaten wurde durch die Auseinandersetzung zwischen dem Kapitalismus und der Sowjetunion, dann, ab 1947, auch anderen nachkapitalistischen Gesellschaften teils abgelöst, teils überlagert. Im Übergang von der innerimperialistischen Konfrontation zum Kalten Krieg war das kapitalistische System neuen Gefährdungen ausgesetzt. Durch das Vordringen der Roten Armee und interne Revolutionen (Tschechoslowakei 1948) in Ost- und Mitteleuropa sowie durch den Zusammenbruch der japanischen Herrschaft in Nordvietnam und Nordkorea entstanden neue nichtkapitalistische Ordnungen. Der Kalte Krieg selbst war zugleich — eher parallel als in kausalem Zusammenhang — die Zeit antiimperialistischer Revolutionen in den bislang in Unterentwicklung gehaltenen Ländern. Zahlreiche ehemalige Kolonien bzw. »Überseeprovinzen« befreiten sich aus der politischen Unterdrückung durch die kapitalistischen Metropolen oder die von diesen gestützten nationalen Oligarchien, von Indien 1947 bis hin zu Vietnam, Angola, Mosambik, Guinea-Bissau 1975 und zuletzt Nicaragua.

Allerdings war die Systemgefährdung für die herrschenden

Klassen der am höchsten entwickelten Länder in der Periode der Konfrontation mit den nachkapitalistischen Staaten und mit den nationalen Befreiungsbewegungen gleichsam in ein Außenverhältnis transportiert. Im Inneren setzte in Europa und Japan spätestens seit dem Ende der vierziger Jahre eine Periode des politischen und sozialen Burgfriedens ein. In den USA war er auch während der Weltwirtschaftskrise niemals in Frage gestellt gewesen.

Ursache der inneren Systemstabilisierung — bei weiterbestehender äußerer Labilität — war der Übergang des Kapitalismus zu einem neuen Typus der Produktion und der Mehrwertrealisierung. Die Verbilligung traditioneller und die mit einiger Zeitverzögerung ermöglichte massenhafte Erschwinglichkeit neuer Konsumgüter, unter anderem durch die Einführung anderer Fertigungsmethoden («Taylorismus»), erlaubten hohe Reallohnsteigerungen. Von hier ging nunmehr eine zusätzliche Nachfrage aus, die für lange Zeit ständig steigende Investitionen in beiden Abteilungen der kapitalistischen Produktion ermöglichte. Dieses Akkumulationsmodell hatte zwei Varianten. Die eine realisierte sich in einer im wesentlichen unregulierten Marktwirtschaft. Dies gilt für die Vereinigten Staaten während der zwanziger Jahre und auch für die deutschen Westzonen ab 1948 sowie die Bundesrepublik in den fünfziger Jahren. In einer zweiten Version wird die Nachfrage in großen Teilen staatlich vermittelt, so im New Deal der USA, seit der zweiten Hälfte der sechziger Jahre zeitweilig zunehmend auch in der Bundesrepublik.

Erst nach 1945 war dieses Akkumulationsmodell typisch für die Gesamtheit der hochentwickelten kapitalistischen Länder. Der Terminus »Fordismus« selbst allerdings wurde durch Antonio Gramsci bereits für die in den USA zutagetretende Frühform geprägt.[8] Er ist auch deshalb glücklich gewählt, weil er die Verbindung zu jenem Konsumgut (und seiner Produktion) herstellt, das in den USA seit den zwanziger, in Europa seit den fünfziger Jahren zum Symbol des neuen Massenkonsums wurde: das Automobil. Die Palette des nunmehr — scheinbar oder tatsächlich — »für alle« Erreichbaren ist inzwischen um bis dahin als luxuriös geltende Dienstleistungen (z.B. Tourismus) und audiovisuell vermittelte Informationen erweitert worden.

In der Periode der kriegerischen Systemkonfrontation und des Kalten Krieges stagnierte die marxistische Kritik der Politischen Ökonomie wiederum lange Zeit. Sie entwickelte sich seit den sechziger Jahren auf einem Teilgebiet weiter: durch die Theorie des Staatsmonopolistischen Kapitalismus, die den Versuch unternahm, Stabilität und Transformationspotentiale des hochentwickelten Kapitalismus zu erklären. Der Terminus »Staatsmonopolistischer Kapitalismus« stammte noch von Lenin und war eine umwertende Operationalisierung der Theorie Hilferdings. Jetzt kam — im Grunde mit dreißigjähriger Verspätung — eine Rezeption von Keynes hinzu. Das Aktionseinheits- und das Volksfrontkonzept der Kommunistischen Internationale von 1935 war damals ausschließlich auf den Bereich der Politik im engeren Sinne beschränkt gewesen. Jetzt erhielt es seine Fundierung auf dem Gebiet der Politischen Ökonomie. Strategisches Ziel in den hochentwickelten kapitalistischen Ländern sollte eine »antimonopolistische Demokratie« sein: Sozialisierung des monopolistischen Eigentums und staatliche Investitionslenkung, beides unter demokratischer Kontrolle mit weitgehenden Eingriffs- und Gestaltungsmöglichkeiten der Gewerkschaften und bei Aufrechterhaltung des nichtmonopolistischen kapitalistischen Privateigentums und der einfachen Warenproduktion.[9]

Der Anwendungsbereich dieser Analyse und Strategie war auf die hochentwickelten kapitalistischen Länder beschränkt und hatte mit Keynes den Primat der ökonomischen Innenpolitik gemeinsam. Eine Untersuchung der gesellschaftlichen Wirklichkeit in den Ländern des Realen Sozialismus fand durch Marxisten, die entweder selbst dort lebten oder als Mitglieder bzw. im Umkreis der kommunistischen Parteien des Westens ihre Position im Kalten Krieg bezogen hatten, nicht statt. In der UdSSR, der DDR und den anderen Ländern des RGW-Bereichs galt hier einfach die seit Stalin vorgenommene Instrumentalisierung von Wissenschaft[10]

— in diesem Fall: ein klares Wissenschaftsverbot — weiter. Kommunisten im Westen unterwarfen sich der Parteidisziplin, zumeist aus strategischen und moralischen Gründen. Strategisch: in einer scharfen politischen Konfrontation mit nachgerade militärischem Charakter (nämlich im Kalten Krieg) sei operative Geschlossenheit der eigenen Partei und des eigenen »Lagers« zeitweilig das höhere Gut, während Analysen, die nicht dem unmittelbaren Kampfzweck dienten, später nachgeholt werden könnten. Moralisch: Übereinstimmung mit dem im Westen dominanten Antikommunismus erschien zuweilen als die größere sittliche und auch ästhetische Zumutung. So blieben Leo Trotzkis Schriften über den Stalinismus auf Jahrzehnte hinaus die einzigen Versuche, den Realen Sozialismus marxistisch zu analysieren.[11]

Die Theorie des Staatsmonopolistischen Kapitalismus lieferte auch keinen Beitrag zur Analyse der nachkolonialen Gesellschaften und der internationalen Wirtschaftsbeziehungen. Die nationalen Befreiungsbewegungen und die von ihnen errichteten Staaten wurden als Faktor in der Systemauseinandersetzung hoch eingeschätzt, als ihr politisches und ökonomisches Subjekt wurde eine »nationale Bourgeoisie« gesehen, ein »nichtkapitalistischer Weg« schien prinzipiell möglich. Ganz offensichtlich überwog eine Sichtweise, die von den Interessen der Länder des Realen Sozialismus in der Ära des Kalten Krieges ausging. Fortdauernde katastrophale Benachteiligung der nach wie vor in Unterentwicklung verbleibenden Länder, die aufgrund ihrer Abhängigkeit vom kapitalistischen Weltmarkt keine Chance hatten, dort tatsächlich gleichberechtigt konkurrieren zu können, wurde seit den sechziger Jahren von Theoretikern vor allem in Lateinamerika zunehmend erkannt, analysiert und in der »Dependencia«-Theorie dargestellt. Vertreter der Theorie des Staatsmonopolistischen Kapitalismus hatten daran keinen Anteil, Marxisten waren in dieser Forschungsrichtung nur singulär vertreten.[12]

Dieses Defizit bedeutete im Grunde auch ein Abgehen von den bisherigen Forschungs- und Darstellungsmethoden des

Historischen Materialismus. Wenn Marx die kapitalistische Produktionsweise analysierte, so faßte er diese in der Hegelschen Tradition als »universellen« Gegenstand, allerdings mit einem regionalen Entstehungszentrum, Großbritannien, von dem aus sie sich notwendig auf die gesamte Welt ausbreite. Rosa Luxemburg meinte den Zeitpunkt der allgemeinen Durchsetzung des Kapitalismus als letztmögliches Datum einer Umwälzung ausmachen zu können. Für Lenin war das Verhältnis der entwickelten kapitalistischen Länder zu ihren Kolonien, Halbkolonien und Einflußsphären zumindest ein wichtiger Faktor unter anderen, von dem aus die Möglichkeit und Notwendigkeit der Selbstbefreiung der dort lebenden Völker in die Strategie der Dritten Internationale einging. Zweifellos hatte bereits bei Marx die Analyse der inneren Struktur des Kapitalismus in seinen Hauptländern überwogen, dies aber nur unter der Voraussetzung der unvermeidlichen Verallgemeinerung des dort erreichten Entwicklungsniveaus. Nach der Oktoberrevolution aber war gerade in der nun sehr einflußreich werdenden Leninschen theoretischen Tradition ungleiche Entwicklung ein nicht mehr aufgebbares Element der globalen Kräfteverhältnisse geworden. Der sich nun herausbildende Reale Sozialismus konnte — scheinbar — kein Gegenstand der Politischen Ökonomie des Kapitalismus mehr sein. (Allerdings galt diese Einengung wohl erst seit den dreißiger Jahren vollständig, während für Trotzki auch in der Zeit, als er noch Funktionär der KPdSU war, der Kapitalismus eine Möglichkeit in der UdSSR war und Momente einer kapitalistischen Restauration von ihm immer wieder benannt wurden.) Wie eine der wichtigsten Ursachen des Zusammenbruchs des Realen Sozialismus — die Fortdauer der Dominanz des kapitalistischen Weltmarkts — zeigt, war die Ausblendung großer Teile der Wirklichkeit aus der Analyse bereits ein strategischer Fehler. Die Vernachlässigung bzw. grob vereinfachte Wahrnehmung der innerkapitalistischen ökonomischen Abhängigkeitsverhältnisse gab den umfassenden Erklärungsanspruch des Historischen Materialismus im Grunde auf, wenngleich das praktisch-politische Engagement der RGW-Staaten für die Befreiungsbewegungen und die von ihnen errichteten Regimes sehr groß war.

Ein sich seit den sechziger Jahren in den USA, Westeuropa und Japan herausbildender »Western Marxism« blieb — oder wurde — frei von den Anforderungen einer an den Ländern des Realen Sozialismus sich orientierenden außenpolitischen Parteilichkeit. Die auf Trotzki zurückgehende Theorietradition bildete hier eine Richtung unter anderen. Wichtige Voraussetzungen des »Western Marxism« waren die Intellektuellenbewegungen der sechziger Jahre und — vor allem in den siebziger Jahren — die Ablösung einiger kommunistischer Parteien von ihrer bisherigen Bindung an die KPdSU. In diesem Umkreis wurde auch die »Krise des Marxismus« diskutiert. Sie hatte folgende Gründe:

1. Die Entwicklung der kapitalistischen Gesellschaft war ihrer theoretischen Analyse immer wieder weit voraus. Historisch-materialistische Kritik erfolgte fast regelmäßig auf einem Informationsstand, von dem aus erst einmal nachholende Zurkenntnisnahme notwendig war. Unübersehbar galt das für die Wissenschaft in den RGW-Staaten aufgrund ihrer Bindung an politische Vorgaben, die eine rechtzeitige Verarbeitung neuer Phänomene nachdrücklich verhinderte. Im Westen aber wirkte teils die institutionelle und personelle Schwäche der marxistischen Bewegung, teils — wo diese stärker war — das Übergewicht operativer Anforderungen großer Parteien eher hemmend. Die Mängel der Organisationen und politischen Systeme, welche eine Förderung und zugleich eine Zielbestimmung marxistischer Theorie für sich in Anspruch nahmen, reichen zur Erklärung für das Nachhinken hinter der Praxis nicht aus. Politische und soziale Theorie wird immer wieder — also nicht nur für Marxisten — in einem gewissen Maße »parteilich« sein, also die Erfolgsmöglichkeiten ihres Denkens und damit auch dessen Rahmenbedingungen mit in Rechnung stellen. Zum Opportunismus gerät das nur dort, wo sie dabei ihre spezifischen Erkenntnismittel für Zwecke, die mit ihren eigenen Prämissen unvereinbar sind, verbiegt. Wenn aber der Kapitalismus noch

lange nicht an seine Grenze gelangt ist, finden Theorien, die sich auf ihn und nichts anderes orientieren, ein weiteres unmittelbares Blickfeld vor sich als eine Kritik, die sich nicht darauf beschränkt, seine immanenten Mängel sichtbar zu machen, sondern auch über ihn hinausweisende Alternativen konkret entwickeln will. Dies ist der Grund, weshalb Marx und Engels immer dann, wenn sie kurzfristige Prognosen aufstellten (und dies oft mit großer Sicherheit), versagten.

2. Seit der Elften Feuerbach-These — »Die Philosophen haben die Welt nur verschieden interpretiert, es kömmt drauf an, sie zu verändern.«[13] — stand der Marxismus unter dem Bewährungsdruck der Praxis. Die schweren Niederlagen der kommunistischen Parteien seit der Mitte der siebziger Jahre und die Positionsverluste der Länder des Realen Sozialismus in der Schlußphase der vierten Periode mußten deshalb die Frage aufwerfen, ob der historische Materialismus seinem eigenen Anspruch gerecht geworden oder ob er mit dem aktuellen Scheitern seiner Praxis auch theoretisch erledigt sei.

3. Das lenkte die Aufmerksamkeit auf in der Vergangenheit tatsächlich ungelöste immanent theoretische Probleme. Am deutlichsten war das erkenntnistheoretische Defizit in der Bestimmung der Wert-Preis-Relation. Der italienische Ökonom Piero Sraffa griff bei dem Versuch, in seiner Schrift »Warenproduktion mittels Waren« diese Frage neu aufzuwerfen, auf Ricardo zurück und bemühte sich, damit die klassische Arbeitswertlehre gegen die Neoklassik zu verteidigen. Es ist jedoch nicht absehbar, daß seine Ergebnisse sich auch auf den Beweis der Marxschen Mehrwertlehre erstrecken.[14]

5. Die neue Konsolidierung

Spätestens sei Beginn der achtziger Jahre wird deutlich, daß der Kapitalismus jetzt in seine fünfte Periode eingetreten ist. Sie ist gekennzeichnet durch

a) die Niederlage der nachkapitalistischen Länder im Kalten Krieg,

b) die Perspektive einer kapitalistischen »One World« unter Einbeziehung der bis dahin nachkapitalistischen Staaten,

c) die Einbeziehung von vorher nationalrevolutionären Gesellschaften der sogenannten »Dritten Welt« in diese »One World«,

d) die Gefahr einer Einschränkung gewerkschaftlicher Gegenmacht (soweit sie bis dahin überhaupt bestand) durch einen neuen Produktivkraft- und Akkumulationstyp in den am meisten entwickelten kapitalistischen Gesellschaften.

Der Beginn dieser neuen Periode kapitalistischer Entwicklung ist nicht einheitlich zu datieren. Wahrscheinlich muß dabei zwischen den einzelnen Zentren (USA, Japan, Europa) unterschieden werden, außerdem nach Innen- und Außenpolitik.

In Europa werden die ökonomischen Aspekte der neuen Periode seit der Mitte der siebziger Jahre sichtbar. (Damals begann dort auch schon die Wahrnehmung einer »Krise des Marxismus«.) Die außenpolitischen Merkmale — hier zu beziehen auf das Verhältnis der kapitalistischen Metropolen zu den nachkapitalistischen Gesellschaften und zu den Entwicklungsländern — sind am Ende der achtziger Jahre voll ausgebildet.

5.1. Der »Westen« gewinnt den Kalten Krieg

Der »Westen« hatte sich in der Systemauseinandersetzung das Ziel gesetzt, die Ergebnisse der Oktoberrevolution rückgängig zu machen. Die Sowjetunion proklamierte seit spätestens 1924 die Möglichkeit und Notwendigkeit, den Weg zum Sozialismus/Kommunismus unter Abwehr dieser Interventionsversuche zurückzulegen («Sozialismus in einem Land«) und dabei die Überlegenheit der neuen, der sozialistisch-kommunistischen Gesellschaftsformation so zu entfalten, daß diese den revolutionären Prozeß auch in den kapitalistisch gebliebenen Gesellschaften fördern konnte. Ein militärisches Rollback der nachkapitalistischen Gesellschaften ist nicht erfolgt. Aber die Belastungen durch Weltkrieg und Wettrüsten hat die nachkapitali-

stischen Länder daran gehindert, sich eigenständig weiterzuent-
wickeln und die neuen Potenzen einer vom Profitprinzip befreiten Gesellschaft attraktiv zu gestalten. Ende der achtziger
Jahre mußten sie, ökonomisch überfordert und im Innern von
schweren Legitimationskrisen erschüttert, ihre alte Maxime der
Nicht-Erpreßbarkeit aufgeben, wirtschaftlich und auch militärisch. Auf dem Weg über die internationalen Wirtschaftsbeziehungen wurden sie wieder Teil der kapitalistischen Welt.

Der Abstieg des Realen Sozialismus begann gerade in dem
Moment, als er einige der Ziele, die er sich im Kalten Krieg gesetzt hatte, erreicht zu haben schien: Mitte der siebziger Jahre.
Durch die Unterzeichnung der Schlußakte der »Konferenz für
Sicherheit und Zusammenarbeit in Europa« (KSZE) 1975 wurde in Europa die außenpolitische Ordnung, die sich seit 1945
herausgebildet hatte, vorderhand stabilisiert. Dies schloß die
Anerkennung der Westgrenze Polens sowie der staatlichen Existenz der DDR ein. In den bislang in Unterentwicklung gehaltenen Ländern schien sich das Kräfteverhältnis weiterhin zugunsten der Bewegungen und Regimes, die mit dem Realen Sozialismus eng verbunden waren, zu verändern. 1975 endete der Viet-
nam-Krieg mit dem endgültigen Sieg der nationalen Befreiungs-
front und der Sozialistischen Republik Vietnam.

Zugleich aber wurde allmählich sichtbar, daß die Länder des
Realen Sozialismus in der Systemauseinandersetzung auf einem
anderen Feld nicht mehr mithalten konnten: in der Entwicklung der Arbeitsproduktivität durch die Nutzung der wissenschaftlich-technischen Revolution, vor allem in der Mikro-
elektronik und in der Biotechnologie. Hier gewann der Westen
einen entscheidenden Vorsprung und manövrierte über den
Weltmarkt die sozialistischen Länder aus.

Der neue Produktionstyp, der mit dem Vordringen der Infor-
mationstechnologie zur Geltung kam, war offensichtlich mit
den bisher in den RGW-Staaten angewandten nahezu ausschließlich zentralen Steuerungsmethoden nicht mehr vereinbar. Die notwendige Dezentralisierung von Entscheidungsbe-
fugnissen widersprach aber dem Leitungstyp der »Kommando-

wirtschaft«. Daß dieser trotzdem noch beibehalten wurde, hatte offensichtlich zwei Gründe:

Erstens: In der Systemauseinandersetzung gewannen spätestens seit Stalin Sicherheitsgesichtspunkte den Vorrang vor allem anderen. Die Abwehr von Gefahren, die von außen drohten und sich im Innern in einer Situation des Mangels reproduzieren konnten, legten den Versuch universeller zentraler Kontrolle nahe — auch auf das erst dadurch entstehende Risiko hin, daß zunehmende Starrheit das gesellschaftliche System ineffektiv machte.

Zweitens: Die »Kommandowirtschaft« war bis Mitte der siebziger Jahre nach Maßgabe der Ziele, die sie sich selbst gesetzt hatte, ungemein erfolgreich gewesen. Die UdSSR wurde ab 1929 in kurzer Frist — wenngleich unter großen Opfern — industrialisiert und konnte sich gegen den deutschen Faschismus behaupten. Während des Kalten Krieges verhinderte sie vier Jahrzehnte lang das Rollback und wurde militärisch dem Westen ebenbürtig. In Deutschland war der Versuch, die Errichtung eines monopolkapitalistisch organisierten westdeutschen Staates, der eine Ausgangsbasis für eine kapitalistische Restauration östlich der Elbe werden sollte, zu verhindern und Gesamtdeutschland nach den außenpolitischen Interessen der UdSSR zu gestalten, allerdings gescheitert. Daß die Sowjetunion und die DDR ab 1955 stattdessen ein Nebeneinander beider deutscher Staaten proklamierten, während der Westen an dem Ziel eines kapitalistischen Gesamtdeutschlands festhielt, markierte eine Niederlage der Kommunisten. Sie konnten aber immerhin eine zurückgenommene Linie halten: Aufrechterhaltung der DDR und — ab 1973 (nach dem Abschluß des »Grundlagenvertrags« mit der Bundesrepublik) — ihre völkerrechtliche Anerkennung auch durch die NATO-Länder. So war ein politisches System, dessen ökonomischer Kern auf »Kommandowirtschaft« beruhte, außenpolitisch insofern erfolgreich, als es ein Ziel, dessen Erreichung von seinen Gegnern lange Zeit abgewehrt worden war, dann doch noch zu realisieren vermochte. Leitungsstrukturen, die bewährt erscheinen, werden aber erst dann geändert, wenn sie zur Bewältigung einer Krise nicht mehr ausreichen. Das geschah in der kapitalistischen Welt in den dreißiger Jahren, als dort der noch relativ unregulierte Kapitalismus durch vermehrte Staatstätigkeit reformiert wurde. Die Erfolge des bisherigen zentralistischen Steuerungstyps in den meisten Ländern des Realen Sozialismus schienen dagegen die Beibehaltung der überkommenen Strukturen nahezulegen. Der Vermeidung einer entweder systemgefährdenden oder -modifizierenden Krise sollte in der DDR und in den anderen RGW-Staaten sowie in der Volksrepublik China der Übergang zu einem außenkreditfinanzierten Wachstum dienen. Auf diesem Weg ging Polen bereits Anfang der siebziger Jahre voran. Zinszahlung und Tilgung waren ab 1980 nur noch durch Exportsteigerungen und Importbeschränkungen möglich. Die damit verbundene Restriktion des Massenkonsums mußte die Unzufriedenheit in großen Teilen der Bevölkerung steigern. Als Gegenmaßnahme wurden die Apparate der »Inneren Sicherheit« verstärkt. Damit aber sind Möglichkeiten der Diskussion und der Umsteuerung endgültig blockiert worden. Die Legitimationskrise, deren Ausbruch schließlich nicht mehr verhindert werden konnte, nahm in den einzelnen Ländern einen verschiedenartigen Verlauf. In der Volksrepublik China wurde 1989 eine Art Weltmarktdiktatur errichtet. Sie sollte die Voraussetzungen für die Bedienung der Zins- und Tilgungsverpflichtungen und für die weitere Aufnahme ausländischen Kapitals gegen aktuelle Konsum- und Demokratisierungsinteressen von politisch aktiven Teilen der Bevölkerung sichern. Ein ähnlicher Versuch scheiterte im selben Jahr in Rumänien. In Polen war die Verhängung des Kriegsrechts 1981 praktisch ein politisches Diktat zu dem Zweck, den Weltmarktverpflichtungen des Landes gegen die Interessen der eigenen Bevölkerung nachzukommen. Dies ließ sich auf die Dauer ebensowenig realisieren wie in den anderen RGW-Staaten. Der Übergang zur parlamentarischen Demokratie und zum Kapitalismus hat aber bislang weder das Weltmarktdiktat noch die ökonomische Dauerkrise in diesen Ländern behoben.

In der DDR erfolgte die Massierung der »Inneren Sicherheit« während der achtziger Jahre ebenfalls unter dem Druck, die Zahlungs- und Außenhandelsbilanz wieder ins Gleichgewicht bringen zu müssen, ohne die dafür nötigen inneren Reserven zu haben. Das Problem wurde 1990 durch Anschluß an die Bundesrepublik gelöst. Der Ausgang der Systemkrise in der UdSSR ist lediglich hinsichtlich der konkreten Politikformen, die dabei entstehen werden, offen, jedoch nicht mehr hinsichtlich der prokapitalistischen ökonomischen Substanz.

Mit dem Erlöschen des Realen Sozialismus gewinnt die gegen Ende des Zweiten Weltkrieges von dem damaligen US-Präsidenten Franklin D. Roosevelt verkündete Doktrin der »One World« eine Realisierungschance. Roosevelt hatte gegen eine Ausdehnung des sowjetischen Herrschaftsbereichs nichts einzuwenden, da er voraussetzte, die gesamte Welt — also einschließlich Osteuropas — werde dennoch Teil eines globalen Freihandelssystems bleiben, das selbstverständlich vom US-amerikanischen Kapital beherrscht werde. Sein Nachfolger — vielleicht aber Roosevelt selbst in seinen letzten Monaten — sah sich dann der Perspektive gegenüber, daß die UdSSR keineswegs bereit war, sich und ihre neue »strategische Sicherheitszone« unter Preisgabe z.B. des Außenhandelsmonopols den Bedingungen des Westens zu unterwerfen. Daraufhin versuchten die Vereinigten Staaten gegenüber der UdSSR die gleichen Prinzipien durchzusetzen, die sie 1941 gegen Japan und Hitler-Deutschland militärisch vertreten hatten: Aufbrechung von Wirtschaftsräumen, die sich dem US-amerikanischen Verständnis von Freihandel und ökonomischer Dominanz zu widersetzen drohten. Mit kriegerischen Mitteln ging das nicht mehr. Es kam zum Kalten Krieg, der insofern nichts anderes gewesen ist als die Fortsetzung der beiden »heißen« Weltkriege mit anderen Mitteln (keine Systemauseinandersetzung, sondern eine Magenverstimmung des Kapitalismus) und an dessen Ende dann nicht die USA allein, sondern die führenden kapitalistischen Staaten insgesamt das Konzept der »One World« durchsetzen.

5.2. Perspektiven kapitalistischer Hegemonie in Europa 1992 ff.

Die Vollendung des westeuropäischen Blocks 1992 wird der Einbeziehung »Zwischeneuropas« (so nannte Franz Josef Strauß die Länder zwischen dem ehemaligen Deutschen Reich und der UdSSR) und der Sowjetunion in den Kapitalismus eine neue Dynamik geben. Was dann ins »gemeinsame europäische Haus« steht, kann vielleicht mit einer Analogie erläutert werden:

Ende des 19. Jahrhunderts gründeten die USA in der westlichen Hemisphäre ihr »informal Empire«. Sie verzichteten keineswegs auf Interventionen — im Gegenteil. Teilweise wurden diese antikolonialistisch begründet, etwa 1898 auf Kuba gegen Spanien. Doch legten die Vereinigten Staaten das Hauptgewicht ihrer Politik darauf, die formell souveränen Staaten Lateinamerikas ökonomisch zu durchdringen. Ähnlich kann in den nächsten Jahrzehnten Osteuropa der Hinterhof Westeuropas werden. Es wird dem westeuropäischen Kapital- und Warenexport schrankenlos offenstehen. Dabei wird wahrscheinlich eine innere Differenzierung innerhalb der ehemaligen RGW-Staaten, die unter dem bisherigen Zustand staatlichen und genossenschaftlichen Eigentums an den Produktionsmitteln bereits bestand, sich in kapitalistischen Formen vertiefen, indem die ehemalige DDR, die CSFR, vielleicht die baltischen Staaten (unter Umständen aber auch lediglich Lettland und Estland) hochentwickelte kapitalistische Gesellschaften werden, während Polen und die Rest-Sowjetunion sehr deutlich den Status von Entwicklungsländern annehmen. Diese prognostische Scheidung ist zweifellos sehr grob und enthält keine Vermutung z.B. über die Art der Entwicklung in Ungarn.

Die Herausbildung eines imperialistischen Kontinentalsystems in Europa (richtiger wohl: in »Eurasien«) wird sehr wahrscheinlich mit einer Verschiebung der innerkapitalistischen Machtverhältnisse zwischen den USA, der EG und Japan zugunsten »Europas« verbunden sein.

5.3. Die deutsche Variante

Verhält sich künftig, nach dem Ende des realen Sozialismus, ganz West- und Mitteleuropa zu Osteuropa und großen Teilen Asiens ähnlich wie Nord- zu Lateinamerika, so zeichnet sich nach der Herstellung eines gesamtdeutschen Staates ab, daß das vereinigte Deutschland gegenüber dem »übrigen« West- und Mitteleuropa in eine Position gelangen wird, die heute die USA in Relation zu Kanada einnehmen.

5.4. Wird die »Dritte Welt« zur Ersten?

In den fünfziger bis siebziger Jahren des zwanzigsten Jahrhunderts hatte der Kampf der Befreiungsbewegungen der sogenannten »Dritten Welt« eine doppelte Perspektive: Erstens realisierten sich hier die unmittelbaren sozialen und politischen — meist national formulierten — Interessen von Völkern, die jahrhundertelang in kolonialer Abhängigkeit gehalten worden waren.

Zweitens schien dies auf die Dauer nur möglich durch die strategische Schwächung der bis dahin dominierenden kapitalistischen Länder. Insofern ordnete sich der nationale Befreiungskampf in die Systemauseinandersetzung ein. Daher war die Unterstützung durch die Sowjetunion absolut logisch.

Jetzt ist die Dynamik der Systemauseinandersetzung aus der Politik der neuen Nationalstaaten gleichsam herausgenommen worden. Sie bleiben — oder werden wieder — Teil des internationalen kapitalistischen Systems. Unmittelbare Tagesinteressen scheinen sich nicht mehr im aussichtslosen Kampf gegen die imperialistische Dominanz durchzusetzen, die Unterwerfung unter die Bedingungen des Internationalen Währungsfonds in hoffnungsloser Situation ist das Regelverhalten — nicht Strategie, sondern Reflex.

Dies scheint auch deshalb naheliegend, weil es einigen der bislang in Unterentwicklung gehaltenen Ländern inzwischen gelungen ist, sich eine konkurrenzfähige Position auf dem Weltmarkt zu erobern. Hongkong, Taiwan, Südkorea und Singapur gelten als die »vier Tiger«: Entwicklungsgesellschaften, die durch Konzentration auf einige wenige Angebotsbereiche der

Konkurrenz aus den Zentren Weltmarktanteile abnehmen. Die Dependencia-Theorie, die von einer durchgehenden Fortdauer der ehemals kolonialen Abhängigkeit ausging, erschien insofern modifikationsbedürftig. Der Entwicklungs-Typ der »vier Tiger« wird von den politischen Eliten anderer Staaten der ehemals »Dritten Welt« (der Terminus war immer problematisch, da er diese Gesellschaften nicht aus ihrer eigenen Situation heraus, sondern aus dem Systemgegensatz definierte; nach dessen absehbarem Ende verliert er vollends den Rest jeder Signifikanz), aber auch in einigen Staaten des bisherigen Realen Sozialismus häufig als Vorbild aufgefaßt. In Wirklichkeit kam es bislang jedoch lediglich zu einer Polarisierung innerhalb der nachkolonialen Gesellschaften. Während nur wenige als sogenannte Schwellenländer sich dem Status entwickelter kapitalistischer Gesellschaften annäherten oder diesen tatsächlich erreichten, stagnierte in den meisten die Entwicklung (oder war sogar rückläufig), weil ihr Versuch kreditfinanzierter Industrialisierung gescheitert war. Die Schuldenkrise wurde in den achtziger Jahren zum typischen Phänomen in diesen Ländern. Unter dem Druck, Zins und Tilgung zahlen zu müssen, gingen sie zu einem Kurs der innenpolitischen Austerität über, der sozialpolitisch zunehmend ruinös wurde.[15]

Die Politik forcierter kreditfinanzierter Industrialisierung entsprach nur zum Teil autonomer Entscheidung der dort herrschenden Eliten. Sie resultierte auch aus einem starken Kapitalangebot, das ihnen vor allem in den siebziger Jahren von den hochentwickelten kapitalistischen Gesellschaften gemacht wurde und das Folge eines Kapitalüberflusses dort, letztlich also von Überakkumulation war.

5.5. Der neue Akkumulationstyp

Die binnenwirtschaftliche Situation der am höchsten entwickelten kapitalistischen Staaten ist seit Mitte der siebziger Jahre durch Verlangsamung der Akkumulation bei durchaus stabilen Profiten und durch relativ geringe Beschäftigungswirksamkeit der Investitionen — die zu einem erheblichen Teil für

Rationalisierungen aufgewendet werden — gekennzeichnet.[16] Dies sind die Ursachen für die anhaltende hohe Arbeitslosigkeit in einigen Zentren (mit Ausnahme vor allem Japans), die in Zukunft wahrscheinlich noch durch »technologische« Arbeitslosigkeit aufgestockt (oder vielleicht auch ersetzt) werden wird. Die dadurch bedingte Machtverstärkung der Kapitalseite gegenüber den Gewerkschaften wird zur Relativierung bisheriger kollektiver Schutzrechte der Lohnabhängigen genutzt, insbesondere zur Individualisierung der Arbeitszeiten über die bisherigen Grenzen des Arbeitstages und der Arbeitswoche hinweg, um die teure technische Ausstattung voll auszunutzen. Dies erfolgt häufig in Übereinstimmung mit Teilen der noch Beschäftigten unter Umgehung der Gewerkschaften, die damit ihre Möglichkeit zur Bildung von Gegenmacht (soweit sie diese bislang wahrgenommen haben) bedroht sehen. Den höchsten Imperativ der »Industrial Relations« eines Landes (soweit diese überhaupt im nationalen Rahmen gestaltet werden, was noch weitgehend der Fall ist[17]), bildet die Stellung auf dem Weltmarkt. Ihm entsprechen intensive Formen der Sozialpartnerschaft, in der beide Seiten — Kapital und Arbeit — folgende Forderungen einbringen:

Während für die Beschäftigten nach wie vor die Sicherheit ihrer Arbeitsplätze und eines möglichst hohen Realeinkommens obenanstehen, hat für die Selbstinterpretation der Unternehmer in erster Linie die Möglichkeit der Gewinnmaximierung durch die Verteidigung und Ausweitung von Marktanteilen Priorität. Der Produktionsvorgang erscheint ihnen — hier durchaus klassisch, d.h. ihrer (lediglich von Marx in Frage gestellten, von der akademischen Volkswirtschaftslehre aber je länger desto mehr befestigten) Ideologiebildung seit der industriellen Revolution entsprechend — nicht als die tatsächliche Quelle des Profits, sondern lediglich als dessen Vorbedingung. In der Marxschen Terminologie (also in einer für die Interessenten unübersetzbaren Fremdsprache) formuliert: Wichtig ist nicht in erster Linie die Erzeugung des Mehrwerts, sondern ebenso seine Realisierung. Eingehen auf Lohnforderungen der

Belegschaften erscheint in dem Maße möglich, als es durch Marktvorteile kompensiert werden kann. Die Notwendigkeit der nationalen und internationalen Konkurrenzfähigkeit ist so die Ursache von sich immer wieder reproduzierendem Betriebs- und nationalem »Patriotismus«. Für die Unternehmer gewinnt die Zeitsouveränität dabei wachsende Bedeutung. Senkung von Arbeitszeit — eine klassische Forderung der Gewerkschaften — ist dann zu verkraften, wenn das verbleibende Stundenvolumen den Marktbedingungen (Schwankungen der Nachfrage), den technischen Anforderungen nach voller Ausnutzung einer immer teurer gewordenen Apparatur und der Möglichkeit einer Minimierung von Lagerkosten durch genaue Abstimmung zwischen Zulieferfirmen und Abnehmern angepaßt wird. Eine solche Strategie kann durchaus auf korrespondierende Interessen bei Teilen der Belegschaften treffen, für die z.B. eine Flexibilisierung von Arbeitszeit in Absprache mit der Firmenleitung (bzw. deren Beauftragten) ebenso erhöhte individuelle Zeitsouveränität bedeutet. Insoweit dies nur für einen Teil der Beschäftigten zutrifft, entsteht hier die Perspektive einer Spaltung der Belegschaften. Die entscheidende Schicht für die Durchsetzung eines solchen Konzepts unter den Beschäftigten sind die qualifizierten Arbeitskräfte in den hochgradig automatisierten Fertigungsabschnitten. Ihnen wird — nach zentralen Vorgaben — ein relativ weites Maß an Eigenbestimmung über die Gestaltung des Arbeitsvorgangs in ihrem Bereich überlassen, da die Fähigkeit zur individuellen (bzw. in einer Gruppe abgestimmten) Entscheidung hier ein wesentlicher Teil des Produktionsverhältnisses ist.[18]

Dieses Modell einer weltmarktorientierten Kooperation hat bislang in den drei kapitalistischen Zentren (USA, Japan, EG plus EFTA) verschiedenartige Formen angenommen. In Japan wird es offensichtlich weitgehend in »betriebsgemeinschaftlicher« Weise realisiert. Die Unterordnung unter die Interessen des Unternehmens korrespondiert hier mit einer weitgehenden Beschäftigungsgarantie für die Gesamtbelegschaften. In den USA bezieht die Kooperation lediglich die »Produktionsintelligenz« ein, was mit einer vergleichsweise hohen Rate an unständig Beschäftigten und Dauerarbeitslosen verbunden ist. Die Gewerkschaften haben hier kaum Eingriffsmöglichkeiten. In Skandinavien und teilweise auch in der Bundesrepublik (hier am deutlichsten ausgeprägt in der IG Metall) versuchen sie dieses Kooperationsmodell mitzusteuern, indem sie, gestützt auf die qualifiziertesten und konfliktfähigsten Teile der Belegschaften, etwa für Senkung der Arbeitszeit und damit Schaffung neuer Arbeitsplätze sowie eine weitgehende tarifrechtliche Gestaltung der Arbeitsbedingungen auch dort, wo der technologische Wandel sie individualisiert zu haben scheint, eintreten. Soweit dadurch die Zeitsouveränität der Unternehmen tangiert wird, ergibt sich hier die Notwendigkeit teilweise harter Auseinandersetzungen. Auch diese stehen unter dem Primat der Behauptung auf dem Weltmarkt, was den Konflikten in der Regel den Charakter einer antagonistischen Kooperation verleiht.

Vor allem während der langen Krise 1980-1982 sind — mit einer Aktualisierung der von Kondratieff und Spiethoff in den zwanziger Jahren entwickelten Theorie der »langen Wellen«[19] — Vergleiche zwischen der Periode verlangsamten Wachstums ab 1974 und der »großen Depression« in Mitteleuropa und in den USA 1873-1894 gezogen worden. Dabei zeigt sich allerdings, daß die Unterschiede weit größer als die Gemeinsamkeiten sind. Zwischen 1873 und 1894 gab es im Deutschen Reich drei lange Depressionen (1873-1878; 1882-1886; 1890-1894) und zwei Aufschwünge (1879-1882; 1886-1889).[20] Nach 1873 kam es für mehrere Jahre zu absolutem Produktionsrückgang. Dagegen sind seit 1974 in der Bundesrepublik nur zwei Krisen feststellbar (1974/75; 1980-1982), die jeweils kürzer waren als die Depressionen ein Jahrhundert vorher. Zu absolutem Produktionsrückgang kam es überhaupt nicht. Die fast allgemein für ca. 1988 erwartete Krise fand nicht statt, stattdessen erfolgte ein besonders langer Aufschwung seit 1983, der 1989 Züge eines starken Booms annahm, wahrscheinlich bedingt durch zunehmende Investitionsbereitschaft in der Erwartung eines neuen

Marktes und von Anlagemöglichkeiten in der bisherigen DDR. Diese Ergebnisse eines Vergleichs zwischen zwei einander zunächst scheinbar frappant ähnlichen »langen Wellen« zeigen die Grenzen historischer Analogiebildung, ja die Gefahr, dadurch in die Irre geführt zu werden.

Die — im Verhältnis zu den Jahrzehnten zwischen dem Ende des Zweiten Weltkriegs und der Mitte der siebziger Jahre — relative Verlangsamung der Akkumulation nimmt (scheinbar paradoxerweise) Züge der Überakkumulation dadurch an, daß die erwirtschafteten Profite in geringerem Maße als vorher wieder produktiv investiert werden. Anlagesuchendes Kapital wandert in die Spekulation an den internationalen Finanzmärkten. Börsenkräche und der Absturz einzelner Währungen — insbesondere, immer wieder, des Dollars — führen zu Kapitalvernichtung außerhalb des Produktionssektors, während das vorsichtige Investitionsverhalten bei der Herstellung materieller Güter zumindest vorerst stabilisierend auf den Konjunkturverlauf wirkt. Dies mag eine der Ursachen für den überraschend langen Aufschwung seit 1982 sein.

Eine Anlagesphäre für »freies« Kapital wurde seit den siebziger Jahren zunehmend die Kreditvergabe an Entwicklungsländer und an Staaten des Realen Sozialismus. Als viele von ihnen ihre Zahlungsverpflichtungen nicht einhalten konnten, entstand eine internationale Verschuldungskrise, die zwei Aspekte hatte:

— Erstens konnten die Entwicklungsländer und die sozialistischen Staaten die Ziele, die sie mit der Kreditaufnahme verbanden, nicht realisieren. Die ihnen vom Internationalen Währungsfonds auferlegten Sanierungsmaßnahmen führten zu neuen Formen der Abhängigkeit und zur weiteren Verelendung breiter Schichten ihrer Gesellschaften.

— Die beteiligten Banken mußten Kredite, die »faul« geworden waren, abschreiben. Per Saldo bedeutete dies allerdings lediglich eine Schmälerung bereits einkalkulierter Gewinne sowie — gesteuert über die Höhe des Zinses — eine Umverteilung auf Kosten anderer Kreditnehmer in den am höchsten entwickelten kapitalistischen Ländern, die keineswegs sozial neutral erfolgt, sondern noch am ehesten die Banken schadlos hält. Dieser »Lastenausgleich« ist letzten Endes marginal, die Hauptleidtragenden bleiben die Unterschichten der unterentwickelten Länder. Ihre Lage wird sich mit der Neugruppierung in Europa wahrscheinlich noch verschlechtern. Anlagesuchendes Kapital wird jetzt verstärkt in die ehemalige DDR und einzelne Staaten des bisherigen RGW-Bereichs fließen, während eine Dynamisierung staatlicher »Entwicklungshilfe« wenig wahrscheinlich ist.

5.6. Risiken und Konfliktpotentiale

Der Eintritt in eine neue Phase kapitalistischer Entwicklung ist mit einer Neubestimmung der gesellschaftlich bedingten Risiken verbunden. Diese Diskussion ist gegenwärtig vor allem noch mit der Bearbeitung von Problemen befaßt, die in der vierten Periode entstanden, und bezieht kaum die Tatsache ein, daß der Zeitpunkt der massenhaften Artikulation dieser Probleme ganz offensichtlich mit dem Beginn ihrer Eingrenzung und zumindest partiellen Entschärfung zusammenfällt.[21]

a) Typisch für die vierte Periode kapitalistischer Entwicklung war die Gefahr eines Atomkrieges zwischen den Vereinigten Staaten und der Sowjetunion.

Mit dem Ende des Kalten Krieges und der Niederlage der UdSSR gilt er jetzt als unwahrscheinlicher. Der Westen siegte durchaus mit Hilfe von Waffen, allerdings ohne deren akute Anwendung. (Die Klärung, ob das ein Novum in der Geschichte ist, wäre eine interessante Aufgabe für die Geschichtswissenschaft. Sie müßte erkunden, ob es in der Vergangenheit schon andere »Kalte Kriege« gab, die letztlich durch die glaubhaftere Drohung mitentschieden wurden.) Der Frieden, der jetzt folgt, ist ähnlich: Militärische Macht ergibt sich nicht allein aus der Anhäufung von ausschließlich für militärische Zwecke bestimmtem Gerät sowie durch große stehende Heere und Reserven an Mannschaften, sondern auch aus der ökonomischen und politischen Fähigkeit, sich derlei ganz schnell zu verschaffen und es auch anzuwenden, wenn dies nötig ist. Ein Beispiel dafür ist Japan. (Es zeigt auch, daß der Rüstungs-Keynesianismus kein in allen Fällen unverzichtbarer Weg der Nachfragestabilisierung ist.) Militärische Überlegenheit kann auch darin bestehen, daß die Technologie eines Landes auf »dual use« ausgerichtet ist und zivile Güter sehr schnell in militärische umgewandelt werden können. Lothar Späth beschrieb das 1985 so: »Je schwieriger die Beurteilung dessen wird, wozu ein Land mit fortgeschrittener Laser-, Bio-, Partikelstrahlung- und Computertechnik im Ernstfall zur Selbstverteidigung fähig ist, umso unkalkulierbarer ist logischerweise das Risiko des Angriffs.« Er sieht folgende Perspektive: »Die Bipolarität der Weltmächte würde sich allmählich in eine qualitativ andersgeartete Multipolarität verwandeln: Hochtechnologiemächte mit eher defensiver und Mittel- oder Niedertechnologiestaaten mit vorwiegend offensiver Sicherheitsphilosophie stünden sich dann gegenüber.«[22]

Eine solche neue Struktur des Drohpotentials könnte — dies spricht Späth nicht an — auch ein Mittel zur Sicherung der militärischen Hegemonie Deutschlands und der EG z.B. im Verhältnis zu den weniger entwickelten Staaten Osteuropas und Asiens sein.

b) Als zentrales Risiko wird zu Beginn der fünften Periode kapitalistischer Entwicklung die fortschreitende Umweltzerstörung immer wieder herausgestellt. Die natürlichen Ressourcen gelten als bereits so angegriffen, daß nicht nur die Lebensbedingungen der einzelnen Menschen, sondern auch die stofflichen Grundlagen des kapitalistischen Systems selbst nicht länger garantiert zu sein scheinen. Dieser Zerstörungseffekt wirkt in den Entwicklungsländern und in den bislang nachkapitalistischen Staaten häufig noch ruinöser als in den Zentren. Sie führen westliche Technik unter Weltmarktbedingungen oft im Hauruckverfahren ein und versuchen, um in der internationalen Konkurrenz kurzfristig bestehen zu können, ihre technologische Unterlegenheit durch Raubbau an Naturstoffen wettzumachen.

Das Problem des Ressourcenverschleißes ist Teil eines übergreifenden Komplexes, der »Risikotechnologie«. Auch dort, wo sie nicht unmittelbar und kontinuierlich umweltzerstörend wirken, können technische Verfahren unbeherrschbar werden, plötzliche große Katastrophen nicht mehr ausgeschlossen werden. Die Rückführung auf effektive Kontrollmöglichkeit durch Menschen wird somit zu einem zentralen Ziel von Technologiepolitik, das häufig als »Umbau« definiert wird.

Hierdurch ergibt sich eine Analogie zwischen der zweiten und der fünften Periode kapitalistischer Entwicklung. Sie besteht darin, daß in beiden der Versuch unternommen wird, die Verwertungsbedingungen eines spezifischen Kapitalteils durch zusätzliche Maßnahmen zu stabilisieren. In der zweiten Periode war dies in Europa das variable Kapital, heute ist es das konstante. (Anders als bei der Feststellung einer neuen »großen Depression« ist hier eine Analogiebildung erlaubt, da sie sich nicht an — scheinbaren — formalen Übereinstimmungen orientiert, sondern sich auf reale Maßnahmen zur Regulierung von angebbaren und miteinander nicht identischen Kapitalteilen bezieht.)

Unmittelbar nach der industriellen Revolution hatte sich der Kapitalismus für einige Jahrzehnte auf der Grundlage ungehemmter Ausbeutung der Arbeitskraft entwickelt, durch ständige Verlängerung der Arbeitszeit und Lohnsenkungen. Das funktionierte allerdings nur kurze Zeit. Die Lohnarbeiter(innen) gingen je Generation so schnell zugrunde, und die Aufzucht neuer Arbeitskräfte war derartig gefährdet, daß damit die Grundlagen des kapitalistischen Systems selbst angegriffen waren. Deshalb mußte Abhilfe geschaffen werden. In Deutschland wurde Ende der vierziger Jahre des 19. Jahrhunderts die Tendenz zur Verlängerung des Arbeitstages gestoppt, ab Ende der sechziger Jahre begannen die Reallöhne zu steigen, ein Trend, der mit zwischenzeitlich tiefen Einbrüchen fast bis in die unmittelbare Gegenwart, also bis in die fünfte Periode, sich fortsetzte. Die deutsche Sozialgesetzgebung der achtziger Jahre des 19. Jahrhundert gehört ebenfalls in diesen Zusammenhang. Nur in Europa erfolgten zur Stabilisierung der Verwertungsbedingungen des variablen Kapitals sehr früh in hohem Maße staatliche Interventionen. In den USA wurde Sozialversicherung erst im New Deal eingeführt, in Japan funktionieren bis heute stärker betriebliche und familiäre Subsidiärsysteme.

Die Verluste, welche die Unternehmer durch Arbeitszeitverkürzung, Lohnerhöhungen und Sozialpolitik hinnehmen mußten — mit erhöhten Aufwendungen an variablem Kapital —, versuchten sie auf anderem Wege wieder auszugleichen, auch durch imperialistische Expansion. Zuweilen unternahmen sie Anstrengungen, die Hindernisse, welche die Arbeiterbewegung auch in ihrer reformistischen Gestalt ihnen auferlegt hatte, wieder abzuschütteln: im Faschismus. Durchgehend aber bemühte sich die Kapitalistenklasse, die teurer gewordene Arbeitskraft durch Maschinen zu ersetzen und Einbußen, die sie auf der Lohnseite erlitt, durch möglichst billige Roh- und Kunststoffe sowie Naturressourcen zu kompensieren, durch Substitution von variablem Kapital durch konstantes. Allerdings führte das zu wachsender Naturzerstörung. Diese kann ebenfalls die Grundlagen des kapitalistischen Systems angreifen, nämlich dann, wenn die stofflichen Ressourcen so geschädigt sind, daß sie auf Dauer der Produktion nicht mehr zur Verfügung stehen. So wie Sozialpolitik letzten Endes eine Maßnahme zum Schutz des variablen Kapitals ist, so dient Umweltpolitik den langfristigen Verwertungsbedingungen des konstanten. Insofern Zerstörung stofflicher Ressourcen auch die Reproduktion der Arbeitskraft schädigt, dient Ökologiepolitik zugleich dem variablen Kapital und liegt auch im Interesse der Arbeitskräfte selbst, ebenso wie Lohnerhöhungen und Sozialgesetzgebung.

Der sozialpolitische »Umbau« des Kapitalismus brachte in Europa Sozialdemokratie und Gewerkschaften als dauerhafte Massenorganisationen hervor. Ebenso wird die Notwendigkeit zur Sicherung der stofflichen Grundlagen des Kapitalismus eine Bestandsgarantie für Umweltschutzgruppen und -parteien sein. Im Ergebnis wird eine auf die Erhaltung der stofflichen Ressourcen gerichtete Transformation zu einer weiteren Erhöhung der Regelungsdichte führen müssen. Angesichts der Tatsache, daß die Umweltzerstörungen in den Ländern des Realen

Sozialismus noch weit verheerender waren als in den höchstentwickelten kapitalistischen Gesellschaften, erscheint gegenwärtig vielen eine auf dem Privateigentum an den Produktionsmitteln beruhende Umweltpolitik die einzig mögliche zu sein. Marktradikale Positionen werden außerordentlich offensiv vertreten.[23] Dabei wird in der Regel übersehen, daß ein Erfolg solcher Umweltkonzepte bislang allenfalls in den am höchsten entwickelten kapitalistischen Staaten denkbar ist und daß selbst deren Reichweite — Stopp der Ressourcenzerstörung oder nur Verlangsamung? — derzeit nicht absehbar ist. Als gegenwärtig schlagendes Argument für eine kapitalistische Umweltpolitik bleibt, daß in einer Notsituation die jeweils aktuell besten Mittel eingesetzt werden, auch wenn ihre Wirkung nur aufschiebend sein und räumlich begrenzt bleiben sollte (mit einer gewissen Wahrscheinlichkeit, daß Probleme in andere Regionen abgeschoben werden). Doch werden selbst diese Maßnahmen mit einer Zunahme öffentlicher Regelung verbunden sein, so daß der »ökologische Umbau« die kapitalistische Vergesellschaftung erhöhen wird. Dies ergibt sich aus den durchaus als marktwirtschaftlich deklarierten Vorschlägen für die ökonomischen Steuerungsmethoden: Verbote, Abgaben, administrierte Preise für bislang »freie« Güter (Luft, Wasser). Handelt es sich hier weithin noch um Projekte, so mag ein banales Beispiel aus der Kommunalpolitik zeigen, daß gerade in der lokalen Praxis bereits ein hohes Maß an Regeldichte besteht:

Flächennutzungspläne, die früher in der Regel wenige Seiten Papier umfaßten, sind seit dem Anfang der achtziger Jahre selbst dort, wo es sich vielleicht nur um ein einziges Grundstück handelt, zu kleinen Broschüren angewachsen, da vor einer endgültigen Nutzungsgenehmigung eine Fülle möglicher ökologischer Bedenken — etwa durch Vorlage bei Fachbehörden und bei Organisationen wie dem »Bund Umwelt und Naturschutz in Deutschland« — ausgeräumt werden müssen. Ein solch langwieriges Verfahren wird allmählich ebenso selbstverständlich wie früher etwa die Einhaltung baupolizeilicher Vorschriften. Allerdings ist es wenig wahrscheinlich, daß die ökologischen

Erfordernisse ausschließlich administrativ zu erfüllen sind, vielmehr ist angesichts der hochgradigen Vielfalt und Komplexität dieser Materie wohl eine ständige, wenngleich fest institutionalisierte Selbstmobilisierung und Heranziehung von nicht unmittelbar staatlichen Organisationen (Umweltverbände und -parteien) unverzichtbar.

Die Notwendigkeit von sozialpolitischen oder ökologischen Interventionen macht auf eine Eigenheit der kapitalistischen Gesellschaft aufmerksam, die sie von allen vorangegangenen unterscheidet. Sie ist die erste Formation, deren Dynamik sehr früh und immer wieder neu die Annahme nahelegte, sie sei auf ihre Selbstzerstörung angelegt, würde sie ausschließlich den in ihr angelegten Gesetzmäßigkeiten (nämlich denen der Marktwirtschaft) folgen. Im Vergleich hierzu waren die antike Sklavenhaltergesellschaft und der Feudalismus statische und reproduktive Gesellschaften. Sie verschlissen weder die Arbeitskraft noch die natürlichen Ressourcen bis zu einem Punkt, wo eine die Gesellschaft vernichtende Katastrophe eintreten mußte. Die Marxsche Vorstellung vom Generationswechsel — die neue Formation bildet sich bereits in der alten voll heraus und schüttelt deren Hülle dann ab — ist den bisherigen Formationswechseln in der Geschichte abgewonnen. Sklavenhaltergesellschaft und Feudalismus wurden nicht zerstört, sondern tatsächlich »aufgehoben«. (Diesem Modell folgen auch alle Fortschrittsvorstellungen seit der Aufklärung.) Die kapitalistische Gesellschaft dagegen ist darauf angewiesen, daß Elemente einer sie aufhebenden Formation gleichsam in sie eingebaut werden. Marx hat in der »Inauguraladresse der Internationalen Arbeiterassoziation« behauptet, daß die gesetzliche Beschränkung der Arbeitszeit der »Sieg eines Prinzips«[24] gewesen sei. An die Stelle der ungehemmten Mehrwertproduktion trat ein planender Eingriff, welcher der »politischen Ökonomie der Arbeiterklasse« entsprach.[25] Das Wort »Sieg« sollte hier nicht überinterpretiert werden, es bezieht sich auf ein »Prinzip«, das durch seine Anwendung anerkannt wurde, nicht aber eine Gesellschaftsordnung, die somit durchgesetzt worden wäre. Mit der

Arbeitszeitbegrenzung wurde in den Kapitalismus eine Regulierung installiert, ohne die er sich selbst vernichtet hätte. Der konservative Historiker Ernst Nolte trifft in idealistischer Terminologie dasselbe, wenn er behauptet, das »liberale System« konstituiere sich dadurch, daß es seiner Negation Artikulationsmöglichkeiten gebe; es wende allerdings gleichzeitig geeignete Maßnahmen an, um die Gefahr auszuschließen, daß diese Negation zur tatsächlichen Zerstörung dieses »liberalen Systems« (= Kapitalismus) führt. Analogien zu dieser Aufnahme von »Prinzipien« einer anderen Gesellschaft in den Kapitalismus können in der Geschichte des Feudalismus gefunden werden. Die Aufhebung der ersten Leibeigenschaft nach 1100, der damit verbundene Übergang von der Fronwirtschaft zur Natural- und zur Geldrente sowie die Gründung von neuen Städten hoben die Herrschaft des grundbesitzenden Adels nicht auf, sondern flexibilisierten und effektivierten sie vielmehr. Ein Unterbleiben dieser Systemmodifikation hätte allerdings nicht zur Zerstörung der stofflichen und menschlichen Grundlagen des Systems geführt. Die Zugrunderichtung von Arbeitskraft in der industriellen Revolution sowie die gegenwärtige Umweltgefährdung dagegen hatten (und haben) nach dem Urteil der Zeitgenossen finalen Charakter, würden sie nicht durch Regulierung gebannt. Umstritten bleibt, ob diese Eingriffe mit dem Fortbestand der kapitalistischen Produktionsweise vereinbar sind oder ob sie nur im Zusammenhang mit einem Formationswechsel tatsächlich wirksam sein können. Der gegenwärtige kapitalistische Triumph in der nunmehr abgeschlossenen Systemauseinandersetzung verdrängt diese Frage zugunsten marktradikaler (Biedenkopf) oder kapitalistisch-technokratischer[26] Affirmation.

Innerhalb der Partei der Grünen in der Bundesrepublik standen sich in dieser Frage längere Zeit zwei Positionen gegenüber. Thomas Ebermann und Rainer Trampert gingen davon aus, daß die inneren Widersprüche einer Gesellschaftsformation, die sie allerdings nicht ausschließlich als Kapitalismus, sondern als »Industrialismus« faßten, immanent nicht zu lösen seien, ständig auch auf der Ebene der alltäglichen Wahrnehmung präsent blieben und so die Voraussetzung eines politik- und parlamentsfähigen Protestpotentials bildeten.[27] Für Joschka Fischer dagegen ist die ordnungspolitische Frage ökologisch uninteressant, da die anstehenden aktuellen Probleme nicht durch die Anwendung einer einzigen Doktrin lösbar seien: »Ob Marx oder Adam Smith, Keynes oder Milton Friedman dabei recht bekommen werden, ist, mit Verlaub gesagt, völlig schnuppe. Es gilt, was funktioniert, was den ökologischen Umbau auf demokratischer Grundlage voranbringt.«[28] Eine solche Unbefangenheit gegenüber theoretischen Problemen hat zweifellos operative Vorteile. Zur Bestimmung der Perspektiven der kapitalistischen Gesellschaftsformation trägt sie bewußt nichts bei. Insbesondere angesichts der häufigen Blamagen gerade marxistischer Prognosen ist sie populär. Sie verhält sich agnostisch gegen alle Versuche, die Entwicklungstendenzen einer Gesellschaftsformation zu bestimmen. Wahrscheinlich werden diese auf unabsehbare Zeit von aktueller praktischer Politik getrennt werden müssen. Nach einer solchen — vorläufigen, aber wohl auch langfristig gültigen — Entscheidung gewinnen gesellschaftstheoretische Versuche einen Teil jener Erkenntnismöglichkeiten wieder, die sie bei dem häufigen Bemühen, auch unmittelbare politische Relevanz zu gewinnen, eingebüßt haben. Einen Versuch, die ökologische Krise auf der Basis des historischen Materialismus zu analysieren, hat Karl Hermann Tjaden unternommen. Für ihn ist der Regulierungsbedarf der kapitalistischen Gesellschaft prinzipiell so groß, daß er nur durch deren qualitative Modifikation befriedigt werden kann.[29] Dabei muß offen bleiben, ob dies nicht letzten Ende eine ausschließlich normative Aussage bleibt, während die praktische Konsequenz dadurch unterlaufen wird, daß in pragmatischer Weise jenes nichtkapitalistische »Prinzip« nur in dem Umfang eingebaut wird, der das aktuelle Kleinarbeiten jeweils auftretender Probleme gerade noch ermöglicht. Ob dabei tatsächlich finale Systemgrenzen erreicht werden, ist gegenwärtig nicht zu entscheiden. Hier sind wohl zwei Varianten denkbar:

Erstens: Die auf dem Privateigentum an den wichtigsten Produktionsmitteln beruhende Gesellschaftsformation erhält sich im sozialen (natürlich nicht im physikalischen) Sinne selbst dadurch, daß sie sich Elemente eines ihr entgegenstehenden »Prinzips« einverleibt.

Zweitens: Die Summe aller kapitalistischen Vergesellschaftungen erreicht irgendwann einmal die Qualität einer neuen Gesellschaft.

c) Im Unterschied zu langen Phasen in der vierten Periode kapitalistischer Entwicklung, in denen in mehreren europäischen Ländern Vollbeschäftigung herrschte, gibt es nunmehr eine vergleichsweise hohe ständige Arbeitslosigkeit wie z. B. in der Bundesrepublik seit 1974. Sie ist keine systembedohende Gefahr, löst aber jetzt schon Maßnahmen der sozialen Prävention aus und wirkt als Investitionsschranke, deren Folgen durch den Versuch, den Verbrauch der Gutbezahlten unter den noch Beschäftigten zu stimulieren, nicht kompensiert werden. Ganz offensichtlich ist die »soziale Frage« nicht in dem Sinne eine Gefährdung der kapitalistischen Gesellschaftsordnung, wie dies noch im Marxschen Werk — vielleicht aber auch nur in dessen mißverständlicher Interpretation — nahelag. Im »Kapital« werden drei Risiken der kapitalistischen Entwicklung genannt:

Erstens: wachsende Arbeitslosigkeit nach dem »Allgemeinen Gesetz der kapitalistischen Akkumulation«.[30]

Zweitens: die zyklischen Krisen.[31]

Drittens: der tendenzielle Fall der Profitrate.[32]

In keinem einzigen Fall wird dabei aber ein unmittelbarer Zusammenhang zwischen diesen Risikoelementen und einer absoluten Systemgrenze behauptet. Insbesondere hohe Arbeitslosigkeit kann auch stabilisierend wirken: durch die Demoralisierung der »Freigesetzten«, die Disziplinierung der noch Beschäftigten und die Verschärfung der Konkurrenz in der Arbeiterklasse.

d) Ähnliches gilt für die Verelendung der in Unterentwicklung verbleibenden Länder. Die insbesondere Ende der sechziger

Jahre von Teilen der Intellektuellenbewegung in Westeuropa und in den USA aufgestellte Prognose, durch die Notwendigkeit der Gegenwehr würden die Völker der sogenannten »Dritten Welt« zur treibenden Kraft beim Sturz des Kapitalismus, endete als Fehlanzeige bei der Suche nach einem revolutionären Subjekt ebenso wie das Setzen anderer politischer Gruppen und Parteien auf die Arbeiterklasse in den kapitalistischen Metropolen. Die zugleich populäre und offensichtlich zutreffende These, der Reichtum der hochentwickelten kapitalistischen Länder beruhe auf der Ausbeutung der ehemals kolonisierten, jetzt nachkolonialen Länder, würde dann zum Fehlschluß, wollte man aus ihr eine Abhängigkeit der Selbstreproduktionsfähigkeit des Kapitalismus in seinen am höchsten entwickelten Regionen von der Existenz unentwickelter Länder und Kontinente folgern.

Daß dies nicht zwingend der Fall sein muß, hat die Debatte um Rosa Luxemburgs Imperialismustheorie immerhin ergeben. Ganz offensichtlich ist eine Koexistenz zwischen der Verelendung in der »Dritten Welt« und dem Gedeihen des Kapitalismus in seinen Metropolen im Sinne einer weitgehenden Entkoppelung der gesellschaftlichen Prozesse möglich, und sie ist in der absehbaren Zeit auch die dominante Art der Beziehungen zwischen beiden Bereichen. Interdependenzen werden zugleich in fünffacher Weise fortbestehen:

Erstens: Es wird beim Transfer stofflicher Ressourcen zwischen den entwickelten kapitalistischen Gesellschaften und der »Dritten« Welt bleiben. Dies ergibt sich sowohl aus der Konsumstruktur der Metropolen wie aus dem Weltmarktgefälle zwischen Ländern, die in erster Linie Fertigprodukte und solchen, die Rohstoffe und Halbfabrikate exportieren. Dabei kann die stoffliche Seite dieses Transfers sich durchaus wandeln. Länder der »Dritten Welt« werden z.B. zu Anbietern von Dienstleistungen im Tourismus.

Zweitens: Der ökonomische Abstand zwischen hochentwickelten und in Unterentwicklung verbleibenden Regionen wird die Wertordnung der ersteren in einer ideologisch zunehmend kolonisierenden Weise zum Vorbild machen. Fundamentalistische Gegenbewegungen in der islamischen Welt sind eine Reaktion darauf, die im übrigen das Fortbestehen ökonomischer Verflechtungen, insbesondere den Ressourcentransfer, nicht ausschließt. Die materielle und ideologische Sogwirkung, die von den Metropolen ausgeht, zeigt sich auch in Bevölkerungswanderungen aus den in Unterentwicklung verbleibenden Regionen in die Zentren des Kapitalismus.

Drittens: Der Begriff »Entkoppelung« bezieht sich lediglich auf die Tatsache der — ja jeweils kapitalistischen — internen Systemreproduktion sowohl in den hochentwickelten Regionen wie in der sogenannten Peripherie. Beide sind in den gemeinsamen Weltmarkt eingebunden, in dem Positionsveränderungen möglich sind, wie die Entstehung von »Schwellenländern« gezeigt hat.

Viertens: Rückkoppelungseffekte von Krisenprozessen in der »Dritten Welt« auf die »Erste« wurden in den achtziger Jahren zunehmend zum Gegenstand besorgten Interesses. Dies gilt sowohl für die Bevölkerungsbewegungen als auch für Auswirkungen von Umweltzerstörungen in den unterentwickelten Ländern auf die entwickelten. Klimaveränderungen durch die Abholzung von tropischen Regenwäldern (durch welche die Ressourcennachfrage der Zentren ebenso bedient werden sollte wie der Kapitalbedarf der Lieferländer, und sei es zur Schuldentilgung) finden hier besonders große Aufmerksamkeit. Seit Ende der achtziger Jahre werden Vorschläge diskutiert, wonach einzelne Länder Schuldennachlaß erhalten können, wenn sie im Gegenzug ökologischen Raubbau einstellen. Hier werden die Bedingungen durch Repräsentanten der kapitalistischen Metropolen gestellt. Umgekehrt rangiert die Frage, welchen Beitrag die Schadstoffemissionen und der Energieverbrauch der reichsten Länder zur Gefahr globaler Umweltkatastrophen und auch zur ökologischen Belastung der »Dritten Welt« leisten, zumindest außerhalb des Machtdiskurses zwischen den Zentren und der »Peripherie«.

Fünftens: Schließlich bleibt das Problem der Verschuldung der sogenannten »Dritten Welt« bei der »Ersten« ebenso bestehen wie die Tatsache, daß von den Metropolen entscheidend beeinflußte Auflagen des Internationalen Währungsfonds und der Weltbank bisherige Abhängigkeiten reproduzieren.

Die Verelendung der in Unterentwicklung gehaltenen Länder stellt, alles in allem, keine Systemgefährdung dar, sondern nur ein — ökonomisch und politisch gesprochen, wengleich zynisch klingend: — ähnliches Randdatum wie die Massenarbeitslosigkeit in zahlreichen kapitalistischen Zentren.

5.7. Der Konsens der kapitalistischen Modernisierung

Behebung oder Verkleinerung der Risiken, die am Ende der vierten Periode der kapitalistischen Entwicklung sichtbar wurden, ist der Zweck kapitalistischer Modernisierung, die in den imperialistischen Zentren mittlerweile zum Konsens eines breiten politischen Spektrums geworden ist. In der Bundesrepublik reicht dieses von der Mitte der CDU (Symbolfiguren: Geißler, Süssmuth, v. Weizsäcker) über die SPD bis zu den Grünen (minus deren »fundamentalistischer« und ökosozialistischer Komponenten). Soweit sich bislang schon Auskunft über die Positionen der Partei des Demokratischen Sozialismus (PDS) gewinnen läßt, schließt sie sich aus dieser Gemeinsamkeit nicht aus. Der Konsens ist systemübergreifend (soweit überhaupt noch vom Fortbestehen einer Systemdifferenz ausgegangen werden kann). Die Tatsache, daß die — bisher — sozialistischen Länder im Wettrüsten nicht länger mithalten können und daß sie auf eine ökonomische Kooperation mit dem Westen angewiesen sind, führte dort zur Betonung der Möglichkeiten relativ katastrophenfreier Entwicklungen im Kapitalismus.

Die Modernisierungskoalition in der Bundesrepublik hat einen friedensfähigen, umweltverträglichen und sozialen Kapitalismus zum Ziel. Soweit neue soziale Bewegungen politikfähig wurden, werden sie in diese Vision einbezogen. Der neue Kapitalismus soll u.a. auch die Emanzipation der Frauen verwirklichen.

Spätestens hier allerdings ist unverkennbar, daß die Modernisierung mehr als nur Reparatur meint. Die in Aussicht gestellten gesellschaftlichen Transformationen werden mit dem Versprechen eines Höchstmaßes individueller Entfaltung verbunden. Die Vereinbarkeit eines solchen Zieles mit der kapitalistischen Eigentumsordnung gehört zu den Axiomen zahlreicher Vertreterinnen und Vertreter einer solchen Modernisierung. Innerhalb des Konsensus der kapitalistischen Modernisierung stehen sich in der Bundesrepublik zwei Hauptrichtungen gegenüber:

Die eine versucht die Modernisierung durch radikale Marktmittel (FDP, Teile der CDU) zu erreichen sowie präventiv durch Ausbau der »Inneren Sicherheit« (CDU/CSU) zu stabilisieren und hält weitgehend am alten Modell der »äußeren Sicherheit« fest (CDU/CSU).

Die andere setzt auf ein vergleichsweise höheres Maß an politischer Steuerung sozialer und ökonomischer Prozesse (SPD, PDS), Selbstverwaltung (Grüne), sozialer Absicherung (SPD, Grüne, PDS), innenpolitischer Liberalität (Grüne) und Rüstungskontrolle (SPD, Grüne, PDS). In Fragen der Inneren und Äußeren Sicherheit läßt sich die FDP keinem der beiden Lager voll zuordnen.

5.8. Grenzen der Modernisierung

Der Konsens der kapitalistischen Modernisierung beruht auf der Annahme, daß andere als marktwirtschaftliche Mittel zur Behebung gesellschaftlicher Risiken absehbar nicht zur Verfügung stehen. Ob sie ausreichen, kann gegenwärtig nicht entschieden werden.

Folgende Grenzen des Modernisierungsprojekts sind zumindest nicht völlig unwahrscheinlich:

1. Die »Friedensfähigkeit« des Kapitalismus durch Zurückführung seiner Kriegstechnologie auf ein Maß, das die Risiken kontrollierbarer macht, mag mit großer Mühe gerade noch denkbar sein. Es wäre aber ein Frieden eben zu den Bedingungen des Kapitalismus, eine Pax Imperialistica, so wie es einst eine Pax Romana gab. Sie schließt die Dominierung der nichtkapitalistischen Welt mit — nun eben »risikoärmer« — militäri-

schen Mitteln ein. Die angeblich sanfte Gewalt des Weltmarktes allein wird nicht ausreichen.

2. Ähnliches gilt für die Perspektive einer Rückführung der riskanten Großtechnologien auf ein Niveau, das sie beherrschbarer macht. Sie bleibt vorerst eine technokratische Vision, deren Umsetzung unter kapitalistischen Bedingungen wahrscheinlich neue Opfer erzeugen wird. Nach wie vor werden diese vor allem in der sogenannten »Dritten Welt« zu suchen sein. Zumindest auf den ersten Stufen der Durchsetzung eines solchen Modells wird die Umweltzerstörung dort wohl ungebremst weitergehen, während sie in den am höchsten entwickelten kapitalistischen Staaten allenfalls verlangsamt, nicht aber endgültig gestoppt wird.

3. In den Zentren des Kapitalismus gibt es zwar einige Experimente zum Umbau des Patriarchats. Sie können bislang aber nicht einmal als erste Schritte zu dessen Abschaffung gedeutet werden.

4. Steigerung der Arbeitsproduktivität muß unter Beibehaltung der kapitalistischen Produktionsweise die Arbeitslosigkeit tendenziell erhöhen. Das von Marx entdeckte »Allgemeine Gesetz der kapitalistischen Akkumulation« setzt sich durch. Die Abhilfe: Verteilung der Arbeit auf alle, hat entscheidende Eingriffe in die Eigentums- und Verfügungsgewalt zur Voraussetzung.

5. Die Vorstellung einer »Neuen Weltwirtschaftsordnung«, wie sie u.a. von Teilen der SPD getragen wird, setzt starke ökonomische, politische und vielleicht auch militärische Gegenmacht der Völker der »Dritten Welt« voraus. Diese sind im letzten Jahrzehnt aber nicht stärker, sondern schwächer geworden.

6. Es ist nicht sicher, daß in Staaten mit Verhältniswahlrecht der Konsens der kapitalistischen Modernisierung in seinen beiden Varianten allezeit imstande ist, das gesamte politische Spektrum zu integrieren. Die Wahlen zum Abgeordnetenhaus von Westberlin und zu den Gemeindevertretungen und Stadtverordnetenversammlungen in Hessen im März 1989 waren ein

Indiz dafür. Die CDU, die seit etwa 1985 unter der Federfüh-
rung Geißlers auf die Modernisierungslinie eingeschwenkt war
(vor allem in der Frauenpolitik 1985, in der Ostpolitik durch
den Bundespräsidenten von Weizsäcker, welcher der Partei an-
gehört, dessen Äußerungen ihr allerdings höchstens assoziativ
zugeordnet werden können), verlor Wählerinnen und Wähler
an rechtsextremistische Parteien (NPD und Republikaner), die
an mehreren Orten die Fünf-Prozent-Grenze überwanden. Die
damaligen Wahlerfolge der Grünen allerdings waren zunehmend eine Bestätigung der von der Mehrheit dieser Partei unterstützten »Realpolitik« innerhalb des Konsenses der kapitalistischen Modernisierung, stellten im Verhältnis zur SPD aber
ebenfalls das Ergebnis einer Polarisierung dar. Daß im Fortgang
dieses Projekts auch eine weitere Auffächerung nach links hin
stattfinden werde, war in der ersten Hälfte des Jahres 1989 auf
längere Sicht nicht ausgeschlossen. Im Promille-Bereich deutete
sich dies in Hessen dadurch an, daß die Deutsche Kommunistische Partei (DKP), die im Vergleich zu den vorangegangenen
Kommunalwahlen (1985) ein Drittel weniger Kandidaturen an-
gemeldet hatte, ihre Stimmen sowohl absolut als auch anteils-
mäßig in etwa verdoppeln konnte.

Der politische Paradigmenwechsel in der Bundesrepublik seit
August 1989 (statt des inneren Umbaus wurde nationale
Einheit jetzt zentrales Thema; in der CDU ist der Sozial-
politiker Geißler durch den Deutschlandpolitiker Rühe als
Generalsekretär ersetzt worden) machte die Tendenz zur
Polarisierung allerdings zumindest vorerst wieder rückgängig.
Dadurch, daß CDU, CSU, FDP und SPD eine nationale
Forderung realisierten, die bis dahin fast nur noch die Repu-
blikaner laut propagiert hatten, verloren diese ihre Wahl-
chance, auf der Linken wurden sozialistische Themen
unpopulärer als je zuvor.

7. Der Versuch, die künftige kapitalistische Entwicklung
möglichst katastrophenfrei zu gestalten, setzt ein hohes Maß
internationaler Vergesellschaftung voraus. Die Chancen dafür
sind angesichts einer enormen Vitalisierung des Nationalismus

sowie der Ausbreitung des islamischen Fundamentalismus eher unsicher.

In den Ländern des ehemaligen Realen Sozialismus ist der Nationalismus eine Reaktion auf den sozialistischen Universalismus. Der islamische Fundamentalismus ist als Massenbewegung wahrscheinlich eine Antwort auf Versuche kapitalistischer Modernisierung in imperialistisch beherrschten Ländern. Er ist als Herrschaftstechnik offensichtlich durchaus mit der Fortdauer seiner ökonomischen Ursachen vereinbar. Nationalismus in kapitalistischen Metropolen hat seine Voraussetzung in der regionalen Doppelnatur des Kapitals: Es tendiert zu internationaler Ausdehnung, bleibt aber national konstituiert.[33] Dies gilt insbesondere für die »Anlagesphäre« des variablen Kapitals, die Arbeiterklasse. Sie wird zwar den Akkumulationsbedingungen immer entsprechend auch international rekrutiert (z.B. durch Wanderarbeit und »Gastarbeiter«, im Zweiten Weltkrieg zusätzlich durch Zwangsarbeit), doch behält sie immer einen angestammten nationalen Kern, der auf den Zuzug ausländischer Arbeitskräfte zumindest in Krisenzeiten auch mit Fremdenfeindlichkeit und Rassismus reagiert. Sozialpartnerschaftliche Tarifpolitik zu dem Zweck, die Weltmarktchancen der heimischen Industrie nicht zu beeinträchtigen, sondern womöglich noch zu verbessern, enthält insofern auch eine nationalistische Komponente. Die Internationalisierung des Kapitals vollzieht sich durch die Konkurrenz, welcher — wenn es nötig ist, günstige politische Rahmenbedingungen zu schaffen — immer wieder einmal der Nationalismus als eine Art Schwungmasse dient. Auf lange Sicht können hier Krisenpotentiale vermutet werden.

5.9. Der Status des Marxismus

Die Theorie des Staatsmonopolistischen Kapitalismus hatte wesentliche Elemente der keynesianischen Theorie (insbesondere bei der Begründung einer eigenständigen wirtschaftlichen Tätigkeit des Staates) übernommen. Sie unterschied sich von dieser jedoch in der Werttheorie und in der strategischen Zielbestimmung. Die ökonomische Steuerung durch die öffentliche Gewalt, die bislang ausschließlich im Interesse des Monopolkapitals stattfand, müsse zugunsten der Arbeiterklasse und aller anderen nichtmonopolistischen Klassen und Schichten erfolgen. Formal — wenngleich mit anderem klassentheoretischen Inhalt — war dies durchaus mit Keynes' Forderung nach einer »ziemlich umfassende(n) Verstaatlichung der Investition« vereinbar.

Die Differenz in der Werttheorie hatte in diesem Zusammenhang praktisch keine Bedeutung. In der Bundesrepublik kam es denn auch seit der Mitte der siebziger Jahre zu einem Zusammenwirken von Ökonomen, die sich zum Marxismus bekannten, mit Links-Keynesianern, die sich in der Arbeitsgruppe »Alternative Wirtschaftspolitik« (»Memorandumgruppe«) zusammenfanden und alljährlich eigene Gutachten als Gegenposition zum von der Bundesregierung in Auftrag gegebenen »Jahresgutachten des Sachverständigenrates zur Begutachtung der gesamtwirtschaftlichen Entwicklung« veröffentlichten. Sie behielten darin zunächst Keynes' Primat der Beschäftigungspolitik bei, gingen aber dann, im Laufe der achtziger Jahre, dazu über, wirtschaftliche Regulierung mit weiteren — insbesondere ökologischen — Zielen zu verbinden.

In der Theoriegeschichte des Keynesianismus wird diese Version als »Programm-Keynesianismus« oder »radikaler Kenyesianismus« bezeichnet. In der Bundesrepublik ist er in den achtziger Jahren vor allem durch Rudolf Hickel propagiert worden.

Auch in diesen praktischen Bemühungen gab es keine Differenz zwischen Keynesianern und Vertretern der Theorie des staatsmonopolistischen Kapitalismus. Diese haben Ende der achtziger Jahre ihre Position sogar so weit modifiziert, daß dies einem zumindest kurzfristigen Abgehen von ihrer ursprünglichen antimonopolistischen Position gleichkam. In ihrer Broschüre »Reformalternative«, die sie ausdrücklich als »ein marxistisches Plädoyer« bezeichnen, gingen Jörg Huffschmid und Heinz Jung 1988 davon aus, daß die Existenz des staatsmonopolistischen Kapitalismus in der absehbaren Zukunft nicht in Frage gestellt werden könne. Es komme also nur noch darauf an, eine soziale, friedensfähige, ökologische, demokratische (insbesondere auch an den Interessen der Frauen orientierte), die Aufhebung der Unterentwicklung fördernde Variante durchzusetzen.[34] Eine ähnliche Position wurde in der DDR von Dieter Klein in seiner Schrift »Chancen für einen friedensfähigen Kapitalismus« vertreten.[35]

In der politischen Praxis mußte eine solche Entwicklung die Kapitulation der Theorie des Staatsmonopolistischen Kapitalismus als — auch — operativer Theorie vor dem Keynesianismus bedeuten. Soweit dabei an sozialistischen Zielvorstellungen festgehalten wurde und diese ausdrücklich formuliert worden sind, waren diese von einem solchen Theoriewandel beeinflußt. Das gilt zwar nicht für die hier behandelten Arbeiten von Jung, Huffschmid und Klein, wird aber deutlich bei der Rezeption Schumpeters durch Peter Ruben, der den individuellen Unternehmer für unverzichtbar auch im Kommunismus hält.[36] Ruben war allerdings auch ursprünglich weniger durch die Theorie des Staatsmonopolistischen Kapitalismus beeinflußt, sondern argumentiert in erster Linie als marxistischer Philosoph, der kommunistische Zielvorstellungen neu zu formulieren sucht. Jan Priewe, der 1988 eine marxistische Krisenanalyse vorgelegt und diese mit wirtschaftspolitischen Vorschlägen im Sinne der Memorandumgruppe verbunden hatte,[37] entwickelte 1989 eine Sozialismusvorstellung, die das Fortbestehen einer Kapitalistenklasse für unverzichtbar hält: »Privates Kapital wird nicht vollends abgeschafft und die Kapitalistenklasse bleibt erhalten, nicht nur vorübergehend, sondern auf Dauer — aber sie ist nicht die herrschende Klasse (etwa so wie die Grundeigentümer im modernen Kapitalismus nicht mehr herrschende Klasse sind), sondern sie ist eingebunden in ein System sozialistischer Warenproduktion.«[38]

Beibehaltung der Privatunternehmer ist in allen diesen Vorschlägen mit deren weitgehender wirtschaftspolitischer Entmachtung verbunden. Die Einschränkung ihrer Verfügungsmacht wird auch als ein aktuelles Erfordernis angesehen. So würde für Jörg Goldberg der »Übergang zu einem ökologischen und sozialen Akkumulationstyp ... eine Dynamik einleiten, die letzten Endes mit der kapitalistischen Produktionsweise selbst brechen müßte.«[39] Seine Position ist in erster Linie aus der Analyse aktueller oder absehbarer Krisentendenzen entwickelt, so daß die Annäherung an Keynesianische Lösungen zwar implizit spürbar ist, jedoch weniger deutlich zutagetritt. Peter Hess' Zugeständnis, daß die »negative« Aufhebung des Privateigentums gegenwärtig effektiver sei als die »positive«, beinhaltet zumindest in dieser Formulierung die Perspektive einer Revision bisheriger Positionen, während der praktische Teil seiner Vorstellung zunächst über die praktisch-oppositionelle Mitgestaltung kapitalistischer Verhältnisse nicht mehr hinausgeht.[40]

Der Zusammenbruch der Theorie des staatsmonopolistischen Kapitalismus ergibt sich — im nachhinein gesehen — aus ihren Prämissen. Sie war ja unter anderem auch der Versuch einer Erklärung für die Stabilität des Kapitalismus gewesen. In der Systemauseinandersetzung enthielt diese ein dynamisches Element, das auf die Zerstörung des realen Sozialismus hinwirken konnte, wenn dieser nicht eigene, interne ökonomische, politische und kulturelle Entwicklungs-, Legitimierungs- und Sicherungsmechanismen entwickeln konnte und wenn die Selbstreproduktionsfähigkeit des staatsmonopolistischen Systems anhielt. Dessen subjektive Polarisierung zwischen Monopolen einerseits, den Interessen der Arbeiterklasse und der nichtmonopolistischen Klassen und Schichten andererseits ist ganz offensichtlich überschätzt worden und beruhte in wesentlichen Teilen auf einer verzeichnenden Zurechnung des politisch Gewünschten zur Realität. Ebenso wurde die Stabilität des modernen Kapitalismus zu ausschließlich auf die kapitalgesteuerte staatliche Intervention zurückgeführt, die Möglichkeit nichtmonopolistisch und nichtstaatlich vermittelter Systemreproduktion — bis hin zu einer Erneuerung des »Geistes des Kapitalismus« (Max Weber) in großen Teilen der Lohnabhängigen — dagegen weithin nicht gesehen.

Nun war die Theorie des Staatsmonopolistischen Kapitalismus in der Bundesrepublik unter den marxistischen Linken auch in den siebziger Jahren keineswegs die einzige Richtung gewesen. Soweit Linke sich für den Marxismus interessierten oder sich gar dazu bekannten, optierten sie mehrheitlich nicht für diese Variante. Das operative Leerlaufen des Historischen Materialismus in den achtziger Jahren ist aber ebenfalls für seine anderen Richtungen feststellbar, zumal ihr Praxisanspruch meist von Anfang an geringer gewesen ist. Elmar Altvater, Jürgen Hoffmann und Willi Semmler hatten 1979 in ihrem Buch »Vom Wirtschaftswunder zur Wirtschaftskrise« den gegenwärtigen Kapitalismus nicht unter dem Gesichtspunkt der Monopolisierung und der Staatstätigkeit analysiert, sondern aufgrund der Bedingungen der Kapitalakkumulation.[41] Von hier aus gelangte insbesondere Altvater später zur Thematik der internationalen Verschuldungskrise,[42] für die er letztlich keinen Ausweg im Rahmen der gegenwärtigen Weltwirtschaftsordnung sieht, ohne daß er die subjektivenKräfte für eine Systemüberwindung tatsächlich benennen kann, wenngleich der Autor für einen »Reformismus mit Emphase«[43] — insbesondere unter ökologischem Aspekt — plädiert.

Ernest Mandel und Winfried Wolf haben 1988 in ihrem Buch »Cash, Crash & Crisis« das Moment der krisenhaften Zyklizität der kapitalistischen Entwicklung neu herausgearbeitet. Den Kapitalismus in seiner gegenwärtigen Phase definieren sie im wesentlichen als »Kasino-Kapitalismus«, womit sie die Tatsache zu kennzeichnen versuchen, daß große Teile der Gewinne nicht wieder investiert, sondern spekulativ verwendet werden. Aus den Bösenkrächen 1987 und 1988 folgern sie, daß hier keine Steuerung, die eine Krise ausschließen könnte, möglich ist. Die Überlegung, daß Vernichtung spekulativen Kapitals den Hazardcharakter der Investitionen in der Produktion, der für frühere kapitalistische Perioden typisch war, mindert und große Krisen mit Rückgang des Sozialprodukts hinausschiebt, findet sich bei Mandel und Wolf allerdings nicht. Eine ähnliche Rezession wie 1929-1933 schließen sie keineswegs aus, sondern halten sie eher für wahrscheinlich. Auch die über längere Zeit eher zufällige Vermeidung eines großen Einbruchs sei schon mit zerstörerischen Effekten verbunden: »Der heiße Atem der vier Reiter der Apokalypse — Atomkrieg, ökologische Katastrophe, die Hungerkatastrophe in der Dritten Welt und die politisch-soziale Katastrophe neuer faschistischer Regimes in den imperialistischen Metropolen — brennt uns bereits im Rücken.«[44]

Als Gegenstrategie schlagen die Autoren ein »Antikrisen- und antikapitalistisches Programm«[45] vor: »Fertigung solcher Güter und Dienstleistungen, die nicht erfüllte elementare Bedürfnisse der Bevölkerung zu decken helfen: im Gesundheitsdienst, im Wohnungsbau, im Umweltschutz, im Bereich der Kinderhorte und -gärten, auf dem Gebiet des öffentlichen Transports, der Schulen, Hochschulen, polytechnischen Ausbildung, in der kulturellen Sphäre.«[46] Als subjektiven Faktor zur Erkämpfung dieser Ziele sehen Mandel/Wolf »ein breites Bündnis zwischen den Gewerkschaften einerseits und ökologisch orientierten Bewegungen und den Feministinnen andererseits. Zentrale Achsen eines solchen Programms wären radikale Arbeitszeitverkürzungen ohne Lohnausfall (sofort 35-Stunden-Woche, in Kürze Verwirklichung der Forderung der IG-Metall-Frauenkonferenz nach einem Sechs-Stunden-Arbeitstag bei Fünf-Tage-Woche, die vor allem auch auf eine radikale Veränderung der geschlechtsspezifischen Arbeitsteilung abzielt), die Schaffung eines Sektors nichtmarktwirtschaftlicher Bedarfsdeckung, die Überführung von marktbeherrschenden Wirtschaftsunternehmen und insbesondere der Banken in Gemeineigentum.«[47]

Mit der »Memorandumgruppe« haben Mandel und Wolf zwar im wesentlichen diese Forderungen gemeinsam, nicht aber deren Konzept. Der Katalog ist für sie im Kontext einer »antikapitalistischen Dynamik«[48] zu sehen, der durch die Krisenhaftigkeit des Konjunkturverlaufs gegeben ist. Solange diese aber durch die Latenz der kapitalistischen Widersprüche ebenfalls nicht zugespitzt im Massenbewußtsein und auf der Ebene von »Politikfähigkeit« zutage tritt, werden die Reformforderungen von der bei Mandel/Wolf mit ihnen verbundenen Strategie isoliert und erscheinen — gegen die Intentionen der beiden Verfasser — tatsächlich ausschließlich linkskeynesianisch.[49]

Unausgesprochener Hintergrund der hier referierten theoretischen Ansätze ist die Erwartung einer für ca. 1988 erwarteten, dann gleichsam »ausgefallenen« Wirtschaftskrise. Die Titel bzw. Untertitel der Bücher von Goldberg («Von Krise zu Krise»), Priewe («Die krisentheoretische Debatte«) und Mandel/Wolf weisen deutlich darauf hin. Auch diejenigen Mitglieder der »Memorandumgruppe«, die sich nicht als Marxisten, sondern als Keynesianer verstanden und verstehen, verbanden mit ihrer Kritik der Marktorthodoxie die Annahme, daß deren rigorose Umsetzung in die Krise — vor allem mit der Konsequenz einer Steigerung von Massenarbeitslosigkeit — führen müsse. Das Ausbleiben der Rezession hat zumindest ihre kurzfristige Prognose falsifiziert. Diese Tatsache ist — soweit ich sehe — bislang theoretisch nicht verarbeitet.

Es scheint paradox, daß die praktisch-politische Krise des Keynesianismus in der Bundesrepublik gerade am Ausgangspunkt seiner zeitweisen (partiellen, auf eine Minderheit der Interessierten beschränkten) Attraktivität beginnt: mit der Rezession von 1974/75. Sie schien die These von Keynes zu bestätigen, daß zusätzliche staatliche Nachfrage vonnöten sei, um Massenarbeitslosigkeit zu überwinden. Das erste Gutachten der »Memorandumgruppe« wurde denn auch 1975 vorgelegt. In seinem 1987 erschienenen Buch »Sozialdemokratische Krisenpolitik in Europa« bemühte sich Fritz W. Scharpf um den Nachweis, daß zu diesem Zeitpunkt keine Möglichkeit mehr zur Verwirklichung einer Strategie, die auf Erhöhung der Reallöhne und staatliche Kontrolle der Investitionen hinausläuft, bestanden habe. Seit Mitte der siebziger Jahre sei die Frontlinie zwischen Kapital und Arbeit zu Lasten der Arbeiterklasse verschoben, und dies sei in absehbarer Zeit auch nicht mehr veränderbar. Die Rendite an den internationalen Finanzmärkten sei der Maßstab für den national erzielbaren Profit. Werde er nicht verwirklicht, blieben Investitionen aus, was sich zuallererst negativ auf die Beschäftigung auswirke. Schaffung neuer Arbeitsplätze durch Senkung der Arbeitszeit könne allenfalls dann zur Herstellung der vom Kapital akzeptierten Investitionsbedingungen (daß nämlich der jeweilige nationale Profit mindestens ebenso hoch sei wie die Rendite auf den Finanzmärkten) führen, wenn nicht zugleich die Forderung auf Lohnausgleich durchgesetzt werde.[50]

Eine theoretische Kritik dieser Position auf marxistischer Grundlage hat Elmar Altvater vorgelegt. Er weist darauf hin, daß Scharpf fälschlich die »erratischen« — ungleichmäßigen, sprunghaft sich verändernden — Spekulationsrenditen von den nationalen Profitbedingungen abkoppelt. Müßten die Lohnforderungen deren Schwankungen angepaßt werden, dann könnten sie sich immer wieder — gemessen an binnenwirtschaftlichen Maßstäben, aber auch an den Bedürfnissen der Lohnabhängigen — nur willkürlich entwickeln. Hinzu komme, daß die internationale Rendite sich ebenfalls auf die Voraussetzungen auswirke, unter denen kreditfinanzierte Investitionen erfolgen. Das heißt, der kreditnehmende Kapitalist muß dem Finanzier einen Zins garantieren, der nicht unter dem internationalen Satz liegt. Da dieser schwankt, sind Investitionen in die Produktion im Grunde relativ uninteressante Termingeschäfte für den Gläubiger, der deshalb Anlagen vorziehen wird, die es ihm erlauben, sein Geld wieder schnell zur Verfügung zu haben. Altvater kündigt daher in der einleitenden Zusammenfassung seines Aufsatzes den Schluß an, daß »nationalstaatliche Anpassungsversuche an die erratisch schwankenden Renditen auf den transnationalen Finanzmärkten die internationalen 'financial instabilities' geradewegs in die nationalen Ökonomien transportieren. Der 'neue' sozialdemokratische Weg aus der Krise kann der Größenordnung der aktuellen ökonomischen Problemlagen nicht gerecht werden.«[51] Er macht keine Angaben darüber, welche praktischen Schlußfolgerungen daraus zu ziehen sind. Offenbar hält er das Problem für vorderhand unlösbar. Das Resultat aus Scharpfs Analyse und der Kritik von Altvater wäre dann, daß gegenwärtig überhaupt keine Strategie zur Senkung der Massenarbeitslosigkeit greift.

Dies gilt auch, wenn man die Einwände berücksichtigt, die insbesondere von gewerkschaftlicher Seite mit vorwiegend keynesianischer Argumentation gegen Scharpfs Thesen — und deren politische Operationalisierung durch den SPD-Politiker Oskar Lafontaine — vorgebracht wurden.[52] Sie können so zusammengefaßt werden:

Ein gegebener Beschäftigungsstand ist auf Dauer nicht dadurch zu stabilisieren, daß die Lohnabhängigen, die noch Arbeitsplätze haben, auf Erhöhung ihres Einkommens verzichten und die Profite von daher nicht unter Druck gesetzt werden. Unter den Bedingungen internationaler und nationaler Konkurrenz oder auch unter dem Anreiz erhöhter Gewinne durch Rationalisierungen würde es auch weiterhin zu Entlassungen kommen. Gleiches muß für alle Versuche gelten, neue Beschäftigung dadurch zu schaffen, daß Arbeitslose zusätzlich eingestellt werden, die Lohnsumme aber gleich bleibt. Weitere Rationalisierungen müssen auch dann zu einer Senkung der Massenkaufkraft führen, wodurch die Realisierung der Gewinne erschwert wird und die Beschäftigung noch mehr sinkt.

Die Schwäche dieser Argumentation besteht darin, daß sie zwar nachzuweisen versucht, daß Scharpfs Vorschläge ihr Ziel der Stabilisierung der Beschäftigung durch zeitweilige Lohnzurückhaltung nicht erreichen werden, daß aber gleichzeitig die Politik, welche die Kritiker dagegensetzen, gerade auf die Hemmnisse stoßen wird, die er aufgrund des Verhältnisses von nationalem Kräfteverhältnis zwischen Kapital und Arbeit einerseits, der Situation an den transnationalen Finanzmärkten anderseits sieht. Die klassischen linkskeynesianischen Forderungen nach Stärkung der Massenkaufkraft durch höhere Einkommen der Lohnabhängigen mithilfe staatlicher und kommunaler Investitionen werden dann nicht realisierbar sein, wenn sich das Kapital der damit einhergehenden Schmälerung seiner Profite durch Ausweichen auf die transnationalen Finanzmärkte entzieht. Scharpfs These, daß eine »weltweit koordinierte keynesianische Steuerung«[53] oder auch nur eine westeuropäische Variante gegenwärtig nicht greift, klingt plausibel. Ihm muß wohl auch zugutegehalten werden, daß die von ihm angeregte Politik nur eine mittlere zeitliche Reichweite beansprucht. Sie proklamiert nicht, die Voraussetzungen für einen anderen Akkumulationstyp, der eine neue gewerkschaftliche Offensive erlauben wird, vorzuschlagen, sondern empfiehlt ein defensives Verhalten der Gewerkschaften für eine zeitlich nicht bestimmte Übergangsperiode, in der das Kräfteverhältnis, das durch ihre »vorläufig irreversible Niederlage im Verteilungskampf«[54] hergestellt wurde, noch nicht überwunden ist. Unter anderen Bedingungen, die gegenwärtig noch nicht absehbar sind, mag er eine keynesianische Strategie, die seiner Meinung nach bis in die siebziger Jahre hinein plausibel war,[55] wieder für empfehlenswert halten.

Das Dilemma, das hier in der Debatte um die Beschäftigungspolitik sichtbar wurde, erschien während des Jahres 1989 in der Bundesrepublik auch bei der Erörterung des »ökologischen Umbaus der Industriegesellschaft«. Der SPD-Politiker Lafontaine hatte dieses Thema als Schwerpunkt für den Bundestagswahlkampf 1990 vorgeschlagen, und das Papier »Fortschritt 90« der Sozialdemokratischen Partei versuchte, es programmatisch zu fassen. Hier stellte sich sofort die Frage nach der Finanzierung und — im Zusammenhang damit — nach dem Verhältnis von Sozial- und Umweltpolitik. Sollten ökologische Sanierungsmaßnahmen durch staatliche Eingriffe über Steuern und öffentliche Investitionen erfolgen, dann konnte dies entweder aufkommensneutral oder durch eine Ausweitung des Haushaltsvolumens geschehen. Die erste Lösung war nicht nur durch Einschnitte im Wehretat, die tatsächlich vorgesehen waren, zu realisieren. Zumindest war sie nicht mit einem gleichzeitigen Ausbau der Sozialpolitik vereinbar. Im zweiten Fall wäre eine ökologische Erweiterung linkskeynesianischer Politik eine mögliche Variante gewesen.

Die beschäftigungspolitische Debatte und die Diskussion über einen aktuellen ökologischen Umbau waren mit dem seit August 1989 sich dramatisch beschleunigenden Zusammenbruch der DDR beendet. Insbesondere die ökonomischen Engpässe in der BRD, auf die sowohl eine angebotsorientierte als auch eine linkskeynesianische Politik zu stoßen drohte, waren plötzlich kein Thema mehr. Investitionen für Reparatur, Modernisierung und Neuanlage von Infrastruktur sowie zur Bedienung der Konsumgüternachfrage in der DDR schienen durch die beiden bisherigen Praktiken in der Bundesrepublik möglich: durch weitere Senkung der Lohnquote — wie in den fünfziger Jahren — und/oder durch Ansätze keynesianischer Staatstätigkeit, die allerdings auch ab 1967 in der Bundesrepublik nicht konsequent durchgeführt worden war. Die DDR könnte »ein enormes Akkumulationsfeld für westliches Kapital«[56] werden.

Dieses abrupte Ende einer mühsamen Debatte mag zunächst geeignet sein, alle, die eine theoretische politische Ökonomie in praktischer Absicht für sinnvoll und notwendig halten, melancholisch zu stimmen. Ein plötzlicher politischer Umschwung macht ihre Anstregungen zunichte, und es scheint, als sei Kausalität vielleicht bei der Analyse von Geschichte herstellbar (und tatsächlich ist es ja möglich, Ursachen für den Zusammenbruch der DDR, der im nachhinein nachgerade logisch erscheint, von kaum jemandem aber für diesen Zeitpunkt prognostiziert worden war, zu benennen), nicht aber bei der Gestaltung von Gegenwart und Zukunft. Wozu dann also noch ökonomische Theorie?

Radikale Marktwirtschaftler werden diese Frage nicht akzeptieren, denn der Sieg des Kapitalismus ist für sie ja gerade eine glänzende Bestätigung ihrer Lehre. Keynesianer können darauf hinweisen, daß auch bei der Rekapitalisierung der DDR auf staatliche Programme nicht wird verzichtet werden können. Der Verdacht, daß ökonomische Theorie praktisch bedeutungslos sei, ist somit nur dort berechtigt, wo sie nicht als allgemeines Analyse- und Beratungsinstrument verstanden wird, sondern als konkrete, operative Tätigkeit, welche die relative Eigengesetzlichkeit des Politischen verkennt und die gleichsam »professionelle« politische Dezision überflüssig machen will. Betriebswirtschaftslehre als mikroökonomische Praxis und

Volkswirtschaftslehre haben in der bürgerlichen Gesellschaft ihren spezifischen Ort, sie sind aber niemals unmittelbar Politik. Keynesianismus und Angebotspolitik eignen sich als komplementäre Muster zur Interpretation der bisherigen Wirtschaftsgeschichte der Bundesrepublik. Sie sind auch die beiden Orientierungen gewesen, die in unterschiedlichem Maße zur praktischen Anwendung kamen. Dabei ist der Keynesianismus zweifellos die weit weniger einflußreiche Richtung gewesen, und zwar in einer Auslegung, die ihn als antizyklische Politik, nicht als Beschäftigungsförderung versteht. (Ob diese Interpretation sich auf den authentischen John Maynard Keynes stützen kann, ist umstritten.) Der »Programm-Keynesianismus«, der die wirtschaftspolitisch anzustrebenden Ziele vor allem um ökologische Gesichtspunkte vermehrt, ist über den Status einer Oppositionsdoktrin ebensowenig hinausgekommen wie die auf Globalsteuerung verkürzte Variante nie mehr gewesen sein mag als eine nur in Ausnahmefällen sichtbare »zweite Linie«. Vielleicht ist dies aber nur ein trügerischer Schein. Selbst in Perioden offiziell proklamierter marktradikaler Angebotspolitik sind beschäftigungswirksame staatliche Programme immer wieder angewandt worden. Eine Addition sämtlicher auf diesem Feld verausgabten Gelder — einschließlich der ziemlich festen Etablierung eines »zweiten Arbeitsmarktes« mittels Arbeitsbeschaffungsmaßnahmen — ergeben große Summen, die notwendig sind, um den Marktradikalismus abzupuffern. Die Kriterien für ihre Vergabe und deren praktische Anwendung durch die zuständigen Gremien der örtlichen Arbeitsämter verbinden den Hauptzweck, Beschäftigung zu ermöglichen, in der Regel mit inhaltlichen Bedingungen, die dabei zu erfüllen sind. Mit einiger Mühe und gewiß zur Empörung der theoretischen Vertreter dieser Richtung könnten sie als »programm-keynesianisch« bezeichnet werden. Ebenso ist auf kommunaler Ebene in der Weimarer Republik sowie in den Anfangsjahren des New Deal in den USA öffentliche Beschäftigungspolitik betrieben worden, bevor Keynes in seiner »Allgemeinen Theorie« eine wissenschaftliche Begründung hierfür vorlegte.

Die marxistische Kritik der Politischen Ökonomie dagegen hat in der Geschichte praktischer Anwendung von Theorie keinerlei Bedeutung. Wir haben gesehen, daß zumindest die Theorie des Staatsmonopolistischen Kapitalismus da, wo sie unmittelbar politisch zu wirken versuchte, über keynesianische Positionen nicht hinauskam. Die marxistische Kritik der Politischen Ökonomie war für die Geschichte des Realen Sozialismus irrelevant, denn sie beschränkte sich in der Fassung, die Marx ihr gegeben hatte und die in diesem Grundzug auch später nicht verändert worden ist, auf die Analyse kapitalistischer Verhältnisse. Hier allein, nicht in der praktischen »Wirtschaftspolitik« innerhalb der auf dem Privateigentum an den wichtigsten Produktionsmitteln beruhenden Produktionsweise, kann auch nur ihre aktuelle Bedeutung liegen. Für die gegenwärtigen imperialistischen Zentren ist unter anderem kennzeichnend, daß eine relativ gut entwickelte theoretische linke, auch marxisische Kritik in Publizistik und theoretischer Analyse (letztere z.B., wenngleich selbstverständlich immer in extrem minoritärer Position, auch an Universitäten) keine Entsprechung in realer Politik findet. Radikale Oppositionsbewegungen waren vom theoretischen Marxismus entweder unberührt (wie z.B. die Friedensbewegung in der Bundesrepublik und in den USA), oder er hatte für ihre Mehrheit eine eher symbolische Bedeutung (Studentenbewegung in der BRD am Ende der sechziger Jahre). Die Vermutung drängt sich auf, daß dies in nichtrevolutionären Situationen unvermeidlich ist, daß aber auch in diesen der Historische Materialismus ein vorzügliches Analyseinstrument darstellt. Drastisch ausgedrückt: In solchen Phasen vermag er nicht zu zeigen, wie der Kapitalismus aufgehoben werden kann, sondern nur daß und wie er funktioniert. Das kann er trotz seines ungelösten Wert-Preis-Problems offensichtlich besser als alle anderen theoretischen Modelle. Deren Blindstelle besteht darin, daß sie als operative Beiträge zur Wirtschaftspolitik offensichtlich bis heute immer nur eine begrenzte soziale und territoriale Reichweite hatten und nicht imstande waren, negative Effekte, die ihre Anwendung immer produzierte, mitzuerfassen. Das theoretisch-praktische Ping-Pong zwischen keynesianischer Beschäftigungspolitik und Angebotsorientierung zeigt dies deutlich. Den Keynesianern wird von den Marktradikalen inflationstreibende Wirkung vorgeworfen, diesen seit Keynes die Erzeugung einer (von ihnen nicht einmal reflektierten) »unfreiwilligen« Arbeitslosigkeit. Beide erreichen die von ihnen angestrebten Effekte nur für die kapitalistischen Zentren, denen sich das eine oder andere bislang in Unterentwicklung gehaltene Land zugesellen mag.

Marxisten, die ihre Theorie operativ anzuwenden versuchten, landeten also in den vergangenen Jahren immer wieder in der Nähe keynesianischer Positionen. Die Bereitschaft, sich gleichsam nützlich zu machen, ist nun wirklich keine Schande, und fast jeder linke Intellektuelle wird, sieht man etwas genauer hin, sich schon aus Gründen des individuellen politischen (oder auch psychischen und materiellen) Überlebens immer wieder ein solches Praxisfeld suchen, von der empirischen Sozialforschung bis zur Stadtteilarbeit. Diese Haltung und Notwendigkeit sollte eben nur nicht mit den tatsächlichen Erkenntnismöglichkeiten des Historischen Materialismus verwechselt werden. Sie liegen, um die Untertitel der drei Bände des Marxschen Hauptwerkes zu zitieren, nirgends anders als in der Analyse des Produktions- und des Zirkulationsprozesses des Kapitals sowie des Gesamtprozesses der kapitalistischen Produktion. Mag der Impuls einer solchen Anstrengung — wie der aller theoretisch interessierten Sozialwissenschaft — ganz allgemein im Versuch der wissenschaftlichen Analyse von Gesellschaft bestehen, so bleibt doch zugleich ein politischer Antrieb, ohne den der Historische Materialismus sich politisch von anderen Formen des wissenschaftlich geleiteten Humanismus nicht mehr unterscheiden würde. Dies ist die antikapitalistische Hypothese. Ihre theoretische Entfaltung findet allerdings gegenwärtig eher außerhalb der klassischen Kritik der Politischen Ökonomie statt. Zugespitzt: Der Antikapitalismus, ohne den der Marxismus nicht gedacht zu werden vermag, kann mit dessen klassischen Instrumentarien gegenwärtig nicht eingelöst werden, wohl aber durch deren konkrete Negation, welche sich an der Theorie orientiert, die sie verläßt.

Gemeint ist Christel Neusüß' Buch »Die Kopfgeburten der Arbeiterbewegung«. Die Verfasserin stellt hier die Frage: »Ist die Marxsche Werttheorie wirklich eine umfassend kritische Theorie?«[57] und beanwortet sie negativ: »Die eigene Ökonomie des Kapitals, die Messung des 'Reichtums' am 'Wert', an der Arbeitszeit, grenzt alles mögliche, womit es unökonomisch umgeht, was es verschwendet und ausraubt, praktisch aus. Aber indem Marx diese eigene Ökonomie des Kapitals beschreibt und große Teile des Ausgegrenzten nicht ins Blickfeld kommen, verliert die Kritik einen entscheidenden Stachel.«[58] Es wäre eine Zitatfälschung, würde der darauffolgende Satz unterschlagen: »Und meine These ist: Das männlich beschränkte Muster versperrte den Blick.«[59]

Was hier versucht wird, ist nicht weniger als die Revision der Einengung des (gesellschafts)wissenschaftlich Erkennbaren, die in der Denkbewegung von Kant über Hegel zu Marx zu einer Identifikation des Gegenstandes der Erkenntnis mit dem der »bürgerlichen« Nationalökonomie — und zugleich zu dessen Überwindung durch die Entdeckung des Mehrwerts — geführt hatte.

Kant hatte in der »Kritik der reinen Vernunft« diesen Gegenstand der Erkenntnis von dessen raum-zeitlicher Anordnung abhängig gemacht. Das »Ding an sich« blieb außerhalb, allenfalls durch Glauben und Offenbarung erreichbar. Die nachfolgende Tradition des deutschen Idealismus wandte sich der Analyse des erkennenden Subjekts zu und machte dieses — durchaus der Logik Kants folgend, abschließend bei Hegel — zum Schöpfer und Organisator der erkennbaren Wirklichkeit. Nach der Marx-Feuerbachschen »Umstülpung« wurde die klassengespaltene menschliche Gattung zum Subjekt dieses Prozesses — mit einer finalen Erkenntnismöglichkeit beim Proletariat der bürgerlichen Gesellschaft. Das Zu-sich-selbst-Kommen der Geschichte und die Aufhebung der gesellschaftlich bedingten Erkenntnis- und Handlungsschranken wurde nun abhängig von der Selbstbefreiung dieser Klasse. Die Bedingungen der Möglichkeit hierfür lagen in den Bewegungsgesetzen der kapitalistischen Ökonomie. Damit aber hatte Marx den gleichen Erkenntnisgegenstand erreicht wie die »bürgerliche« Politische Ökonomie. Mit der Definition des Mehrwerts meinte er diese aufgehoben zu haben, aber das geschah dadurch, daß er das von ihr abgesteckte Beobachtungsfeld — den Markt, dessen Gesetzmäßigkeiten bei ihm allerdings bis in die Produktion hinein (das Wirken der Arbeitskraft als Ware) analysiert wurden — nicht verließ. Außerhalb des durch den Wert geordneten Gegenstandes befand sich sozusagen das nicht mehr erkennbare »Ding an sich«.

Für Christel Neusüß, die hier mit einer Strömung »feministischer« Ökonomie und Gesellschaftstheorie[60] übereinstimmt, die sich jedoch nicht aus einer marxistischen Tradition herleitet, liegt zumindest ein weiterer (wenn nicht sogar der zentrale) Grund von Ausbeutung jenseits der von der klassischen Politischen Ökonomie definierten und von Marx akzeptierten Eingrenzung durch Wert, Preis und Markt: in der Unterdrückung außerhalb der Lohnarbeit. Die Aneignung von unbezahlter Mehrarbeit der Arbeiterklasse durch die Kapitalistenklasse hat bei Marx zur Voraussetzung den gleichzeitigen Äquivalententausch. Bei Neusüß wird die Hypothese aufgestellt, daß dieser — und damit auch die Mehrwertproduktion — erst möglich wird durch einen universelleren nichtäquivalenten Tausch außerhalb des Marktes, durch nicht in Marktkategorien gemessene und entlohnte Reproduktionsarbeit.

Ist diese Voraussetzung einmal akzeptiert, dann kann gefolgert werden, daß große Teile der Ausbeutung gar nicht in der Beziehung von Lohnarbeit und Kapital stattfinden. Diese ist immerhin gezügelt und in Grenzen gehalten durch das Wertgesetz. Elemente eines solchen Denkens finden sich auch im »klassischen« Marxismus, insbesondere dort, wo er eine Extra-Profitrate annimmt, etwa durch das Bestehen von Monopolen oder — bei Lenin — durch nichtäquivalenten »Tausch« zwischen den imperialistischen Metropolen einerseits, ihren

Kolonien und Halbkolonien andererseits. Bei der theoretischen Begründung von Ausbeutung außerhalb des Wertgesetzes kann — wenngleich unter gleichzeitigem Hinweis auf eine Lücke in der dort angestellten Beweisführung — bis zur (im Unterschied zu Ricardo mit der Mehrwertlehre kombinierten) Herleitung der Durchschnittsprofitrate im dritten Band des »Kapital« zurückgegangen werden. Hierdurch wird eine Differenz zwischen Wert und Preis angenommen. Verselbständigt sich die Preisbildung gegenüber dem Wert vollständig, so daß letzterer gar nicht mehr erkennbar wird, scheitert also letztlich Marx' (und der bürgerlichen »Kassiker«) Arbeitswertlehre, dann ist die Annahme »willkürlicher« Ausbeutung ebenso möglich wie die Abschaffung dieses Begriffs.

Die Fragestellung von Neusüß — und anderen — bricht aber auch aus diesen letzten, schon sehr gekünstelten Einhegungen durch herkömmliche Wert-, Preis- und Marktvorstellungen aus. Sie ist marxistisch nicht mehr zu definieren, behält allerdings den Ausbeutungsbegriff, den politischen Stachel auch des Marxismus bei. Wenn der junge Marx als die Möglichkeit und Aufgabe der proletarischen Revolution definiert hatte, alle Verhältnisse umzuwerfen, in denen der Mensch ein unterdrücktes Wesen sei, dann bleibt davon jetzt »nur« noch der Begriff der Ausbeutung und der Unterdrückung erhalten, ist aber nicht mehr wertmäßig zu definieren.

Die Exploitation außerhalb eines Rahmens, der durch Wert und Preis bestimmt ist, wurde zwar bisher am gründlichsten in der feministischen Diskussion erörtert. Doch die Denkfigur, die hier angewendet wird, findet sich auch in ökologisch interessierter Theorie als »Ausbeutung« der Natur.

In beiden Fällen hat auch die bürgerliche Ökonomie einen zusätzlichen Regelungsbedarf über den spontan wirkenden Marktmechanismus hinaus anerkannt, sei es durch Zuweisung von Geldwert zu — bislang vor allem — von Frauen erbrachten Reproduktionsdienstleistungen im Modell der »New Home Economics«[61], sei es in der Ausgabe von Zertifikaten für Umweltbelastungen.[62] In beiden Fällen werden Preise nicht durch Angebot und Nachfrage gebildet, sondern durch administrativen Eingriff. Damit wird implizit eingestanden, daß die »invisible hand« keineswegs alle gesellschaftlichen Bedürfnisse zu befriedigen vermag. Daß die Zurechnungen auf die Dauer Gerechtigkeit im Geschlechterverhältnis herstellen und Naturzerstörung verhindern können, wenn zugleich in anderen Bereichen der Ökonomie die »spontane« Ressourcenallokation über den Markt beibehalten wird, ist nur eine Hypothese, die vielleicht im nationalen Rahmen der am höchsten entwickelten kapitalistischen Länder greifen mag, den globalen Dimensionen von Verelendung und ökologischer Destabilisierung bislang aber in keiner Weise gerecht geworden ist. Tjaden versucht dagegen den Nachweis zu führen, daß eine »Konzentration der gesellschaftlichen Reproduktion auf die Subsistenz von Bevölkerung und Naturhaushalt und die Stabilisierung des Systems Mensch-Biosphäre«[63] durch »die Herausbildung der sozialistischen Gesellschaftsformation als Reproduktionsinstanz«[64] möglich sei. Dabei gestaltet er den Historischen Materialismus als Systemtheorie und sieht von einem Klassensubjekt ebenso ab wie von einem Verweis auf die anzuwendenden ökonomischen und politischen Techniken. Er beläßt es letztlich bei einem geschichtsphilosophischen Entwurf.

Es bleibt also dabei, daß bei der praktischen Bearbeitung der hier angesprochenen Probleme keine unmittelbar operative Bedeutung des Marxismus abzusehen ist. Er ist das offensichtlich brauchbarste Instrument der historischen Interpretation, während für konkrete politische Maßnahmen der Programm-Keynesianismus plausiblere Angebote bereithält.

Historischer Materialismus als Geschichtsphilosophie und ein ökologisch, feministisch, pazifistisch und sozial orientierter Keynesianismus in der Praxis? Als theoretisches und praktisches Programm ist dies absolut unzureichend, wenn die nationale Borniertheit aller bisherigen keynesianischen Versuche nicht reflektiert und überwunden wird. Ihre transnationale Regionalisierung (z.B. »Europäisierung«) ist keine Abhilfe, ihre Globalisierung blieb bislang eine Leerformel. Ersteres verstärkt

die Dominanz der Zentren über ihre Peripherien. Letzteres —
am ehesten noch konkretisiert in dem Vorhaben einer »Neuen
Weltwirtschaftsordnung« — setzt kollektive Konfliktfähigkeit
der bislang in Unterentwicklung gehaltenen Völker durch reale
Macht voraus — eine Perspektive, die seit dem Scheitern einerseits der OPEC (die allerdings lediglich ein Kartell von Regie-
rungen war, kein emanzipatorisches Potential für die von ihnen
vertretenen Völker enthielt, im Gegenteil), andererseits der Befreiungsbewegungen und der von ihnen errichteten Regimes
zumindest keine Konkretion mehr hat.

Historischer Materialismus als Geschichtsphilosophie, Programm-Keynesianismus als praktische Politik, Internationalismus als Handlungsrahmen: in dieser Trias wäre der Marxismus
nur ein Element unter anderen.

5.10. Zweites Intervall?

Die fünfte Periode der kapitalistischen Entwicklung weist zwei
Parallelen zur Phase der imperialistischen Konsolidierung
(1870-1914) auf. Beide unterscheiden sich von den übrigen Ab-
schnitten durch die Evidenz in der Stabilität der auf das Privateigentum an den wichtigsten Produktionsmitteln gegründeten
Ordnung. Die »imperialistische Konsolidierung« der wilhelmi-
nischen Epoche, des Viktorianismus und der Belle Epoque um
1900 war angesichts der Tatsache, daß Perioden der scheinbaren
oder tatsächlichen Gefährdung des Kapitalismus ihr vorangin-
gen und folgten, eine Art »Intervall«. Der gegenwärtige Zusammenbruch des Realen Sozialismus wird in der populären Publizistik zuweilen als Erreichen eines Endzustandes interpretiert,
in dem die Geschichte bei einem Gesellschaftstyp angelangt sei,
der nicht mehr überwunden werden könne.[65] Dies setzt voraus, daß die inneren Konfliktpotentiale dieser Gesellschaftsformation mit ihren eigenen Mitteln gebändigt werden können, eine Hypothese, die sich mit einem Werturteil verbindet.

In der Industriellen Revolution hatte der junge Kapitalismus
eine doppelte Systemgrenze. Der Feudalismus bestand noch
und mußte überwunden werden. Das Fortschrittspathos dieser

Epoche hat hier seine Ursache. Zugleich zeigten die Ausbeutung der lebendigen Arbeitskraft und die Gegenwehr der Arbeiterklasse eine Grenze des Marktprinzips.

Die sozialistische Bewegung machte aus diesem Partialproblem des Kapitalismus dessen totale Herausforderung, die er annahm und insofern meisterte, als er die gesellschaftliche Alternative sich gleichsam einverleibte. Im Ergebnis war der Kapitalismus während der Periode seiner imperialistischen Konsolidierung ungefährdet, es gab kein anderes System mehr.

In der dritten und vierten Periode hatte er den Kampf gegen den Realen Sozialismus zu führen. Dessen Zusammenbruch macht das auf dem Privateigentum an den wichtigsten Produktionsmitteln beruhende Gesellschaftssystem ein zweites Mal seit der Periode der kapitalistischen Konsolidierung alternativlos. Ein Endzustand wäre dies nur, wenn der Regelungsbedarf insbesondere der Beziehungen zwischen Mensch und Natur sowie zwischen den imperialistischen Zentren und ihren Peripherien tatsächlich ausschließlich marktwirtschaftlich zu decken wäre. Zugeständnisse an darüber hinausgehende Vergesellschaftungsweisen verschaffen dem System zweifellos Atempausen sowie jeweils zusätzliche Flexibilität und Festigkeit, um auch neuen Herausforderungen begegnen zu können. Daß diese nicht ausbleiben werden, ergibt sich aus der inneren Struktur des Gesamtprozesses der kapitalistischen Produktion und Reproduktion selbst. Insofern kann mit großer Wahrscheinlichkeit behauptet werden, daß die fünfte Periode kapitalistischer Entwicklung zugleich das »zweite Intervall« zwischen zwei Phasen der Systemgefährdung ist. Allerdings sollte die nächste Herausforderung nicht wieder einmal als finale Krise prognostiziert werden. Der Kapitalismus besteht als durchgebildete, auf eigener Grundlage sich entwickelnde Gesellschaftsordnung erst seit ca. 200 Jahren. Sein Vorgänger, der Feudalismus, dauerte ca. 1300 Jahre. Es wäre schiere Zahlenspielerei und Analogie von der schlechten Sorte, wollte man ihm nun ebenfalls eine weitere Lebensdauer von über einem Jahrtausend vorhersagen. Die in ihm angelegte Dynamik der Selbstzerstörung scheint dagegen zu sprechen. Doch die mindestens schon einmal (am Ende der Industriellen Revolution) bewiesene Fähigkeit zur Umwandlung des Widerspruchs in eine Triebkraft der Innovation macht es ebenso unmöglich, aus dem Fortbestand dieser internen Grenze die Sicherheit einer Aufhebung dieses Systems schon in der nächsten Periode seiner Gefährdung zu folgern, wie es falsch ist, seinen ewigen Bestand gleichsam wissenschaftlich feststellen zu wollen. Das »zweite Intervall« ist wahrscheinlich eine Pause nicht vor der finalen Krise, sondern vor einer nächsten Periode des großen Konflikts, die unter Umständen wieder in einer teilstabilisierenden Transformation enden kann.

V. Gegengesellschaften

1. Drei Ausbrüche

Die Tatsache, daß der Kapitalismus in seiner bisherigen Geschichte einen Teil seiner Dynamik im rücksichtslosen Zugriff auf die Ressourcen seiner eigenen Reproduktion und durch Krieg entfaltete, hatte zwei Konsequenzen. Erstens den Versuch, auch die Elemente der Selbstzerstörung zu integrieren (insbesondere die Arbeiterbewegung), zweitens die »Freisetzung« von Gegengesellschaften, die aus diesem System ausbrachen, sich auf eigener Grundlage zu entwickeln versuchten, ohne daß dies gelang und ohne daß die Dominanz der kapitalistischen Produktionsweise dadurch gebrochen werden konnte. Die alte Ordnung fing die Ausreißer nach mehr oder weniger kurzer Frist dann immer wieder ein.

Wir kennen bislang drei Typen solcher Gegengesellschaften: die kommunistischen Siedlungen in den USA während des 19. Jahrhunderts, die Pariser Commune und den Realen Sozialismus.

2. Genossenschaften in den USA und Pariser Commune

Zwischen 1825 und 1827 entstanden in den USA unter dem Einfluß Robert Owens insgesamt 19 kommunistische »Gemeinden« — Siedlungen, die auf dem Genossenschaftsprinzip beruhten. Die berühmteste von ihnen war »New Harmony«. Sie gingen in der Dynamik der Vorbereitungsperiode der Industriellen Revolution schnell unter. »1928 war der Owenismus als Bewegung praktisch am Ende.«[1] Die nächste Gründungswelle kommunistischer Genossenschaften setzte Anfang der vierziger Jahre des 19. Jahrhunderts wieder in den USA ein, jetzt aber unter dem Einfluß Fouriers, der bereits 1837 gestorben war und selbst nie in die Vereinigten Staaten kam. Bis 1852 sind über vierzig solcher »Phalanstères« gegründet worden. Sie hielten sich jeweils nur kurz — die berühmteste, Brook Farm in Massachusetts, sechs Jahre, eine andere, Bishop Hill, immerhin sechzehn.[2]

Den zweiten, sehr kurzlebigen Versuch stellte die Pariser Commune (März bis Mai 1871) dar. Auch in ihr spielten genossenschaftliche Experimente (u.a. unter dem Einfluß der Theorien Proudhons) eine Rolle.

3. Realer Sozialismus

An zeitweiliger weltgeschichtlicher Bedeutung werden die ersten beiden Experimente zweifellos durch den siebzig Jahre währenden Versuch des Realen Sozialismus übertroffen, der sich in drei Wellen ausbreitete:

a) durch die russische Revolution 1917;

b) im Zusammenhang mit der Besetzung Osteuropas (und von Teilen Mitteleuropas) durch die Rote Armee am Ende des Zweiten Weltkriegs;

c) in siegreichen antikolonialen Revolutionen zwischen 1945 (Nordvietnam) und 1979 (Nicaragua). Allerdings kann nur ein Teil der Gesellschaften, der dabei entstand, dem Realen Sozialismus zugerechnet werden, nämlich diejenigen, in denen das Privateigentum an den wichtigsten Produktionsmitteln aufgehoben wurde und die nach den Prinzipien des »demokratischen Zentralismus« (mit garantierter Führungsrolle einer kommunistischen Partei) organisiert sind. Nach dem zweiten Kriterium gehörte Nicaragua auch bis 1990 nicht zu diesem Gesellschaftstyp.

Um Gegengesellschaften handelte es sich in allen drei Fällen insofern, als in ihnen nicht eine neue Produktionsweise sich bereits positiv herausgeformt hatte und nun die Hülle der alten Ordnung abzuwerfen suchte (wie im 18. und 19. Jahrhundert der Kapitalismus in seinem Verhältnis zum Feudalismus). Sie

waren vielmehr als Negation Reaktionen großer Bevölkerungs-
massen auf eine unerträgliche Situation, in die sie durch die kapitalistische Produktionsweise gebracht worden waren. Im Falle der utopisch-kommunistischen Gemeinden und der Pariser
Commune war es die Verelendung durch ständig sich verlän-
gernde Arbeitszeiten, sinkende Reallöhne, Schwere der Arbeit,
der Anpassungsdruck an eine völlig neue Arbeitsorganisation
in Fabriken und Bergwerken, hohe Kindersterblichkeit, Zer-
rüttung der bisher gekannten soziokulturellen Gegebenheiten,
die nicht positiv wahrgenommen werden mußten, um doch
durch über Generationen hin tradierte Erfahrung als »ge-
wohnt« und insofern »gesichert« zu gelten. Diese Umbrüche
ließen eine Klasse entstehen, deren notwendige Bestimmung
zur Negation der kapitalistischen Verhältnisse der junge Marx
so beschrieb, daß sie durch ihre ganze Lebenslage ihrerseits »der
völlige Verlust des Menschen ist, also nur durch die *völlige Wie-
dergewinnung des Menschen* sich selbst gewinnen kann. Diese
Auflösung der Gesellschaft als ein besonderer Stand ist das *Proletariat.*«[3] Insofern das Proletariat als treibende Kraft *unter* der
Bourgeoisie in den europäischen Revolutionen des Jahres 1848
aktiv war (in Paris kam es damals ebenfalls zu genossenschaftlichen Experimenten), wirkte auch hier der Protest gegen eine
neu sich herausbildende Gesellschaft, welche die absolute und
immanent nicht aufhebbare Negation einer menschenwürdi-
gen Existenz zu sein schien.

Im russischen Revolutionsjahr 1917 wiederholte sich diese Situation teilweise. Rußland hatte die Industrielle Revolution ab
1861 gleichsam nachgeholt. Die Kombination von anti-absolu-
tistischer und sozialer Revolution stellte eine Parallele insbesondere der Februarrevolution mit dem europäischen Revolutionsjahr 1848 her.

Zugleich aber war Rußland — worauf Lenin hingewiesen hatte — ein imperialistisch herrschendes und ebenso ein imperialistisch beherrschtes Land. Eine mitentscheidende Voraussetzung für den Umsturz sowohl im Februar wie im Oktober bildete überdies der Kampf um die sofortige Beendigung des

Ersten Weltkrieges, während die Aussicht auf Land die Bauern zeitweilig zur Unterstützung der Bolschewiki veranlaßte. Die Oktoberrevolution war deshalb zumindest in den Zentren Moskau und Petrograd eine Arbeiter-, auf dem Lande eine Bauernrevolution. Insofern die Bauern für (Familien-)Eigentum an Grund und Boden kämpften, war ihre Teilnahme — ökonomisch gesehen — der Beitrag zu einer bürgerlichen Revolution, deren Resultat erst 1929, durch ihre gewaltsame Enteignung, in eine von der Kommunistischen Partei als sozialistisch interpretierte Richtung verändert wurde.

Die zweite Welle der Ausdehnung des Realen Sozialismus am Ende des Zweiten Weltkrieges wurde in hohem Maße durch das Interesse der 1941 überfallenen und jetzt siegreichen UdSSR an territorialer Sicherheit bestimmt. In einigen Ländern, insbesondere Jugoslawien und der Tschechoslowakei, war die von der einheimischen Kommunistischen Partei geführte nationale Volksbewegung gegen die deutsche Okkupation ein wesentlicher Faktor. Die Überführung von Grund und Boden, der Banken und der Industrie in staatliches und genossenschaftliches Eigentum entsprach den sozialistischen Auffassungen dieser Revolutionäre ebenso wie den außenpolitischen Interessen der Sowjetunion, deren Führung dadurch die Voraussetzungen einer späteren neuen Gefährdung durch eine herrschende Kapitalistenklasse zu beseitigen suchte. Das war auch der Grund dafür, daß solche Maßnahmen ebenfalls in Ländern durchgeführt wurden, in denen keine starke kommunistische Bewegung im Lande selbst sie tragen konnte. (In der Sowjetisch Besetzten Zone Deutschlands war 1946 bei einem Volksentscheid in Sachsen immerhin eine Mehrheit von 77,7 Prozent für die Überführung der Banken und wichtigsten Betriebe in gesellschaftliches Eigentum zustandegekommen.) Der sozialistischen Umwälzung fehlte hier zweifellos die demokratische Legitimation — sei es parlamentarisch, sei es in einem realen Rätesystem. Sie hat diese bis zum Zusammenbruch dieser Ordnungen nicht erlangt. Das ist zweifellos eine der Ursachen für deren Scheitern. Die Frage, ob es durch rechtzeitigen Übergang zu einer tatsächlichen

Demokratie zu verhindern gewesen wäre, muß hypothetisch bleiben. Aus hochentwickelten kapitalistischen Gesellschaften ist bekannt, daß die Meisterung ökonomischer, politischer und ökologischer Herausforderungen ein sehr weitgehendes Maß an Systemidentifikation erfordert. Sie wird gewährleistet durch ökonomische Gratifikation und durch Partizipation. Von Anfang an waren die Länder des Realen Sozialismus in der Systemauseinandersetzung unterlegen. Die Bolschewiki hatten ihre eigene Revolution von 1917 im Grunde lediglich für ein Vorpostengefecht gehalten. Nicht nur Trotzki, sondern ganz offensichtlich auch Lenin ging davon aus, daß erst der Umsturz in den am höchsten entwickelten kapitalistischen Ländern die Basis für den erfolgreichen Fortgang der Russischen Revolution bilden werde. Spätestens 1923 mußte das Ausbleiben der Weltrevolution zur Kenntnis genommen werden. Rußland blieb allein. Man kann noch nicht einmal sagen, daß die sozialistische Revolution im Westen »gescheitert« sei. Sie fiel einfach aus. Die Tatsache, daß in Deutschland die Führung der Sozialdemokratischen Partei an der bewaffneten Niederschlagung kommunistischer Aufstände beteiligt war, hat nicht den Ausschlag gegeben, sondern drückte einer tatsächlich schon gefallenen gesellschaftlichen Entscheidung nur das militärische Siegel auf. Um »Verrat« handelte es sich nicht, sondern um die durchaus konsequente Interessenvertretung der Mehrheit einer Arbeiterklasse, die im Kriege von nationalistischer Kooperation mit der Bourgeoisie sich eher eine Besserung ihrer Lage versprochen hatte als vom Aufstand. Zumindest das »Augusterlebnis« 1914 war ein Beispiel hoher Systemidentifikation, die im Kriege nicht aufgegeben, sondern lediglich modifiziert worden war. Sie galt jetzt nicht mehr der Monarchie, sondern einer künftigen demokratischen Republik unter führender Beteiligung der Sozialdemokratie. Allerdings zerbrach sie im Fortgang der Weimarer Republik daran, daß das besiegte Deutschland durch den Vertrag von Versailles nun selbst Opfer einer imperialistischen Hierarchie geworden war, an deren Spitze (den »Platz an der Sonne«) es durch den Krieg hatte gelangen wollen. In den siegreichen bürgerlilichen Demokratien war die Identifikation der Arbeiterklasse mit dem kapitalistischen System weit stärker.

Spätestens 1924 stand fest, daß die Revolution in den kapitalistischen Zentren nicht stattfinden werde. Für die isolierte Sowjetunion gab es drei Optionen:

Erstens: Abbruch des revolutionären Prozesses. Mit dieser Variante wäre zweifellos die Fortsetzung der seit 1921 praktizierten »Neuen Ökonomischen Politik« (NÖP) vereinbar gewesen. Sie war als eine Strategie der Mobilisierung ökonomischer Reserven nach der Erschöpfung des Landes durch Krieg und Bürgerkrieg konzipiert und wurde durchaus noch als Etappe eines revolutionären Weges verstanden, dessen Erfolgsaussicht allerdings von der Umwälzung im Westen abhängig war. Deren Ausbleiben hätte eine Überführung der NÖP in eine endgültig nichtsozialistische Variante vielleicht nahegelegt. Allerdings waren diejenigen Kräfte der Arbeiterbewegung, die schon 1917 davon ausgegangen waren, Rußland sei nicht reif für eine antikapitalistische Revolution, die Menschewiki, damals schon ausgeschaltet. Nicht nur für die führenden Politiker der KPdSU, sondern auch für breite Volksmassen waren die Erfahrungen mit dem Kapitalismus bis 1917 so katastrophal gewesen, daß er für sie als Ausweg in keiner Weise attraktiv sein konnte. Diese Gesellschaftsordnung schien ja auch außerhalb Sowjetrußlands — mit Ausnahme der USA, deren Boom aber noch jung war und kaum als Vorbild wahrgenommen werden konnte — in einer tiefen Krise zu stecken.

Von Revolutionären oder auch von den Bauern, die nach wie vor die Bevölkerungsmehrheit darstellten, die Propagierung eines kapitalistischen Weges zu erwarten, wäre selbst im nachhinein — unter Berücksichtigung ihrer interessegebundenen Perzeptionsmöglichkeiten — absurd. Das wäre die Sache einer starken Bourgeoisie gewesen, die nicht nur aufgrund der Ereignisse ab 1917 ausschied, sondern die auch bis dahin als hegemoniefähige Macht nicht bestand.

Die zweite Option wurde von Leo Trotzki vertreten. Er ging davon aus, daß der revolutionäre Weltprozeß fortgesetzt werden könne und daß die gegenwärtige Situation nur eine Entwicklungsetappe der »permanenten Revolution« (diesen Terminus hatte er erstmals 1906 gebraucht) sei. Ob dies gelingen könne, hänge allerdings mit davon ab, welche Kraft die Sowjetunion in diesen derzeit wieder einmal nur latenten Prozeß einzubringen vermöge. Trotzkis Eintreten für eine schnelle sozialistische Industrialisierung — im Unterschied z.B. zu Nikolai Bucharin, der eine Fortsetzung der NÖP mit vorrangiger Förderung der Bauern, darüberhinaus überhaupt der kleinen Warenproduktion, aber auch eine Stärkung des Marktes bevorzugte — war eine der Konsequenzen.

Stalin vertrat eine dritte Position und setzte sie schließlich durch. Offensichtlich erschien es ihm abenteuerlich, sich auf den weltrevolutionären Prozeß zu verlassen. Es sah vielmehr so aus, als sei Sowjetrußland ganz allein von seiner eigenen Kraft abhängig, und diese reiche allenfalls zur Verteidigung ihres territorialen Bestandes, der Beibehaltung des gesellschaftlichen Eigentums sowie des politischen Systems aus. Ob aus dieser Position heraus jemals wieder eine Offensive möglich sein werde, war damals überhaupt nicht absehbar. Allerdings verlangte selbst die Selbstbehauptung in der Notwehr — um etwas anderes konnte es sich nach Stalins Auffassung gar nicht handeln — zugleich innenpolitisch auch schon die Umwälzung des Status quo. Die Verfolgung und Vernichtung der selbständigen Bauern (der »Kulaken«) ab 1929 war nicht nur eine ökonomische Maßnahme, sondern zugleich eine Aktion der »inneren Sicherheit«. Es ist zweifelhaft, ob das angestrebte wirtschaftliche Ergebnis, nämlich eine Umverteilung von Ressourcen aus der Landwirtschaft in die Industrie, überhaupt erreicht worden ist. Die »ursprüngliche sozialistische Akkumulation« — ein tatsächlich erzieltes Resultat — fand offensichtlich im wesentlichen ohne eine solche Zufuhr von außen statt und wurde so zu einem ungeheuer verlustreichen Gewaltakt, dessen Erfolge mit der Auspressung der letzten Reserven und Energien aus der Arbeiterklasse und unter einem drakonisch harten Regime z.B. in der Arbeitsverfassung zustandekamen. Für Stalin bedeutete die

Vernichtung der Kulaken die Ausschaltung einer Schicht, die er für eine potentielle Gefahr für die Aufrechterhaltung der Herrschaft der Bolschewiki und damit der Notwehrfähigkeit des revolutionierten Rußland und der anderen Sowjetrepubliken hielt. Die im Grunde hoffnungslose ökonomische Situation der UdSSR, die Notwendigkeit der Industrialisierung in historisch kürzester Frist auch angesichts der Tatsache, daß damit die Grundlagen für eine erfolgreiche militärische Verteidigung geschaffen werden mußten, das Fehlen einer Tradition und von Institutionen demokratischer Machtkontrolle (diese wurden von der sozialistischen Diktatur nicht erst zerstört, sie bestanden nicht) — all dies waren Voraussetzungen des »Stalinismus«, den der Soziologe Werner Hofmann als eine »exzessiv machtorientierte Ordnung der Innen- und Außenbeziehungen einer Gesellschaft des erklärten Übergangs zum Sozialismus« definierte.[4] Dabei ist die extreme Defensivsituation aber ganz offensichtlich keine hinreichende Erklärung dieser Herrschaftsform. Hofmann hat auf die irrationale und dysfunktionale Seite dieser Art des Terrors hingewiesen: »Als Stalinismus soll vielmehr jener *Exzeß* der Macht verstanden werden, der nicht in den Aufgaben einer 'Erziehungsdiktatur' gründete, der nicht objektiv 'notwendig' war. Der Stalinismus resümierte sich in der Entscheidung aller Fragen unter dem Gesichtspunkt der Macht, der Durchsetzbarkeit des Gewollten. Stalinismus ist ein spezifischer *Opportunismus der Macht*, auf der allgemeinen Grundlage einer proletarischen Gesellschaft. Seine soziale Bedingung ist die zeitweilige *relative Verselbständigung der Führer* von ihrer vorerst noch schwach entwickelten *gesellschaftlichen Basis*. Die erklärte Diktatur des Proletariats hat so für lange Zeit den Charakter einer *stellvertretenden Diktatur* angenommen, worin die Staatsgewalt ihren eigentlichen gesellschaftlichen Trägern *entfremdet* gegenübertrat.«[5]

(Die dysfunktionale Hypertrophie von Macht nicht nur im Stalinismus, sondern historisch überall dort, wo diese nicht mehr kontrolliert wird, ist bis heute offensichtlich noch nicht ausreichend wissenschaftlich erklärt. Ein vergleichsweise harmloser Abglanz dieses Problems ist auch da noch spürbar, wo ein Machtmißbrauch durch Öffentlichkeit, Rechtsstaat und Demokratie zwar nicht ausgeschlossen, aber an deren Regeln gebunden ist. Er äußert sich dort innerhalb der durch die Kontrollen gesetzten Grenzen — ein Phänomen, das in der Eitelkeitsentfaltung von Politikern und der Wahrnehmung politisch vermittelter materieller Vorteile sichtbar wird, wobei diese Verhaltensweisen aber nicht auf die Politiksphäre begrenzt, sondern auch in anderen Bereichen wahrnehmbar sind. Die Macht bleibt zwar ihrem Wesen gemäß auch in parlamentarischen Demokratien hierarchisiert. Ihre teils tatsächliche, teils scheinbare Teilung diffundiert aber ihren Mißbrauch stärker über größere Bereiche der Gesellschaft, bis hin zur bereits häufig wieder ohnmächtigen Teilhabe sei es von Mittel- sei es von Unterschichten dominierender imperialistischer Staaten an den Gratifikationen und an der Machtsymbolik »ihrer« Gesellschaften. An der im Vergleich hierzu besonderen Qualität des Machtexzesses in nicht-rechtsstaatlichen Ordnungen ändert das nichts. In dieser Beobachtung liegt der Ausgangspunkt der Totalitarismustheorie, die jedoch — abgesehen von ihrer häufig schon wieder machtgeleiteten Instrumentalisierung im Kalten Krieg — insofern fehlerhaft ist, als sie die verschiedenartigen sozialen Ursachen »totaler Herrschaft« — hierunter werden vorzugsweise Stalinismus und Faschismus begriffen — nicht zur Kenntnis nimmt. Werden diese aber in die Betrachtung einbezogen, ist eine Trennung zwischen Tatsachenfeststellung und *vergleichendem* Werturteil dringend geboten. Wer zutreffend darauf hinweist, daß in reichen parlamentarischen oder präsidialen Demokratien ein höheres Maß der politischen Mitwirkung bestehe als in Diktaturen, verwendet nicht nur eine Tautologie, sondern verkennt vor allem Geschichte und Gegenwart nicht-»totalitärer« interner und internationaler Gewaltanwendung, auf der Wohlstand und Liberalität dieser privilegierten Gesellschaften und ihrer Totalitarismustheoretiker/innen beruhen.)

Mit der Durchsetzung Stalins änderte sich die strategische

Funktion der UdSSR. Bis dahin war in der Interpretation der Bolschewiki die künftige Entwicklung der Sowjetunion vom Schicksal der Revolution im Westen abhängig gewesen. Nunmehr proklamierte Stalin die Möglichkeit und Notwendigkeit des »Aufbaus des Sozialismus in einem Land«. Die forcierte Industrialisierung ohne jede Unterstützung von außen war jetzt nicht mehr Ergebnis einer katastrophalen Notsituation, nicht Defensive, sondern sie entsprach einer Strategie, wonach auf diesem Weg sogar die künftige befreite Gesellschaft erreicht werden konnte. Ausgerechnet die unterentwickelten Sowjetrepubliken sollten imstande sein, den Weg zum Kommunismus zurückzulegen, auch wenn der so viel reichere Westen im Kapitalismus verblieb. Es handelte sich hier zweifellos um die ideologische Rationalisierung einer der Partei und dem Land durch aktuell nicht veränderbare Umstände (es sei denn, das sozialistische Experiment wurde vollständig abgebrochen) aufgezwungenen Politik. Das Ziel: der Kommunismus, sollte Menschen mobilisieren und motivieren, die ihm zunächst große Opfer bringen mußten.

Mit dem Sieg über Deutschland schien Stalins Strategie gerechtfertigt. Die unter seiner Führung gewaltsam industrialisierte und aufgerüstete Sowjetunion hatte sich behaupten können. Nunmehr bestand die UdSSR auf der Errichtung eines Cordon sanitaire aus von ihr dominierten Staaten. Zugleich begünstigte sie deren nichtkapitalistische Umwälzung. (Nur im Falle Finnlands gab es eine Kombination aus außenpolitischer Loyalität und Beibehaltung der alten sozialen und politischen Ordnung.) Somit verband sich das Konzept der territorialen Sicherheit mit dem »Revolutionsexport«. Die Stalinsche Außenpolitik gewann eine Dimension des gewaltsamen, ebenfalls wieder mit exzessiver Machtausübung verbundenen »Internationalismus«, der selbst Element der Strategie einer Großmacht war. Mit dem Beginn und den Erfolgen der nationalen Befreiungsbewegungen in den ehemals kolonisierten Gesellschaften erhielt er ein weiteres Element. Hier beruhte der Internationalismus nicht auf Zwang, sondern auf der zeitweisen Übereinstimmung der Interessen. Im Kampf um Befreiung gegen ihre alten Herren, die jetzt die Vormächte des Westens im Kalten Krieg waren, fanden die revolutionären Eliten bislang unterdrückter Völker Unterstützung bei der Sowjetunion, die durch die damit verbundene Schwächung ihrer Kontrahenten im Systemkonflikt zugleich ihre außenpolitischen Interessen wahrnahm. Ihren Höhepunkt erreichte diese Strategie unter dem KPdSU- Generalsekretär Breschnew.

Zugleich handelte es sich seit 1917 um eine ständige Überforderung. Das mit der Systemauseinandersetzung verbundene Wettrüsten gehörte zu den Ursachen für einen fortwährenden ruinösen Verschleiß und für die Fehlallokation von Ressourcen. Da das Sozialprodukt der UdSSR weit geringer war als das der USA, beide aber die gleichen Rüstungsaufwendungen machen mußten, verbrauchte die UdSSR einen erheblich größeren Anteil für militärische Zwecke. Der Massenkonsum war ständig auf einem sehr niedrigen Niveau festgehalten. Die Unzufriedenheit, die dadurch entstand, schwächte in der Sowjetunion im Laufe der Zeit die Systemidentifikation und ließ sie in den von ihr beherrschten Volksdemokratien zumeist gar nicht erst entstehen. Den Ausbruch offener Konflikte sollten Repression und eine extensive Propaganda verhindern. Auch dies wirkte auf längere Sicht kontraproduktiv: Die massenhafte Wahrnehmung gesellschaftlicher Mißstände kann letztlich nicht dadurch verhindert werden, daß die Medien sie verschweigen und durch eine Scheinrealität ersetzen. Mit der grenzüberschreitenden Wirkung von Rundfunk und Fernsehen ließ sich — insbesondere nach Durchsetzung des Satelliten-Fernsehens — das staatliche Informationsmonopol ohnehin nicht aufrechterhalten. Die Fortsetzung seines Scheins und die Spaltung zwischen offizieller und inoffizieller Wahrnehmung erzeugte jene Doppelbödigkeit im Leben der Massen, die eine rechtzeitige öffentliche Artikulation und Diskussion zusätzlich verhinderte. Das mußte spätestens dann auch operativ verhängnisvoll werden, als der Zeitfaktor bei der gesellschaftlichen Problemverarbeitung innerhalb der Systemauseinandersetzung ausschlaggebend wurde.

In der bisherigen Geschichte waren Revolutionen und Kriege durch eine enorme Beschleunigung der Entscheidungen gekennzeichnet. Stärker als in gesellschaftlichen »Normallagen« ist es dort tödlich, eine Situation nicht rechtzeitig zu erkennen und auf sie zu reagieren. Außerhalb des Militärischen und der Politik ist dieser Zeitfaktor seit dem Durchbruch des Kapitalismus konstituierend für die Konkurrenz. Mit der elektronischen Informationsübermittlung hat aber der Zeitfaktor global noch einmal eine zusätzliche Bedeutung gewonnen. Die Möglichkeit und Notwendigkeit schneller weltweiter Reaktion im Börsengeschäft ist ein tagtäglich besonders augenfälliges Beispiel dafür. Hinzukommt, daß die Informationsverarbeitung und die auf ihr beruhende Innovationsfähigkeit umso effektiver ist, je massenhafter sie erfolgt. Die strategischen Entscheidungen bleiben auch im Kapitalismus hierarchisiert, ihre Zentralisierung und Durchsetzungsfähigkeit nach unten nimmt sogar noch zu. Insofern handelt es sich nicht um Demokratisierung. Andererseits sind die zentralen Entscheidungen nur effektiv, wenn sie in einer Unzahl von individuellen, eigenständig gefundenen Lösungen der nachgeordneten Subjekte umgesetzt werden und deren Reaktionen als Rückmeldung in die Strategiefindung eingehen. Im Realen Sozialismus war die Hierarchisierung mit einer Dichotomisierung verbunden, die weit augenfälliger eine Spaltung der Gesellschaft zum Ausdruck brachte als etwa der Klassengegensatz in den imperialistischen Metropolen. Wo eine auf Alltagserfahrungen begründete Systemidentifikation der Bevölkerungsmehrheit ausblieb (dies war in den meisten der nach 1945 entstandenen Volksdemokratien der Fall, allerdings lange Zeit nicht in der Sowjetunion, wohl auch nicht in Bulgarien), war die Verteidigung und Verwaltung dieses Gesellschaftstypus Apparaten der Partei und des Staates vorbehalten, deren Spitzen ein Informationsmonopol für sich zu errichten suchten. Damit schnitten sie sich jedoch mit zunehmender Komplexität der sozialen Realität den Zugang zu den Quellen möglicher Effizienz selbst ab. Die von ihnen bewußt desinformierte Gesellschaftsmehrheit konnte an der

Optimierung ökonomischer und politischer Entscheidungen nicht mitwirken und war innerhalb des ihr vorgegebenen Modells dazu auch je länger desto weniger bereit. Das stalinistische System war selbst schon wieder ein Produkt der Unterlegenheit des Sozialismus in der Auseinandersetzung mit dem Imperialismus.

Der Mangel an Systemidentifikation bestand jedoch nicht durchgehend. Zumindest während des Zweiten Weltkriegs in der UdSSR sowie bei der sozialistischen Revolution in der CSR 1948 (hier war die KP die auch an Wahlstimmen weitaus stärkste Partei) haben Bevölkerungsmehrheiten den Sozialismus tatsächlich gewollt. In beiden Fällen bestand andererseits schon die Vorgabe des stalinistischen Leitungstyps, der selbst dann nicht zur Disposition gestellt wurde, als innenpolitisch ein hoher Konsensgrad erreicht war. Allerdings ist Identifikation mit einem ökonomisch schwachen System immer nur zeitweilig herzustellen.

Bei diesem Herrschaftstyp handelte es sich ganz offensichtlich nicht um die »Diktatur des Proletariats« in dem von Marx, Engels und Lenin gemeinten Sinne. Sie haben damit nicht ein Postulat formuliert, sondern eine Gesetzmäßigkeit der bisherigen Geschichte gekennzeichnet und zugleich eine Strecke weit in die künftige Gesellschaft hineinprojiziert. Alle bisherige Geschichte war für sie nicht nur eine Geschichte von Klassenkämpfen, sondern auch von Klassenherrschaft, die durch die ökonomisch dominierende Klasse in der Weise ausgeübt wurde, daß ihr Vorrang nicht zur Disposition stand. War dies konsensual nicht zu erreichen, wurde Gewalt angewandt. Instrument hierfür war der Staat. Insofern sei die politische Form jeder Klassenherrschaft letztlich Diktatur. Auch die siegreiche Arbeiterklasse müsse den Staat — so Marx,[6] Engels[7] und Lenin[8] — ebenfalls benutzen, um die Bourgeoisie zu enteignen und eine Konterrevolution auszuschließen. Im Unterschied zu allen bisherigen Staaten schaffe er damit allerdings zugleich die Voraussetzungen zu seinem eigenen Absterben. Mit der Beseitigung aller Klassenherrschaft habe er keine Grundlage mehr. Für Marx,

Engels und Lenin war die Diktatur des Proletariats nur eine Übergangsordnung, in der das Maß der notwendigen und tatsächlich angewandten Gewalt von Anfang an weitaus geringer sei als in allen früheren Klassengesellschaften, denn die Repression richte sich ja gegen eine immer kleiner werdende Minderheit von Ausbeutern. Er sterbe also von Anfang an ab. Diesen Gesichtspunkt hat gerade Lenin in »Staat und Revolution« scharf herausgearbeitet.

Die Bestimmung des auf Klassenherrschaft beruhenden Staates als »Diktatur« bei Marx, Engels und Lenin war ausschließlich aus der Analyse der vorsozialistischen Staaten gewonnen. Nur im Umkehrschluß gelangten sie daraus zur Feststellung, daß auch eine Diktatur des Proletariats unvermeidlich sein werde.

Zwei Gesichtspunkte waren in der Staatsauffassung von Marx, Engels und Lenin vernachlässigt:

Erstens: Es wurde nicht geklärt, inwieweit die »Verwaltung von Sachen und die Leitung von Produktionsprozessen«,[9] die bei Engels als ein Merkmal der öffentlichen Gewalt auch nach dem Absterben des Staates erhalten bleibt, von den bisherigen herrschaftssichernden Funktionen getrennt werden kann. Dieses Thema entstand allerdings erst im zwanzigsten Jahrhundert mit der Wohlfahrtsstaatsproblematik.

Zweitens: Die begriffliche Reduktion aller denkbaren Staatsformen auf »Diktatur« ist problematisch. Sie findet sich bei Lenin, war aber bei Marx und Engels ebenfalls schon angelegt, allerdings noch nicht vollständig durchgeführt. Marx hatte 1872 eine friedliche Überwindung des Kapitalismus in den USA, in Großbritannien, vielleicht auch in den Niederlanden für möglich gehalten.[10] Das heißt, er nahm diese Staaten zwar als Formen bürgerlicher Herrschaft wahr, nicht aber als Diktatur. Lenin argumentierte 1918 gegen Kautsky, daß die Ausnahmestellung der USA und Großbritanniens jetzt nicht mehr bestehe, denn mit der Herausbildung eines stehenden Heeres und einer Bürokratie hätten sie sich den anderen bürgerlichen Staaten, die durch die ausschlaggebende Stellung der Bourgeoisie charakterisiert seien, angeglichen.[11] Er verkannte aber, daß der Ausbau des Repressionsapparates nicht zu allen Zeiten die relativ freie politische Meinungs- und Willensbildung ausschließt. Beide können sich — vom Ausnahmezustand abgesehen — parallel entwickeln, es ist durchaus möglich, daß der Ausbau der Gewaltfunktionen eine demokratische Legitimation erhält. Von »Diktatur« kann dann nicht mehr im politischen Sinne die Rede sein, sondern nur noch im ökonomischen. Da der Diktaturbegriff aber ein explizit politischer ist, ist eine solche Übertragung nicht sinnvoll. Das gilt um so mehr, als auch von ökonomischer Alleinbestimmung der Unternehmer im hochentwickelten Kapitalismus nicht mehr uneingeschränkt die Rede sein kann. Sie wird von Konsultativtechniken unter Einbeziehung der Belegschaftsvertretungen und des Staates flankiert. Damit reduziert sich die Kennzeichnung »Diktatur« auf das unbedingte Primat der Sicherung der kapitalistischen Eigentumsordnung und wird zugleich ad absurdum geführt. Denn es ist denkbar, daß dieser Zweck über lange historische Strecken hinweg eher mit partizipatorischen Mitteln angestrebt und erreicht wird. Die These, daß die Diktatur in letzter Instanz angewandt wird, wenn nichts anderes mehr verfügbar ist, trifft aller historischen Erfahrung nach zu, sagt aber nur etwas über eine zugespitzte Situation aus, nicht über alle Eventualitäten. Dieser Extremfall ist der Ausnahmezustand. Er bedeutet die Unterordnung aller gesellschaftlichen Kräfte unter die Exekutive zur Erreichung eines einzigen Zwecks: Sieg im Krieg, Niederschlagung eines Aufstandes, Bewältigung einer Katastrophe. Diktatur ist die Permanenzerklärung eines Regimes des Ausnahmezustandes. Dabei können die Ziele hier über den klassischen Katalog der Notstandsfälle hinausgehen (z. B. in einer sogenannten Erziehungsdiktatur).

Das Ausnahmeregime weist gleichzeitig einen Vorsprung und ein Defizit an Effizienz auf. Die Konzentration auf einen einzigen Zweck ist häufig das alleinige Mittel, ihn überhaupt erreichen zu können. Das bedeutet aber in der Regel, daß andere Bereiche vernachlässigt werden müssen. Besteht diese Disproportionalität auf Dauer, wird das System schwer geschädigt. Diktaturen sind in hochkomplexen Industriegesellschaften längerfristig nicht effektiv. Der Kapitalismus drängt keineswegs zur Demokratie, wohl aber in seinen Zentren zu nichtdiktatorischen Formen der Abhängigkeit und Unterdrückung. Dabei bleibt der Übergang in ein Notstandsregime bei Bedarf vorbehalten. Diese Möglichkeit ist — schriftlich fixiert oder nicht — ein Strukturmerkmal kapitalistischer Verfassungen.

Für die Klassiker des Marxismus war die Diktatur des Proletariats nur eine Institution des Ausnahmezustandes. Sie wurde als Übergangsregime begriffen, das von der großen Mehrheit des Volkes ausgeübt werde und deshalb nur wenig Repression anwenden müsse.

Dies trifft für die Regimes des Realen Sozialismus nicht zu. Die Exekutive wurde nicht schwächer, sondern stärker.

Die krasse Abweichung von den Prognosen (um etwas anderes handelte es sich nie), die Marx, Engels und Lenin aufgestellt hatten, ergab sich daraus, daß in den Gesellschaften des Realen Sozialismus der Ausnahmezustand permanent war, bedingt durch die Auseinandersetzung mit einem vielfach überlegenen Gegner. Während die höchstentwickelten imperialistischen Staaten nach dem Ende des Faschismus ein großes Maß innerer Reserven — eben nicht nur materiell, sondern auch in Partizipation und Konsensbildung — mobilisierten, laborierten die UdSSR und ihre Verbündeten an allen Effizienzdefiziten einer permanenten Diktatur.

Diese war keineswegs eine Herrschaft des Proletariats, sondern wurde von der Spitze einer Bürokratie ausgeübt, die zumindest in den nichtsowjetischen Staaten Europas als einzige sich mit dem Realen Sozialismus identifizierte. Während der Übergang zum Kapitalismus in Polen, Ungarn und in der Tschechoslowakei mit dem Fortbestand des Staates (bei Änderung der Staatsform) verbunden war, wurde dieser in der DDR zugunsten eines Aufgehens in der BRD liquidiert.

Mit der Kapitulation Gorbatschows im Kalten Krieg wird der Grundsatz der territorialen Sicherheit der UdSSR beibehalten.

Absehbar wird er von der sowjetischen Führung aber nicht mehr auf die Länder erstreckt werden, die 1940 zur Durchsetzung dieses Prinzips annektiert worden waren: Litauen, Lettland, Estland. Es ist denkbar, daß sein Geltungsbereich auch andere bisherige Sowjetrepubliken, die aus der UdSSR ausscheiden wollen, nicht mehr umfassen wird. Darüber hinaus ist die seit Stalin entwickelte Form des Internationalismus (der jeweils nur eine bilaterale Bedeutung hatte, er definierte letztlich jeweils Beziehungen zur Sowjetunion) aufgegeben worden. Das betrifft nicht nur Ost- und Mitteleuropa, sondern auch diejenigen Entwicklungsländer, die bislang von der UdSSR strategisch unterstützt wurden, jetzt aber darauf verzichten müssen.

Folgende Gründe für das Scheitern des Realen Sozialismus können vorläufig bestimmt werden:

1. Nach der Auffassung der Revolutionärinnen und Revolutionäre mußte auch nach 1917 die Entscheidung in den höchstentwickelten kapitalistischen Ländern fallen. Das geschah tatsächlich — zugunsten einer Selbstbehauptung des Kapitalismus. Die Ursache hierfür ist darin zu suchen, daß der Grad kapitalistischer Vergesellschaftung dort noch nicht so weit vorangeschritten war, daß der Übergang in eine neue Formation unvermeidlich oder — als eine Option unter mehreren — auch nur möglich geworden wäre. Die sozialistische Gesellschaft war noch nicht innerhalb der kapitalistischen herausgebildet.

Mit dem »Ausfallen« der Revolution im Westen war Sowjetrußland isoliert. Seine Unterlegenheit in der Auseinandersetzung mit dem Kapitalismus wurde auch durch die Entstehung eines »sozialistischen Weltsystems« ab 1945 nicht beseitigt. Zwar waren die Tschechoslowakei und die spätere DDR sowie die ehemaligen deutschen Ostgebiete im kapitalistischen Sinne hochentwickelt, doch gehörten sie jetzt zu einer internationalen Teilordnung (bald organisiert im »Rat für Gegenseitige Wirtschaftshilfe«, RGW), in der ihre wirtschaftlichen Potenzen nicht an einer relativ eigenständigen nationalen Ökonomie und am Weltmarkt, auf dem sie bislang konkurrenzfähig gewesen waren, sondern an der — nicht auf den klassischen imperialistischen Abhängigkeitsverhältnissen beruhenden — Kooperation mit industriell weit weniger entwickelten Gesellschaften orientiert wurden. Im Falle der Sowjetischen Besatzungszone Deutschlands ab 1945 und dann wohl auch noch der Deutschen Demokratischen Republik ab 1949 kam für einige Zeit ein direkter Ressourcentransfer zugunsten der UdSSR in Form von Reparationen hinzu. Mittelbare (nicht in erster Linie über offene Entnahmen organisierte) Begünstigung der im Krieg siegreichen, durch den deutschen Angriff aber in hohem Maße zerstörten UdSSR in ihren Beziehungen zu reicheren Staaten des RGW, zum Beispiel auch der Tschechoslowakei, sind zumindest für die Anfangszeit sehr wahrscheinlich. Andererseits kam es zur nachholenden Entwicklung bislang nicht oder nur wenig industrialisierter Regionen, nicht nur der asiatischen Republiken der Sowjetunion, sondern auch mit ihr zeitweilig oder dauernd verbündeter Staaten. Insofern bildete der Einflußbereich der UdSSR (nicht global, aber doch auf einer sehr großen Fläche) in grober Form ein erstes Modell jener »Neuen Weltwirtschaftsordnung« mit dem Postulat der Aufhebung von Unterentwicklung, das spätestens seit den siebziger Jahren proklamiert, jedoch bislang nicht verwirklicht wurde. Der Zustand der Überforderung des »sozialistischen Weltsystems« wurde dadurch nicht behoben.

2. In dieser Situation sahen sich die Führungen der sozialistischen Länder zur Durchsetzung eines Regimes des ständigen Ausnahmezustandes veranlaßt, das an Effektivität den politischen Systemen des Westens unterlegen war.

3. Diese beiden Ursachen reichen zur Begründung für das Scheitern des Realen Sozialismus nicht aus. Es ist zu fragen, weshalb er in der Situation der Unterlegenheit nicht systemspezifische Qualitäten mobilisieren konnte, die es ihm erlaubt hätten, sich zu behaupten und seine Defizite schließlich zu überwinden. Einleuchtend hat Thomas Kuczynski darauf hingewiesen, daß die bereits kapitalistischen Gesellschaften Hollands und Großbritanniens etwa zwei Jahrhunderte lang — bis zur Indu-

striellen Revolution — nicht über eine besondere Produktiv-
kraftbasis verfügten. Ihre Überlegenheit bestand zunächst in
den neuen Produktions*verhältnissen*, nicht in der Technik.[12]
Daß der frühe Kapitalismus sich behaupten konnte, bis sein Sieg
durch die Industrielle Revolution irreversibel wurde, mag auch
darin liegen, daß der Grad internationaler Vergesellschaftung
weit geringer war als heute. Internationale Kräfteverhältnisse
waren nicht ausschließlich ökonomisch stabilisiert, sondern
mehr mit militärischem Zwang verbunden. Dessen Reichweite
blieb — technologisch bedingt — begrenzt, so daß regionale
Sonderentwicklungen (darunter auch die eines neu entstehenden Kapitalismus) eine größere Chance hatten. Dieses ältere
Verhältnis zwischen Ökonomie und relativer regionaler Auto-
nomie reichte noch fast bis in die Gegenwart. Es erklärt, daß die
Gesellschaften des Realen Sozialismus sich immerhin einige
Jahrzehnte lang behaupten und sogar ausbreiten konnten. Erst
seit Mitte der siebziger Jahre kann von einer auch politisch entscheidenden Funktion des Weltmarktes ausgegangen werden.
Die überlegene Produktions- und Distributionsorganisation
setzt sich global durch (insofern sind entsprechende Prognosen
schon des »Kommunistischen Manifests« von Marx und
Engels[13] erst jetzt eingetroffen) und erlaubt keine relativ auto-
nomen regionalen Sonderentwicklungen mehr, es sei denn als
kapitalismusinterne Spezifizierung und Unterordnung. Die
Konzentration der sowjetischen Ökonomie auf Gleichwertig-
keit im Rüstungswettlauf war so lange erfolgreich, als ihre wirtschaftlichen Ressourcen dazu ausreichten. Die neue Phase der
wissenschaftlich-technischen Revolution und — damit verbunden — der veränderte Typus militärischer Sicherheit und überhaupt von außenpolitischer Überlegenheit beendeten diese
Möglichkeiten.

4. Daß die Gesellschaften des Realen Sozialismus den qualitativen Sprung in der Produktivkraftentwicklung nicht mitvoll-
zogen, muß letzten Endes aus ihrer gesellschaftlichen Struktur
erklärt werden. Keineswegs handelte es sich dabei um eine autonome, auf einer Kritik an deformierter Produktivkraftentwick-

lung beruhende Entscheidung. Die UdSSR, die DDR und andere sozialistische Staaten wollten durchaus auf diesem Feld konkurrieren, unterlagen jedoch. Sie haben die Problematik der neuen Technologien erst sehr spät wahrgenommen. Nicht allein die *technischen* Potenzen des Kapitalismus sind noch weit von ihrer Erschöpfung entfernt, sondern auch die *sozialen*. Der Reale Sozialismus war insofern keine neue Gesellschaft, sondern eine Reaktion auf die Schäden der alten. Er hat dabei allerdings ökonomische Lenkungsmechanismen angewandt, die insofern »utopisch« einen Vorgriff auf künftige, jetzt allerdings noch nicht realisierbare Möglichkeiten darstellten.

Im Kapitalismus erfolgt Vergesellschaftung in erster Linie über den Markt, in zweiter über Monopolbildung und in dritter über politisch definierte Zuschreibungen. Im Realen Sozialismus ist diese Reihenfolge verändert. Zumindest solange er nicht durch den Weltmarkt zu einer Veränderung der Prioritäten gezwungen wurde, folgte er einer Maxime, die Marx in der »Kritik des Gothaer Programms« so formulierte:

»Innerhalb der genossenschaftlichen, auf Gemeingut an den Produktionsmitteln gegründeten Gesellschaft tauschen die Produzenten ihre Produkte nicht aus; ebensowenig erscheint hier die auf Produkte verwandte Arbeit als *Wert* dieser Produkte, als eine von ihnen besessene sachliche Eigenschaft, da jetzt, im Gegensatz zur kapitalistischen Gesellschaft, die individuellen Arbeiten nicht mehr auf einem Umweg, sondern unmittelbar als Bestandteil der Gesamtarbeit existieren.«[14]

Den Hintergrund dieser Argumentation bildet das Fetisch-Kapital im ersten Band des »Kapital«. Angenommen wird, daß die Preisbildung an den Wert einer Ware geknüpft ist und daß beide auf einem Markt sichtbar werden, der jedoch »in der genossenschaftlichen, auf Gemeingut an den Produktionsmitteln gegründeten Gesellschaft« entfällt. Folgerichtig spricht Marx hier von »Produkten«, nicht von »Waren«. Wenn das Wort »Preis« in der zitierten Passage nicht vorkommt, dann deshalb, weil hier die im ersten Band des »Kapital« zunächst vorausgesetzte, im dritten ausführlich behandelte Identifikation von Preis und Wert gilt. Marx bezieht sich auf zwei Stufen einer »kommunistischen Gesellschaft«[15], die heute üblichere Unterscheidung zwischen Sozialismus und Kommunismus findet sich erst bei Lenin. In der ersten Phase gelte das Leistungsprinzip: »Die individuelle Arbeitszeit des einzelnen Produzenten ist der von ihm gelieferte Teil des gesellschaftlichen Arbeitstags, sein Anteil daran. Er erhält von der Gesellschaft einen Schein, daß er soundsoviel Arbeit geliefert (nach Abzug seiner Arbeit für die gemeinschaftlichen Fonds), und zieht mit diesem Schein aus dem gesellschaftlichen Vorrat von Konsumtionsmitteln soviel heraus, als gleich viel Arbeit kostet. Dasselbe Quantum Arbeit, das er der Gesellschaft in einer Form gegeben hat, erhält er in der anderen zurück.«[16] Erst in »einer höheren Phase der kommunistischen Gesellschaft, nachdem die knechtende Unterordnung der Individuen unter die Teilung der Arbeit, damit auch der Gegensatz geistiger und körperlicher Arbeit verschwunden ist; nachdem die Arbeit nicht nur Mittel zum Leben, sondern das erste Lebensbedürfnis geworden; nachdem mit der allseitigen Entwicklung der Individuen auch ihre Produktivkräfte gewachsen und alle Springquellen des genossenschaftlichen Reichtums voller fließen — erst dann kann der enge bürgerliche Rechtshorizont ganz überschritten werden und die Gesellschaft auf ihre Fahne schreiben: Jeder nach seinen Fähigkeiten, jedem nach seinen Bedürfnissen!«[17] Marx geht aber eindeutig davon aus, daß auch auf der ersten Stufe keine Marktverhältnisse mehr herrschen, daß also auch dort schon der »Umweg«[18] des Marktes nicht mehr nötig ist, denn der einzelne Produzent weiß jetzt unmittelbar, wie groß das »Quantum Arbeit ist, das er der Gesellschaft in einer Form gegeben hat« und das er nun »in der andern« (Form, G.F.) zurückerhält.

Die Gesellschaften des Realen Sozialismus behielten zwar das Geldmedium bei, ihrem tatsächlichen Anspruch nach und in ihrer Praxis aber regulierten sie den Kern ihrer Ökonomie durch Wertzuweisungen, ohne über verläßliche Kriterien für deren Messung zu verfügen. Sie wußten also nicht, welchem Quantum gesellschaftlich notwendiger durchschnittlicher Arbeitszeit ihre Plandaten und Währungen entsprachen. Die Größen, mit denen sie operierten, waren für sie ökonomisch gar nicht bestimmbar, so daß sie voluntaristisch (»politisch«) festgesetzt wurden. Aus diesem Dilemma resultierte das Konzept einer »sozialistischen Marktwirtschaft«. Es vermag aber nicht zu erklären, wodurch die sozialistische Preisbildung sich von der kapitalistischen unterscheidet. Um zu beweisen, daß der Preis den Arbeitswert wiedergibt (wie, bei Marx, als Produktionspreis, der um den Wert oszilliert), brauchen sie ein Instrument für die Darstellung dieses Arbeitswertes. Genau an diesem Punkt aber hat auch Marx keine überzeugende Lösung gefunden. Die Herleitung des Preises aus dem Wert, die er im dritten Band des »Kapital« versucht, ist nicht schlüssig.[19] Aus diesem Defizit resultiert der administrative Voluntarismus in den realsozialistischen Gesellschaften. Er macht eine allgegenwärtige Bürokratie notwendig, die die selbstgestellten Aufgaben nicht löst und über kurz oder lang kontraproduktiv wird.

Das Scheitern der bisherigen Versuche einer unmittelbaren Wertzumessung hat nunmehr gerade auch in den Ländern des ehemaligen Realen Sozialismus zu einer massenhaften Markteuphorie geführt. Trotz des Verschwendungseffekt scheint seine Wirtschaft, die Nachfrage (welche allerdings immer schon kaufkräftig sein muß, von der also »Randgruppen« und, insbesondere, große Menschenmassen in den in Unterentwicklung gehaltenen Ländern ausgeschlossen sind) mit einer Vielzahl von durch private Gewinnerwartung gesteuerten Angeboten befriedigt oder gar erst schafft, zur Bedarfsdeckung besser imstande als ein System, das in geplanter Weise unmittelbar an vorher bereits festgestellten Notwendigkeiten sich zu orientieren versucht. Selbst die Tatsache, daß ein auf dem Prinzip der Gewinnmaximierung beruhendes Wirtschaften aktuell mit ökologischen Problemen konfrontiert ist, entlastet konzeptionell nicht den bisherigen Realen Sozialismus, der die gleiche, im Kapitalismus entwickelte Technologie unter Bedingungen des Mangels und der weitgehenden Steuerungsunfähigkeit mit noch katastrophaleren Konsequenzen angewandt hat.

Diese Kombination von Markt, Verschwendung und Effektivität ist gerade jetzt auch außerhalb des im engeren Sinne ökonomischen Bereiches zum Qualitätsausweis der auf dem Privateigentum beruhenden Produktionsweise geworden. Wer einer parlamentarischen Debatte oder der Auseinandersetzung in einer anderen Vertretungskörperschaft folgt oder selbst an ihr teilnimmt, wird zwar immer wieder die Redundanz des Verfahrens beklagen, bei dem der Effekt in keinem Verhältnis zum Aufwand steht, der Appeal der Effektivität aber entsteht durch die inzwischen massenhaft vorliegenden Erkenntnisse über Fehlentscheidungen durch ausschließlich bürokratischen, nicht in solcher Weise repräsentativ-demokratisch legitimierten Vollzug im Realen Sozialismus. Gerade im Massenbewußtsein der bisherigen RGW-Staaten ist deshalb Parlamentarismus (in der Regel verkürzt als »Demokratie« bezeichnet) zum Synonym für Effizienz geworden.

Die Kombination von Redundanz und Zweckdienlichkeit gilt nicht nur für die materielle Ressourcenalloaktion und das parlamentarische Verfahren, sondern auch für Presse und Information. Mögen die antiaufklärerischen Effekte ihrer Warenform und ihrer zunehmend marktgesteuerten Verbreitung in der Kulturkritik der altkapitalistischen Gesellschaften immer wieder hervorgehoben werden, so legen die verheerenden Wirkungen der Zensur und der gelenkten Nachrichtenpolitik im bisherigen Realen Sozialismus doch einen Vergleich nahe, dessen Ergebnis eindeutig scheint: Offensichtlich findet innerhalb der Informationsredundanz zugleich jenes Minimum an tatsächlichem Kenntnisgewinn einer Gesellschaft über sich selbst statt, das diese zu ihrem »Funktionieren« benötigt.

Gleiches gilt schließlich für die Existenz einer in den vergangenen Jahrzehnten ständig gewachsenen »politischen Klasse«, von den Kommunen über die Verbände bis zur Staatsspitze. Sie ist größer als im Realen Sozialismus, wird aber nicht im gleichen Maße als parasitär wahrgenommen wie der dortige »Apparat«. Paradoxerweise ergibt sich dies aus der gerade im Kapitalismus offensichtlichen Redundanz politischen Handelns, das im

wesentlichen auf Aktionsfelder jenseits der Ressourcenallokation beschränkt ist und gar nicht den Anspruch erhebt, ökonomische Prozesse zu bestimmen. Deshalb können Politiker in
diesem Bereich im Grunde nicht »versagen«. Niemand erscheint leichter ersetzbar als ein Abgeordneter, ein Minister
oder irgendein anderer »Staatsmann«. Die massenhafte, Kon-
kurrenzgesichtspunkten folgende Rekrutierung von politischem Personal und der — teils reale, teils wie in Japan und im
wesentlichen auch in Italien seit 1945 nur potentielle — Wechsel
von Regierungs- und Oppositionsparteien hat zwar ebenfalls
deutliche Züge einer (gemessen an der individullen Karrierepla-
nung) Verschwendung von Talenten, doch trägt offensichtlich
diese »Überschußproduktion« zur Herausbildung professiona-
lisierter und austauschbarer, ihren begrenzten Funktionen gerecht werdender Eliten und Gegeneliten bei. Die Kaderplanung
in der (allemal faktischen, zuweilen auch nominellen) Einparteienherrschaft des Realen Sozialismus war demgegenüber weniger effektiv. Hinzukam, daß der so entstandene Apparat
durch die universelle Gültigkeit des Weisungs- und Vollzugs-
prinzips nach den Regeln einer Berufsgruppe organisiert war,
die im Kapitalismus gerade außerhalb des Bereiches des unmittelbar Politischen lokalisiert ist: des Berufsbeamtentums, das
nach den Vorstellungen von Marx, Engels und Lenin gerade abgeschafft werden sollte, weil es eine Selbstregierung des Volkes
durch seine Trennung von demselben verhindere.

Die Herausbildung dieser kaum selbständig operationsfähi-
gen Exekutive aber steht im Zusammenhang mit dem Transformationsproblem, ist also keine »Entartung«, sondern Ergebnis
eines in der Praxis sich negativ auswirkenden theoretischen De-
fekts.

Der Ursachenzusammenhang für das Scheitern des Realen Sozialismus hätte ganz offensichtlich auch nicht dadurch aufge-
brochen werden können, daß eine der vier Gefahren — Überlegenheit des »Westens« in Kalten Krieg; Effizienzmangel durch
Demokratiedefizit; imperialistische Vermachtung des Weltmarktes; Fehlen einer spezifischen Politischen Ökonomie des

Sozialismus, da das Problem der Wert-Preis-Relation bislang nicht nur praktisch, sondern auch theoretisch ungelöst blieb — vermieden werden konnte. So beteiligte sich z.B. Jugoslawien nicht an der Seite der UdSSR am Kalten Krieg, seine Führung mußte also, anders als die regierenden Parteien der Warschauer Vertragsorganisation, nicht die Niederlage der Sowjetunion teilen. Das jugoslawische Experiment einer Kombination von Plan und Markt war immerhin auch ein Versuch, den Voluntarismus der »Kommandowirtschaft« zu vermeiden. Die Resultate sind nicht besser als z.B. in der Sowjetunion. Auch hier ist das Scheitern offensichtlich. Solange eine Politische Ökonomie des Sozialismus fehlt — theoretisch und praktisch — sind Kombinationen von Plan und Markt offensichtlich zumindest dann kaum aussichtsreich, wenn sie nicht auf der Basis einer bereits hochentwickelten kapitalistischen Vergesellschaftung beruhen und die Form einer *kapitalistischen* »Mischwirtschaft« — die aber eben kapitalistisch bleibt — annehmen. Diese aber ist nicht in jedem Land gleichsam beliebig erreichbar, sondern sie ist abhängig von der Stellung einer nationalen Gesellschaft im internationalen System. Eine schon von den Anfängen des Kapitalismus an in Unterentwicklung gehaltene Region wie das heutige Jugoslawien war in so hohem Maße ein Objekt der kapitalistischen Entwicklung gewesen, daß diese strukturelle Benachteiligung auch nach 1948 nicht mehr aufgehoben werden konnte. Wie das Beispiel Südkorea zeigt, ist das nicht prinzipiell unmöglich, dann aber (solange das gegenwärtige Kräfteverhältnis auf dem Weltmarkt besteht) allenfalls in voller Ausnutzung der Politischen Ökonomie des Kapitalismus zu realisieren. Selbst in diesem Fall handelt es sich zumindest bislang um eine der ganz wenigen Ausnahmen. Die Dominanz des vorgefundenen internationalen Systems ist im übrigen aber offensichtlich ein Faktor, der ein Aufrücken benachteiligter Nationen an die bislang dominierenden extrem erschwert. Dies dürfte zumindest ein Bewertungskriterium für die Aussichten mancher sozialistischer Gesellschaften sein, ihr proklamiertes Ziel: »schwedische Zustände« zu erreichen.

Die Entwicklung der Volksrepublik China ist wahrscheinlich ein weiteres Beispiel dafür, daß die Überforderung durch den Kalten Krieg nicht die alleinige Ursache für das Scheitern sozialistischer Systeme im zwanzigsten Jahrhundert ist. Immerhin war dieser Staat spätestens in der ersten Hälfte der siebziger Jahre aus der Systemauseinandersetzung ausgeschert und hatte in vielen außenpolitischen Fragen gemeinsame Positionen mit den USA gegen die UdSSR, mit der er sich bereits mehr als zehn Jahre früher im Konflikt befand, bezogen. Die schwere politische Krise des Jahres 1989 war Ausdruck eines ökonomischen Scheiterns, das ganz offensichtlich nicht auf spezifisch sozialistische Weise überwunden werden soll. Die Volksrepublik China hatte schon lange vorher den Versuch unternommen, sich den Bedingungen des kapitalistischen Weltmarktes anzupassen, die dort seitdem ausgeübte Herrschaft ist eine für Entwicklungsländer, die sich auf die Konditionen insbesondere des internationalen Kreditmarktes einlassen, mittlerweile typische Modernisierungsdiktatur.

4. Der historische Ort der Oktoberrevolution

Ganz offensichtlich hat der moderne Kapitalismus nicht jenen Vergesellschaftungsgrad erreicht, der eine Transparenz der Arbeitswerte und damit eine rationale Planung gesellschaftlicher Prozesse ermöglicht. Der Anspruch der Oktoberrevolution, eine kommunistische Gesellschaft vorzubereiten, war also eine Überforderung und verdeckte ihren realen Charakter als einer politischen Umwälzung, die innerhalb einer industriellen Revolution stattfand. Insofern ist sie den europäischen Revolutionen des Jahres 1848 vergleichbar. Diese hatten nicht im ökonomisch führenden Land, Großbritannien, stattgefunden. Die industrielle Nachrangigkeit des Revolutionsschauplatzes ist eine weitere Parallele zwischen 1848 und 1917.

Einer der Unterschiede allerdings bestand darin, daß der Kapitalismus inzwischen in seinen Metropolen in die Phase des

Imperialismus übergegangen war. Die beiden russischen Revolutionen des Jahres 1917 waren somit Umwälzungen innerhalb eines imperialistisch unterdrückten Landes und konnten ihre Ziele nur durch die Aufhebung dieses Unterordnungsverhältnisses erreichen. Hierfür gab es zwei einander widersprechende Konzepte:

1. Die offizielle Regierung, die aus der Februarrevolution hervorging, und die sie tragenden Kräfte versuchten, Rußland in das bestehende (und durch den Krieg neu zu bestimmende) internationale Kräfteverhältnis einzuordnen und innerhalb desselben seine Lage zu verbessern. Sie trugen damit der gerade durch Lenin konstatierten Tatsache affirmativ Rechnung, daß das Zarenreich eben nicht nur ein imperialistisch unterdrücktes Land war, sondern daß seine herrschenden Klassen zugleich durch die Machtausübung über andere Völker selbst aktiv am imperialistischen System teilhatten.

2. Die Oktoberrevolution dagegen war eine antiimperialistische Revolution. Von gleichzeitigen bzw. kurz danach stattfindenden Revolutionen desselben Typs — in Mexiko 1917 und in der Türkei 1920 — unterschied sie sich in zwei Punkten:

- Ihre Führer verstanden sie als Teil einer internationalen sozialistischen Revolution.

- Durch die im Vergleich zur Türkei und zu Mexiko ganz andere Stellung Rußlands im internationalen System mußte dieses infolge einer russischen Revolution weit nachhaltiger tangiert werden. In der Konzeption Lenins: der Imperialismus mußte gestürzt werden.

Das Scheitern des sozialistischen Entwicklungsweges am Ende der achtziger Jahre trägt zugleich zur Definition des historischen Charakters der Oktoberrevolution bei. Nach wie vor ist sie aufgrund der anderen Größenverhältnisse mit den Resultaten der mexikanischen Revolution von 1917 und der türkischen von 1920 nicht völlig vergleichbar, nähert sich aber in ihren Resultaten diesen an. Gorbatschows Politik stellt den Versuch dar, dies durch Rückkehr zu den ursprünglichen Zielen der Februarrevolution zu vermeiden.

117

Die nach alledem naheliegende Frage, ob denn die Oktoberrevolution und der mit ihr beschrittene Weg ein Irrtum war, ist unhistorisch.

Die gemeinsame Strategie von Liberalen, Menschewiki und Sozialrevolutionärer Partei nach dem Februar 1917, Rußland als kapitalistische Macht zu entwickeln (mit zwischen den Linken — Menschewiki, Sozialrevolutionäre — und den Liberalen divergierender Perspektive: für diese war damit ein Endziel erreicht, jene strebten danach den Übergang in den Sozialismus an), hatte zu diesem Zeitpunkt keine gesellschaftliche Grundlage. Eine solche Politik widersprach den kurzfristigen Interessen vielleicht sogar weniger des Proletariats, wohl aber der großen Bauernmassen, die damit sofort in den Ruin getrieben worden wären. Die Landwirtschaft war der zentrale gesellschaftliche Sektor des Zarenreiches, eine »normale« kapitalistische Entwicklungsstrategie nach dem Vorbild des Westens war hier unmöglich. In England war der Industriellen Revolution ein jahrhundertelanger Prozeß der »ursprünglichen Akkumulation« zu Lasten der selbständigen Bauern vorangegangen. In Deutschland hatten zwei Vorgänge die Landwirtschaft auf die Wahrnehmung einer Funktion im Kapitalismus vorbereitet:

die östlich der Elbe seit dem 16. Jahrhundert durchgesetzte »zweite Leibeigenschaft« und die damit verbundene Umstellung auf Getreide-Großproduktion in der Hand der feudalen Grundherren;

die Umstellung der Rittergüter in Preußen auf eine kapitalistische Grundlage seit der sogenannten Bauernbefreiung von 1807.

In beiden Ländern war die kapitalistische Transformation der Landwirtschaft kein reibungsloser Prozeß. Die Vernichtung bäuerlicher Existenzen in der »ursprünglichen Akkumulation« Englands bildet den Gegenstand dramatischer Schilderungen im 24. Kapital des ersten Bandes von Marx' »Kapital«. In Deutschland gehörten die Bauern als Opfer kapitalistischer Modernisierung zur Massenbasis sowohl der antisemitischen Bewegung am Ende des 19. Jahrhunderts als auch des Faschismus. Dabei war in beiden Ländern die Transformation der Landwirtschaft gleichsam ein endogener, nicht durch außenwirtschaftliche Zwänge zusätzlich belasteter Vorgang gewesen. Dies galt insbesondere für England. Es beherrschte ein Kolonialreich, während sich in der Landwirtschaft kapitalistische Strukturen herausbildeten. Der Industriekapitalismus fand im Moment seines Entstehens also bereits einen breiten Rahmen für seine Entfaltung vor. In Deutschland mußte er sich schon gegen die internationale Dominanz Großbritanniens durchsetzen, während die Kapitalisierung der Landwirtschaft zwar für die großen Güter verwirklicht war, nicht aber für den zahlenmäßig noch sehr umfangreichen Bereich der kleinen Warenproduktion. In Rußland waren 1917 weder in der Industrie noch in der Landwirtschaft und auch nicht unter dem Aspekt der internationalen ökonomischen Machtverhältnisse die Voraussetzungen für den Übergang in eine Mitdominanz innerhalb des Imperialismus gegeben. Die Unterstützung der Oktoberrevolution durch die Bauern hatte aktuell zweifellos ihre Grundlage in der Hoffnung auf Umverteilung des Landes. Historisch war sie die Gegenwehr der größten Klasse des Landes gegen eine drohende Liquidierung durch eine kapitalistische Moderne. Die Diskussionen unter den Bolschewiki Mitte der zwanziger Jahre über das Verhältnis von Landwirtschaft und Industrie waren durch das Dilemma gekennzeichnet, wie der sozialistische Weg beschritten werden könne, ohne den Bauern genau das aufzuzwingen, was sie durch die Oktoberrevolution hatten vermeiden wollen. Das erwies sich als die Quadratur des Kreises. Die Stalinsche Kollektivierungspolitik schuf dann die Zustände, die mit dem Sieg eines menschewistisch-liberalen Kurses (dann wahrscheinlich unter Opposition der auf die Bauern gestützten und nunmehr mit den Bolschewiki verbündeten Sozialrevolutionäre) bereits ein Jahrzehnt vorher eingetreten wären. Ihre brutale Umstülpung der bisherigen Agrarverhältnisse war ruinös. Das war aber die ursprüngliche Akkumulation in England auch, und die parallele Industrialisierung und agrarische Kapitalisierung in Deutschland war zugleich die Periode großer Hungersnot (z.B. im Vorjahr der Revolution von 1848) und jahrzehntelanger Massenauswanderung nach den Vereinigten Staaten gewesen. Damit wurden auf lange Sicht auch in Rußland die Grundlagen für eine industrielle Ökonomie gelegt, deren gesellschaftlicher Charakter in der Gegenwart zur Disposition steht. Der Umweg über die Diktatur war ganz offensichtlich ohne Alternative, er war notwendig nicht im Sinne einer moralischen Legitimation, wohl aber einer schwer vermeidbaren historischen Zwangssituation.

Eine Kritik der Oktoberrevolution wird sich letztlich nicht auf ihre Praxis richten müssen, wohl aber auf ihre sozialistische Illusion, die bereits in der Vorgeschichte des Bolschewismus angelegt war. Schon Lenins Schrift »Die Entwicklung des Kapitalismus in Rußland« (1899) unterstellte einen kapitalistischen Reifegrad, der in Wirklichkeit nicht bestand. Gleiches gilt für die Vergesellschaftungsdefinition der Imperialismusschrift von 1916. Damit wurde der Oktoberrevolution eine fiktive ökonomische Basis zugemessen. Diese Fehlperzeption hat eine weitere Vorgeschichte in der marxistischen — i.e. in diesem Falle: der auf Marx und Engels zurückgehenden — Interpretation der bürgerlichen Revolutionsgeschichte. Nicht die »Glorious Revolution« in England 1688 ist für die Klassiker des Marxismus die typische bürgerliche Revolution gewesen, sondern die Französische Revolution 1789 ff. Die englische Revolution hatte tatsächlich die (vorindustrielle) Bourgeoisie zum Subjekt. Es gab eine Handels- und Agrarbourgeoisie als ökonomisch bereits dominante Klasse, die sich gleichsam nachholend auch die politische Herrschaft sicherte.

Die Französische Revolution hatte mit der Oktoberrevolution gemeinsam, daß der protokapitalistische bzw. protosozialistische Vergesellschaftungsgrad, der sie zum nachträglichen politischen Akt hätte machen können, noch gar nicht gegeben war. Die Bourgeoisie als mögliches Subjekt einer bürgerlichen Revolution entstand in Frankreich erst nach den napoleonischen Kriegen, das als herrschende Klasse organisierte Proletariat hätte in Rußland allenfalls nach 1917 auftreten können, was nicht geschah.

Die entscheidenden Daten der bürgerlichen Revolutionsgeschichte waren die Herausbildung des Agrarkapitalismus in England, die Entstehung des frühen britischen Kolonialreiches in Nordamerika, die industrielle Revolution und schließlich die politischen Umwälzungen des 17. und 18. Jahrhunderts. Die Gesamtheit dieser Entwicklungen gab ihren Resultaten einen Sperrklinkeneffekt. Sie konnten nicht mehr revidiert werden. Dagegen erscheint die Französische Revolution als ein in erster Linie politisches Ereignis, das selbstverständlich seine spezifischen gesellschaftlichen Ursachen und Konsequenzen hatte, aber nicht auf einem bereits erreichten Ensemble weitgehend kapitalistischer Verhältnisse beruhte. Auch ihre Ergebnisse, soweit sie zur Herausbildung der bürgerlichen Gesellschaft gehören, waren nicht mehr revidierbar. Dies gilt aber im Grunde für alle politischen und gesellschaftlichen Entscheidungen in sämtlichen Ländern, die durch den Übergang vom Feudalismus zum Kapitalismus betroffen wurden — auch für diejenigen, die, wie Spanien und Portugal, jetzt von ihrer einst führenden Stellung hinabsanken, und besonders gravierend für diejenigen Gesellschaften, die, da sie die kapitalistische Transformation nicht aktiv vollziehen konnten, nun in kolonialer Abhängigkeit für Jahrhunderte zu deren Objekt wurden (mit Ausnahme der nordamerikanischen Kolonien, die sehr bald auf breiterer Grundlage und unter besonders günstigen Umständen an die Resultate der britischen Entwicklung anknüpfen konnten). Die Französische Revolution war ein abgeleitetes Datum, während die strategischen Fakten durch die englische Geschichte des 14. bis 18. Jahrhunderts entstanden. Gleiches gilt für die Oktoberrevolution. Sie ist ein Produkt der Geschichte des Kapitalismus nicht nur in dem Sinne, daß sie ohne diesen nicht denkbar gewesen wäre, sondern vor allem auch dadurch, daß sie — nunmehr unter den Bedingungen des Imperialismus — die auf eine, wenngleich sehr große, Region beschränkte Ausgestaltung des durch den Kapitalismus gesetzten inneren gesellschaftlichen und internationalen Kräfteverhältnisses ins Werk setzte. Aus diesem Grund fehlt ihr auch der sozialistische »Sperrklinkeneffekt«.

Nachdem der Übergang vom Feudalismus zum Kapitalismus einmal vollzogen war, war er nicht mehr revidierbar. Sozialistische Revolutionen dagegen können so lange wieder rückgängig gemacht werden, wie sie noch nicht auf einer selbsttragenden, für sie spezifischen Grundlage beruhen.

Dieses Faktum ist wesentlicher für das Scheitern des Realen Sozialismus als die zahlreichen subjektiven Fehler und als die Verbrechen der Stalinperiode, die zu erheblichen Teilen auf die verfahrene Grundsituation zurückgeführt werden müssen. Sie waren nicht unvermeidlich, aber doch durch diese in hohem Maße mitbedingt.

5. Ein Denkspiel: florentinische Analogie

Die Französische Revolution von 1789 und die Oktoberrevolution waren Teile eines Revolutionszyklus, der mit der »Glorious Revolution« von 1688 begann und insgesamt die kapitalistische Ordnung nicht überwand, sondern ständig erweiterte. Ihre theoretischen Postulate wiesen über diese ökonomischen Ergebnisse in der Französischen Revolution zeitweise, in der russischen vollständig hinaus. Bereits der junge Marx unterschied bei den bürgerlichen Revolutionen deren »Idee« von dem »Interesse«. »Die *'Idee'* blamierte sich immer, soweit sie von dem *'Interesse'* unterschieden war. Andererseits ist es leicht zu begreifen, daß jedes massenhafte, geschichtlich sich durchsetzende *'Interesse'*, wenn es zuerst die Weltbühne betritt, in der *'Idee'* oder *'Vorstellung'* weit über seine wirklichen Schranken hinausgeht und sich mit dem *menschlichen* Interesse schlechthin verwechselt.«[20] Die »Ideen« der Französischen Revolution — Gleichheit, Freiheit, Brüderlichkeit — mußten nach dieser Argumentation notwendig mit den Grundlagen bürgerlicher Herrschaft zusammenstoßen und diesen unterliegen. Zu ihrer Realisierung bedürfe es — aus dieser Ideologiekritik des jungen Marx resultierte der Impuls, der ihn zum Kommunisten machte — der Beseitigung des Privateigentums. Dies nun war die »Idee« der

Oktoberrevolution, die mit einem andersgearteten Interesse konfligierte und nach siebzig Jahren von diesem besiegt wurde. Liberale werden das Prinzip, an dem sie scheiterte, schlechthin als jene »menschliche Natur« definieren, die schon bei Adam Smith zum Ausgangspunkt von Arbeitsteilung, Tausch, Markt und Privateigentum wird. Werden die Voraussetzungen des Marxschen Denkens beibehalten, dann sind es die auf dem Weltmarkt und im internationalen Kräfteverhältnis fundierten kapitalistischen Interessen, an denen die »Idee« der Oktoberrevolution scheiterte.

Beide Postulate bedürfen zweifellos der Begründung. Das Beharren auf der Marxschen Position müßte eine historische Tendenz ausfindig machen, die trotz der ständigen Niederlagen der menschheitlichen »Idee« vor dem privaten »Interesse« letzten Endes doch die Chance einer Realisierung der ursprünglichen Forderungen der radikalen Periode der Französischen Revolution sowie der Ziele der Oktoberrevolution zumindest nicht ausschließt. Wer dies tut, hat ebenso wie die Marktradikalen, die sich allerdings gegenwärtig auf die Evidenz der Faktizität stützen zu können scheinen, eine argumentative Bringschuld. Ob und wie diese beglichen werden kann, soll in der letzten »Anstrengung« (VII) dieses Buches diskutiert werden. Wenn ich im folgenden davon ausgehe, muß zunächst die Tatsache markiert werden, daß es sich bis dahin lediglich um ein Axiom handelt.

Dies vorangestellt, bietet es sich an, die Gesellschaften des Realen Sozialismus, wie sie nach 1917 bestanden und Ende der achtziger Jahres des zwanzigsten Jahrhunderts größtenteils erloschen, nicht als den Beginn einer neuen Gesellschaftsformation zu betrachten, sondern als zeitweilig wirksam werdende Elemente innerhalb einer alten, des Kapitalismus. Ihre Gründung hat dann nicht die fortwirkende Innovationskraft der »Glorious Revolution« von 1688, sondern ihre historische Stellung zur bereits lange dominierenden kapitalistischen Produktionsweise ist eher mit derjenigen der frühkapitalistischen Formen vergleichbar, die seit etwa 1200 schon im Feudalismus entstanden, zu dessen Effektivierung beitrugen und im Florenz des 14. und 15. Jahrhunderts das erste Beispiel einer relativ selbständigen, allerdings räumlich und zeitlich eng begrenzten kapitalistischen Ordnung hervorbrachten.

Ebenso wie der Kapitalismus bislang mehrere Phasen durchlief (was die Anhänger der französischen Regulationsschule dazu veranlaßt, nicht von einer einheitlichen Gesellschaftsformation zu sprechen, sondern von mehreren »Kapitalismen« in historischer Abfolge[21]), ist auch der Feudalismus tiefgreifenden Wandlungen unterworfen gewesen, die ihn nicht aufhoben, sondern lediglich transformierten. Die Elemente der neuen, bürgerlichen Gesellschaft, die sich dabei entwickelten, haben ihn nicht überwunden, vielmehr gefestigt und modernisiert.

Wichtige Entwicklungen in diesem Zusammenhang waren die Steigerung der Arbeitsproduktivität in der Landwirtschaft und der dadurch ermöglichte Aufschwung der Städte und der Ware-Geld-Beziehung.[22]

Die Dreifelderwirtschaft, die seit dem 5. Jahrhundert sich ausbreitete, war nach der Jahrtausendwende aufgrund ständiger Verbesserungen im Laufe ihrer langen Anwendung technisch so ausgereift, daß jetzt eine gleichbleibende oder sogar sinkende Zahl von Menschen eine immer größere Menge von Gütern erzeugen konnte, während das Bevölkerungswachstum auf dem Lande offensichtlich anhielt. Zu dieser Steigerung der agrarischen Arbeitsproduktivität trugen auch die zunehmende Verwendung von eisernen Werkzeugen (bzw. von eisernen Bestandteilen dieser Werkzeuge) sowie breiterer Gebrauch effektiverer Verarbeitungstechniken (häufigerer Einsatz der Wassermühle statt der Roßmühle) — beides z.B. in Deutschland signifikant seit dem Beginn des 13. Jahrhunderts — bei. Der agrarische Überschuß, der so entstand, und die zunehmende Zahl von Menschen, die in der Landwirtschaft nicht unbedingt zur Herstellung der lebensnotwendigen Güter gebraucht wurden, bildeten die Voraussetzung zur Gründung von neuen Städten (sowie zur Revitalisierung von älteren, die teilweise aus der Römerzeit stammten und sich zuweilen als Bischofssitze eine gegenüber der Umgebung herausgehobene Stellung gewahrt hatten). Diese wurden nun zu Zentren der sich herausbildenden neuen — im Verhältnis zur Antike allerdings nur gleichsam neuentdeckten bzw. über die auch im frühen Mittelalter vorhandenen rudimentären Formen hinausentwickelten — Ware-Geld-Beziehungen, und zwar sowohl im regionalen wie im Fernhandel. Letzterer wurde dadurch gefördert, daß Handelswege, die nach dem Ende der Antike im Süden durch Araber und Sarazenen, im Norden später durch die Wikinger für Mitteleuropa geschlossen worden waren, nun wieder frei wurden. Das begann in der Nord- und Ostsee bereits mit dem 10. Jahrhundert, im Mittelmeer und im Orienthandel als ein Ergebnis der Kreuzzüge seit dem 11. Jahrhundert.[23]

Die Klassenverhältnisse wandelten sich. In Deutschland löste sich das Fronhofsystem im 12. und 13. Jahrhundert weitgehend auf[24], und die Leibeigenschaft wurde durch eine andere Form der Abhängigkeit ersetzt. Bauern wirtschafteten auf Land, das ihnen der Grundherr geliehen hatte, und sie mußten dafür Abgaben leisten. Diese waren anders als der Kirchenzehnte nicht nach Anteilen, sondern in konstanten Mengen festgelegt. Hierin drückte sich eine Stärkung der gesellschaftlichen Position der Bauern aus. Ihre Chancen, sich durch Teilnahme an der Kolonisation östlich der Elbe oder durch Flucht in reichsunmittelbare Städte, die keinen adligen Stadtherren hatten, oder auch nur durch Überwechseln in den Herrschaftsbereich eines anderen Ritters ihrem Grundherrn zu entziehen, waren groß und nötigten diesen so zur relativen Nachgiebigkeit. Die Bauern waren an Steigerung der Arbeitsproduktivität interessiert, denn je höher diese war, desto mehr Erzeugnisse konnten sie für sich behalten. Überschüsse kamen auf die Märkte und wurden zunehmend gegen Geld getauscht. In der von Adligen verfaßten Schönen Literatur taucht im 13. Jahrhundert der hämisch und neidisch karikierte »reiche Bauer« auf (z.B. in den Liedern des Neidhart von Reuental und in der Verserzählung »Meier Helmbrecht« von Werner dem Gartenaere). Die Grundherren zogen monetäre Abgaben der Naturalrente vor und förderten zunächst die Städte als Orte von Handwerk und Handel. Die Stadtwirtschaft enthielt protokapitalistische Elemente. Hierzu gehörten Großmeister mit zahlreichen Gesellen, die bereits Mehrwert erzeugten[25], patrizische Fernkaufleute sowie das »Verlagssystem«, das darin bestand, daß der selbständige Handwerksbetrieb zwar weiterbestand, die Zulieferung von Rohstoffen und Halbzeug und/oder der Vertrieb der Endprodukte jedoch in die Hände einzelner, auf eigene Rechnung arbeitender Unternehmer (»Verleger«) kamen. Trotz dieser Ansätze einer kapitalistischen Ökonomie blieb die Gesellschaft, in der sie eingelagert waren, als ganze feudal. In Oberitalien allerdings entstanden geschlossene Stadtstaaten, die durch Handelskapital und kapitalistisches Großhandwerk geprägt waren.[26] Das Florenz des 14. und 15. Jahrhunderts kann als frühkapitalistische Kommune gelten.

Von hier aus führte aber kein ununterbrochener Weg in die bürgerliche Gesellschaft, im Gegenteil. Schon in der zweiten Hälfte des 15. Jahrhunderts kam der Feudalismus wieder in die Offensive. Östlich der Elbe entstand die »zweite Leibeigenschaft«. Im Westen löste der Versuch der Grundherren, verlorenes ökonomisches Terrain wiederzugewinnen (seit der zweiten Hälfte des 15. Jahrhunderts[27]), den Bauernkrieg von 1525 aus, in dem die Bauern unterlagen.

Der Feudalismus, der sich jetzt wieder festigte, war nicht mehr der alte, er hatte sich inzwischen gerade durch die Integration der frühbürgerlichen Wirtschaftselemente modernisiert. Die außerökonomische Gewalt, mit der die Adligen bislang die ökonomische Ausbeutung der Bauern abgesichert und durchgesetzt hatten, erreichte eine neue Qualität durch die Entstehung einer starken Exekutive im sich nun herausbildenden Staat, der in Deutschland regional, in Frankreich national organisiert war. Zu dessen Untertanen gehörte jetzt auch die sich formierende Bourgeoisie. Die von dieser entwickelten technischen Geräte (insbesondere für das Militärwesen) und die von ihr und den Bauern aufzubringenden Steuern waren unerläßlich für den neuen Staatsapparat. Dessen Finanzierung machte eine geordnete und ausgedehnte Verwaltung als Teil der neuen Exekutive notwendig. Durch die Eroberung und Plünderung von Kolonien und die Entstehung eines über den bereits in der Antike erschlossenen okzidentalen Wirtschafts- und Kulturraum hinausreichenden Weltmarktes erschloß sich der neue Staat weitere Ressourcen, deren Ausbeutung und Vermittlung in Spanien und Portugal relativ direkt durch die Krone — also die Exekutive — erfolgte, in England dagegen schon durch die Bourgeoisie, noch bevor diese die politische Macht ergriffen hatte. Die Erneuerung der alten Ordnung erfolgte somit auch auf ökonomischem Gebiet. Sie erhielt eine zusätzliche, nämlich handelskapitalistische Grundlage neben den weiterbestehenden, auf außerökonomischer Gewalt beruhenden Formen der Ausbeutung. Das Handelskapital arbeitete ihr nicht nur auf dem Weltmarkt zu, sondern auch dadurch, daß das Verlagssystem über die Steuern in den Absolutismus eingebunden blieb. Dieser war so die neueste und die letzte Form feudaler Herrschaft. Ihr fielen nicht nur die Emanzipationsfortschritte der Bauern in Deutschland zum Opfer, sondern auch das frühkapitalistische Florenz erlag der Übermacht Frankreichs, des Papstes und des Habsburger Kaisers. Seine Krise, die sich zunächst in innenpolitischen Konvulsionen äußerte, bevor es auch außenpolitisch dominiert wurde, spiegelt sich im Werk des Niccolò Machiavelli.

Er kannte nicht ihre ökonomischen und formationsgeschichtlichen Ursachen und schlug als Abhilfe deshalb politische Techniken vor.[28] Für Jahrhunderte blieb der Feudalismus in Europa die einzige Gesellschaftsformation.

In der Geschichte des Kapitalismus hatte der Reale Sozialismus ganz offensichtlich eine ähnlich episodische Stellung wie das frühkapitalistische Florenz in der des Feudalismus.

6. Ein ständiger vierter Versuch?

Die »florentinische Analogie« hat nur einen formalen Wert, die
Gemeinsamkeit besteht lediglich im episodenhaften Charakter
einer kapitalistischen bzw. sozialistischen Staatsbildung innerhalb eines noch vitalen Feudalismus bzw. Kapitalismus. Ein
entscheidender Unterschied ergibt sich daraus, daß die frühkapitalistischen Produktions- und Distributionsweisen mit dem
Sieg der alten Ordnung nicht zerstört wurden, sondern weiter-
existierten und sich fortentwickelten, während der Reale Sozialismus nicht nur als Staat, sondern auch als Ökonomie ver-
schwinden wird. Die Ursache dafür ist darin zu suchen, daß die
Defizienz seines Wirtschaftsmechanismus auch sein politisches
System entstabilisierte.

Angesichts dieser Tatsache gewinnen Überlegungen an Gewicht, wonach nicht der Reale Sozialismus, sondern Formen
nichtkapitalistischer Vergesellschaftung in den am höchsten
entwickelten kapitalistischen Ländern Tendenzen zur Überwindung der auf dem Privateigentum an den wichtigsten Produktionsmitteln beruhenden Produktionsweise anzeigen. Die
»florentinische Analogie« bestünde dann gerade darin, daß sich
hier jene Elemente einer neuen Ordnung herauskristallisierten,
die dem Markt, dem Verlagswesen, der Manufaktur und dem
Handelskapital im späten Feudalismus entsprechen. Auf diesen
Überlegungen beruht die Konzeption des »demokratischen Sozialismus« in ihren verschiedenartigen Ausprägungen.

Insgesamt können bislang vier Typen der — angeblich oder
tatsächlich — nichtkapitalistischen Vergesellschaftung im Kapitalismus selbst unterschieden werden.

6.1. Das parlamentarische oder präsidiale demokratische
und rechtsstaatliche System

Es beruht darauf, daß die Gesetzgebung von Körperschaften
vorgenommen wird, die aus allgemeinen, gleichen und gehei-
men Wahlen hervorgehen, und daß Rechtsprechung und Exekutive an diese Gesetzgebung gebunden sind. Dieser Demokra-

tietypus trug in der bisherigen Geschichte immer insofern stark repräsentative Züge, als auf Entscheidungsdelegation auch dort nicht verzichtet werden konnte, wo plebiszitäre Elemente vorhanden waren. Dies wird teils rein technisch — der territoriale Umfang des Gebietes, in dem demokratische Herrschaft ausgeübt wird, sowie die große Zahl der Menschen, für welche die Entscheidungen getroffen werden, ohne daß sie alle die zeitliche und räumliche Möglichkeit haben, ständig an diesen teilzunehmen — begründet. Von der Differenz zwischen denkbarer »direkter« und faktisch bislang dominierender »repräsentativer« Demokratie bleibt die Tatsache unberührt, daß in einer kapitalistischen Gesellschaft ökonomische Herrschaft institutionell von der politischen getrennt ist und zur auch politischen nur dann werden kann, wenn dem ständig erneute, also im Einzelfall nur auf Widerruf erfolgende Mehrheitsentscheidungen nach den in den Verfassungen niedergelegten Regeln vorausgehen. Dies kann, je nach der historisch spezifischen sozioökonomischen Situation einer jeweiligen kapitalistischen Gesellschaft, zu sehr verschiedenartigen Ausprägungen einer solchen »bürgerlichen Demokratie« führen. In Ländern mit großen Verteilungsspielräumen wird das politische System in höherem Maße imstande sein, auch die Interessen der Unterklassen zu artikulieren als z.B. in sogenannten »kapitalistischen Entwicklungsländern«. Im gravierenden Konfliktfall steht das — entweder stärker parlamentarisch oder stärker präsidial orientierte — demokratische Repräsentativsystem zur Disposition.

Dies gilt wahrscheinlich nicht einmal in erster Linie dort, wo seine konsequente Anwendung zur Überwindung des kapitalistischen Systems führen müßte. Ein solcher Konflikttyp ist in der bisherigen Geschichte bürgerlicher Gesellschaften kaum einmal in »reiner« Form aufgetreten. Aufhebung oder Einschränkung des rechtsstaatlichen Repräsentativsystems ließ sich stattdessen bereits dort beobachten, wo es ein Hindernis für die — entweder tatsächlich oder vermeintlich — einzige zur Verfügung stehende Variante für die Behebung einer ökonomischen Krisensituation war. Der Extremfall in einem hochentwickelten kapitalistischen Land war der deutsche Faschismus. Eine solche völlige Aufhebung der parlamentarischen oder präsidialen Demokratie (oder einer Mischform aus beiden) stellt allerdings eine Extremlösung dar, die nur als »Eingriff«, nicht aber als ständiger Herrschaftstypus funktional ist. Auf Dauer führt die damit verbundene Ausschaltung von Öffentlichkeit und breiter diskursiver Entscheidungsfindung zu ähnlichen Verengungen von Problemwahrnehmungen, wie sie im bisherigen Realen Sozialismus beobachtet werden mußte, und behindert kapitalistische Effektivität. Somit ist ein Höchstmaß realisierter rechtsstaatlicher und repräsentativ-demokratischer Normen zugleich ein Element gesellschaftlicher und ökonomischer Rationalität im Kapitalismus. Insofern kann von einer »kapitalistischen Demokratie« gesprochen werden. In Ländern, die sich im Zustand ökonomischer Unterentwicklung befinden, ist sie ganz offensichtlich nicht dauerhaft realisierbar. Typische politische Formen sind dort Militärdiktaturen, »gelenkte Demokratien« oder formal bleibende parlamentarische bzw. präsidiale Repräsentativsysteme, welche nahezu ausschließlich für die ökonomischen Eliten instrumentalisiert sind und immer wieder durch diktatorische Regimes abgelöst werden. Durchsetzung des Kapitalismus ist dort, wo er in einem in Unterentwicklung gehaltenen Land gleichsam »eingeführt« werden soll, mit Demokratie ganz offensichtlich unvereinbar. Das Funktionieren parlamentarischer oder präsidialer Demokratien ist bislang an den Reichtum hochentwickelter kapitalistischer Gesellschaften gebunden gewesen. Eine weltweite Verallgemeinerung des bürgerlichen »Wohlfahrtsstaates« kann allenfalls unter gleichzeitiger völliger Veränderung der bisherigen Art und Weise der Ressourcenbewirtschaftung als möglich gedacht werden. Er ist dort, wo er realisiert ist (West-, Mittel- und Nordeuropa, Nordamerika, Japan, Australien und Neuseeland) bislang z.B. mit einem so hohen Verschleiß bzw. einer derartigen Belastung natürlicher Lebensgrundlagen verbunden, daß die weltweite Durchsetzung dieses Gesellschaftstyps zum ökologischen Kollaps führen müßte. Daß eine neue, universell realisierte Art der Mensch-Natur-Beziehung mit globaler Wohlfahrt und Demokratie unter kapitalistischen Bedingungen als möglich gedacht werden kann, ist ein liberales Axiom. Ein Beweis steht aus. Bis heute ist das Funktionieren parlamentarischer oder präsidialer Demokratien an einen hervorgehobenen Status der entsprechenden Länder im System internationaler sozioökonomischer Herrschaft gebunden, es handelt sich um eine »Binnendemokratie«, die zumindest in der bisherigen Geschichte mit der Abwesenheit von Demokratie in den armen Ländern verbunden war — somit eine Teildemokratie, in diesem Punkt vergleichbar der attischen, die auf dem Ausschluß der Sklaven beruhte.

Ein solcher Vorbehalt müßte, gelingt nicht eine Neuordnung der internationalen Beziehungen, selbst dann gelten, wenn die »kapitalistische Demokratie« ausschließlich in den hochentwickelten Regionen durch jenen Typus des »demokratischen Sozialismus« abgelöst wäre, der politische Demokratie mit gesellschaftlichem Eigentum an den wichtigsten Produktionsmitteln bzw. mit gesellschaftlicher Verfügung über diese auch dort, wo sie formal in privater Hand verbleiben, verbindet. Der Demokratiebegriff, der hier verwirklicht würde, wäre tatsächlich ein sozialistischer und mit marktradikalen Demokratievorstellungen unvereinbar. Für diese sind Wahlen und Abstimmungen nämlich nur für den Bereich des im engeren Sinne »Politischen« adäquate Mittel der Entscheidungsfindung, während für die Ressourcenallokation die individuelle Investitionsentscheidung nicht nur die effektivere, sondern auch die demokratischere sei, ungeachtet der Tatsache, daß die einzelnen Wirtschaftssubjekte hierbei höchst Ungleiches — Kapital, Boden, Arbeit — einzubringen haben.

Daß die Kombination des demokratischen Repräsentativsystems mit dem Einsatz seines Instrumentariums zur Verfügung über die wichtigsten Produktionsmittel noch nirgends realisiert wurde, erlaubt keine Aussage darüber, ob sie niemals erreichbar sein wird. Hier ist nicht diese Frage zu erörtern, sondern eine andere, ob nämlich die bisher im Kapitalismus entwickelten Demokratieformen einen Ansatz zu seiner Überwindung darstellten.

Die parlamentarische oder präsidiale Demokratie in allen ihren Varianten des Repräsentativsystems ist dem Anspruch nach neutral gegenüber gemeinwirtschaftlichen oder privaten Eigentumsformen. In den am höchsten entwickelten Ländern ist sie die effektivste Form der Ausübung bürgerlicher Herrschaft. Daß sie mit einer sozialistischen Eigentumsordnung vereinbar und auch für diese der wirksamste Modus ist, kann normativ gesetzt werden und ist außerordentlich wahrscheinlich, wobei anzunehmen ist, daß dabei plebiszitäre Momente eine weit größere Bedeutung haben werden. Das demokratische Repräsentativsystem ist also eine Form nichtkapitalistischer Vergesellschaftung, deren Beibehaltung in einer denkbaren nachkapitalistischen Gesellschaft angenommen werden kann. Es ist aber keine »Etappe« auf einem Weg dorthin in dem Sinne, daß die Veränderung der Eigentumsordnung und der ökonomischen Verfügungsgewalt historisch notwendig aus ihm folgen müßte.

6.2.Der sozialstaatliche Kompromiß

Staatliche Sozialleistungen, Ansätze betrieblicher und überbetrieblicher Mitbestimmung und die Möglichkeit parlamentarisch vermittelter politischer Beeinflussung ökonomischer Entwicklungen sind seit dem Ende des unregulierten (»Manchester«-) Kapitalismus Aktionsfelder der Gewerkschaften sowie von sozialdemokratischen Parteien, die von erheblichen Teilen der Lohnabhängigen als Vertreterinnen ihrer Interessen akzeptiert sind. Die so erzeugten Strukturen stellen das kapitalistische System nicht in Frage, tragen vielmehr zu dessen Stabilisierung bei, sind dazu aber nur in der Lage, wenn sie einen von den Unterklassen akzeptierten Standard der Arbeits- und Lebensbedingungen garantieren. Die Institutionen und Verfahren, in denen der sozialstaatliche Kompromiß immer neu gefunden werden muß, können so als eine Form nichtkapitalistischer Vergesellschaftung im Kapitalismus verstanden werden. Tatsächlich konnten sie nach 1945 selbst von Regierungsparteien, die ihre

Wahlsiege mit der Agitation gegen die mit jenen gesellschaftlichen Techniken tatsächlich oder angeblich verbundene »Bürokratie« und den durch sie gleichsam schleichend herbeigeführten »Sozialismus« errangen, zwar geschwächt (»Reagonomics«, »Thatcherismus«), letztlich aber nicht aufgehoben werden. Offensichtlich gehört ein nicht zu unterschreitendes Maß an Sozialstaatlichkeit zu den Erfolgsvoraussetzungen eines hochentwickelten Kapitalismus, ohne daß dadurch allerdings irgendeine Perspektive zu seiner Aufhebung in einer nachkapitalistischen Ordnung entstünde.

Die Grenzen für die Emanzipationsmöglichkeiten durch den sozialstaatlichen Kompromiß sind 1. nach außen durch die Abhängigkeit seiner Realisierungsmöglichkeiten von der internationalen Stellung eines Landes und 2. eng damit verbunden, ja nahezu identisch mit dieser Voraussetzung: durch seine Fixierung auf das »Staatsvolk«; 3. nach innen durch die Einschränkung des Ausgleichs auf bestimmte Akteure und 4. durch ein Kräfteungleichgewicht zwischen denjenigen, die bislang überhaupt zur Teilhabe am sozialstaatlichen Kompromiß in der Lage waren, bestimmt.

1. Wenn ein sozialstaatlicher Kompromiß erreicht wird, sagt dies allein noch nichts über seine politische Qualität aus. Seine häufigste Durchsetzungsform ist der Korporativismus, mit dem Gewerkschaften, Staat und Unternehmer eine Balance ihrer Forderungen (häufig auf Kosten schwächer organisierter Ansprüche) vornehmen und in dem insbesondere die nationale Konkurrenzfähigkeit auf dem Weltmarkt zur Zielgröße wird, deren Durchsetzung eine Reproduktion internationaler Herrschaftsverhältnisse einschließt.

2. Es handelt sich hier nicht nur um die Vertretung von Interessen, sondern immer auch um Staat. Das heißt: Soweit dieser einzelnen Personen, Klassen und Gruppen Vorteile oder Schutz vor Nachteilen gewährleistet, beschränkt er sich dabei auf ein Staatsvolk und im wesentlichen auf sein Staatsgebiet. (Wenn er territorial darüber hinausgreift, handelt es sich um hoheitlichen Schutz, der nicht nur von Sozialstaaten wahrgenom-

men wird, zuweilen auch — identisch damit — um einen Vorwand für die Vertretung imperialistischer Interessen gegenüber einem anderen Staat, so z. B. beim Vorgehen der USA gegen Grenada 1983.) Angehörige anderer Völker (und seien es Ausländer innerhalb eines Sozialstaats) sind per Definition davon ausgeschlossen und haben nur in abgeschwächtem Maße (wenn überhaupt) Anteil an den öffentlichen Daseinsvorsorgesystemen. In einer Idealkonstruktion ist vorstellbar, daß sie dann eben Bürgerinnen und Bürger anderer Sozialstaaten seien, so daß eine Art interstaatlicher Verschränkung stattfinde. Eine solche Überlegung hat in der Realität nicht nur rein empirisch keinen Halt, sondern sie stößt sich auch prinzipiell an der Hierarchisierung der internationalen Beziehungen und deren innenpolitischen Resultaten, nämlich der Tatsache, daß in den in Unterentwicklung gehaltenen Gesellschaften die Voraussetzungen für eine (und sei es auch nur scheinbare) konsensuale Dämpfung gesellschaftlicher Widersprüche und die Behebung des krassesten Elends weithin fehlen. Die Erfahrung internationaler (genauer: interstaatlicher) Organisierung eines sozialen Kompromisses konnte bislang noch nicht gemacht werden. Selbst und gerade in Vielvölkerstaaten war nationale Abstufung und Hierarchisierung die Regel. Soweit in der »Europäischen Gemeinschaft« das Experiment einer über die einzelnen Staaten hinausgreifenden Sozialordnung begonnen wird, ist es erstens bislang noch nicht gelungen, und zweitens wäre es ganz offensichtlich nur durch den Aufbau einer neuen Staatlichkeit möglich, die zugleich wieder mit Exklusivität verbunden ist. Die »Sozialunion« erweist sich dann als »Festung Europa«. Deren Staatsgewalt ist — wie alle andere Staatsgewalt auch — zugleich ein Moment der Machtausübung gegen andere.

3. Am Sozialstaat haben diejenigen aktiven Anteil, die in organisierter Weise konfliktfähig sind. Dazu verhilft Verhandlungsmacht, die sich letzten Endes aus der Verfügung über solche Güter herleitet, die für die Kontrahenten knapp und unverzichtbar sind. Hierher gehört auch die Ware Arbeitskraft, zumindest in Zeiten der Prosperität, wenn die Gewerkschaften erhöhte Chancen haben, Forderungen durchzusetzen. Während langdauernder

Depressionsphasen veringert sich diese Möglichkeit und wird deshalb Sozialstaatlichkeit eingeschränkt. Sie ist also eine abhängige Variable nicht nur der Stellung eines Landes auf dem Weltmarkt, sondern auch der Hauptkontrahenten auf dem nationalen Arbeitsmarkt. Bislang wurde der sozialstaatliche Kompromiß zentral durch Unternehmer und Gewerkschaften mitkonstituiert. Die Tatsache, daß einige Gruppen in ein sozialpolitisches Bargaining wenig oder keine Kampfkraft einbringen können, hat in der Bundesrepublik seit den siebziger Jahren zu zwei verschiedenartigen Reaktionen geführt.

Erstens: die CDU proklamierte die »neue soziale Frage«. Menschen, die ihrer Meinung nach bislang von der Sozialstaatlichkeit ausgeklammert gewesen seien oder an ihr nur ungenügenden Anteil gehabt hätten — als Beispiel wurden u.a. kinderreiche Familien genannt —, müßten nun mehr berücksichtigt werden. Dabei wurden zwei divergierende Orientierungen sichtbar. Während der stärker an der katholischen Soziallehre orientierte Flügel (als sein Exponent kann Heiner Geißler gelten) eine Erhöhung staatlicher Leistungen für unvermeidlich hielt, mußte nach Auffassung der Marktradikalen in der Union (Biedenkopf) die Besserstellung von Schichten und Gruppen, die trotz ihrer ökonomischen Schwäche außerhalb des sozialstaatlichen Kompromisses geblieben oder randständig gewesen seien, aufkommensneutral erfolgen. In beiden Fällen sollte das Subsidiaritätsprinzip mehr zum Tragen kommen. Eine sozialpolitische Selbstorganisation der Betroffenen war jeweils nicht oder kaum mitgedacht, so daß diese letztes Endes Objekte der Maßnahmen des Staates oder von »freien Trägern« blieben. Sie haben somit kaum Emanzipationsmöglichkeiten über die »Versorgung« und »Betreuung« hinaus. Diese sind nicht identisch mit der vor allem in der Arbeiterbewegung vertretenen Vorstellung vom Sozialstaat als eines Mittels fortschreitender Selbstbefreiung vorher in Unmündigkeit gehaltener Menschen in der Perspektive einer besseren Gesellschaft.

Ebenfalls während der siebziger Jahre versuchten die »Neuen Sozialen Bewegungen« eine Artikulation derjenigen Interessen, die bislang im sozialstaatlichen Kompomiß zumindest als aktiv tragende Elemente nicht vorgesehen waren. Hierher gehört die »stellvertretende« Wahrnehmung des Naturschutzes, mehrheitlich zugleich verstanden als Verteidigung der Lebensgrundlagen des Menschen. Die Umwelt, so hieß es, habe keine Lobby und solle jetzt eine erhalten. Sicherung des Friedens hatte im innenpolitischen Konstrukt des sozialstaatlichen Kompromisses keinen Ort und schien durch die klassischen Militärbündnisse und die Diplomatie eher gefährdet als gewahrt. Deshalb entwickelte sich die »neue Friedensbewegung« jenseits dieser Institutionalisierungen. Zugleich entstanden Bewegungen von Menschengruppen, die sich aus Diskriminierung zu befreien suchten, welche durch den bis dahin erreichten sozialstaatlichen Kompromiß nicht beseitigt worden war. Hierzu gehörten sexuelle Minderheiten und Behinderte, auch Alte. Am wirksamsten handelte die feministisch inspirierte Frauenbewegung.

Zwischen den ökologischen und den friedensorientierten Elementen der »Neuen Sozialen Bewegungen« einerseits und der Interessenvertretung von Minderheiten und anderen Unterprivilegierten andererseits muß aufgrund ihrer verschiedenartigen Artikulationsweisen und Ziele unterschieden werden. Rettung der Umwelt und des Friedens werden häufig als »Gattungsprobleme« angesprochen, zu deren Lösung ein hohes Maß an personen-, klassen- und staatsübergreifender Systematisierung nötig ist. Die Frauenbewegung sowie die Bewegungen von diskriminierten sexuellen Minderheiten stellen zwar kollektive Interessenvertretungen dar, ihr zentrales Postulat ist aber die freie Entfaltung der je einzigartigen Person.

Beides, die systematisierte Inangriffnahme von Gattungsproblemen und die massenhafte Selbstentfaltung von Individualität, greift über die bisher gefundenen Formen des Sozialstaats weit hinaus. Es ist zweifelhaft, ob durch dessen Erweiterung und Umbau die Forderungen, die hier erhoben werden, tatsächlich zu realisieren sind. In der Praxis allerdings ist gegenwärtig deren kompromißhafte Einfügung beobachtbar: einerseits kommunale Unterstützung »autonomer« Projekte, andererseits Anlehnung an »freie Träger« oder Modellierung nach deren Vorbild, bis hin zum Ausweichen auf das Subsidiärsystem Familie in an der »neuen Mütterlichkeit« orientierten Minderheiten der Frauenbewegung. So findet eine pragmatische, wenngleich nicht theoretisch-prinzipielle Anlehnung entweder an Institutionen des klassischen Sozialstaats oder an noch älteren Strukturen, die in der »Neuen Sozialen Frage« wieder mehr betont wurden, statt. Die Vertretungsmacht der bislang im sozialpolitischen Bargaining wenig berücksichtigten Gruppen bleibt gering, da sie sich nicht auf kollektive Stärke am Arbeitsmarkt stützen können. Ihre Chancen erhöhen sich dagegen dadurch, daß sie an den politischen Strukturen und Informationssystemen teilhaben, die seit den siebziger Jahren durch ökologisch, sozial und radikaldemokratisch orientierte, mit meist hohen formalen Qualifikationen ausgestattete Teile der Mittelschichten aufgebaut wurden. Parlamentarisch-administrative Erfolge, durchgesetzt von der Partei der Grünen (sozialpolitisch vorerst besonders wichtig in Kommunen und Ländern), können die sozialökonomische Schwäche dieser von ihnen mitvertretenen Gruppen, die so Möglichkeiten selbstbewußter Interessenvertretung erhalten, zwar nicht kompensieren, aber doch bisherige Benachteiligungen mindern sowie zur Ausbildung von Artikulationschancen beitragen. Von den drei für den sozialstaatlichen Kompromiß wichtigen Faktoren Kapital, Gewerkschaften, Staat ist ihnen nur der letzte zugänglich, wobei ihnen hier nur (und allenfalls) eine korrigierende und marginale Funktion verbleibt. Eine Überschreitung der durch den (Arbeits-) Markt gesetzten Grenzen scheint prinzipiell ausgeschlossen, es sei denn, man veranschlagt die größeren Ressourcen, die durch die internationale Stärke eines dominanten kapitalistischen Landes zur Verfügung stehen. Dadurch werden die Spielräume auch für sogenannte »Randgruppen«, soweit diese dem Staatsvolk angehören, größer. Doch auch dann muß daran festgehalten werden, daß der Markt — in diesem Fall: der Weltmarkt — die Partizipationsmöglichkeiten definiert.

4. Die beiden entscheidenden sozialen Protagonisten innerhalb des sozialstaatlichen Kompromisses — Kapitalistenklasse und die Lohnabhängigen — sind nicht gleich stark. Interessenvertretung durch Gewerkschaften und Arbeiterparteien ist auf das Staatsgebiet beschränkt. Dies gilt sowohl für Streiks wie für die Steuer- und Sozialgesetzgebung. Ihre Effektivität wird umso größer, je stärker die Außenposition eines Landes ist. Hier liegt ein wichtiger Grund für den innerhalb der Arbeiterklasse zuweilen lautstarken Nationalismus, der überdies von der Kapitalistenklasse immer wieder für ihre eigenen Interessen mobilisiert und instrumentalisiert wird. Im gesellschaftspolitischen Konfliktfall aber vermag das Kapital etwa durch Ausweichen auf die internationalen Finanzmärkte die nationale Grenze zu überschreiten, die Arbeiterklasse als ganze jedoch nicht. Massenhafte Arbeitsemigration ist kein Gegenbeispiel. Sie erfolgt nicht als Reaktion auf Übermacht der Unternehmer bei einer aktuellen oder langdauernden Konfrontation, sondern auf Arbeitslosigkeit. In den hochentwickelten kapitalistischen Ländern aber scheidet sie als Möglichkeit völlig aus. Es gibt kein Land, in dem die Chancen für die Lohnabhängigen nicht noch schlechter wären. Das unübersehbare Kräfteungleichgewicht auch innerhalb des sozialstaatlichen Kompromisses erklärt die Neigung zur Sozialpartnerschaft bei vielen Gewerkschaften und in deren Massenbasis. Selbst in Boom-Perioden, wenn die Nachfrage nach Arbeitskräften hoch ist, wird diese Mentalität kaum in Frage gestellt, da die dann häufig von den Unternehmern gemachten Zugeständnisse die unmittelbare Konfrontation meist entbehrlich machen. (Ein deutliches Beispiel hierfür ist die Bundesrepublik zwischen dem Streik in der Metallindustrie von Schleswig-Holstein 1956/57 um Lohnfortzahlung im Krankheitsfall und dem Streik in der Metallindustrie von Nordwürttemberg/Nordbaden 1963, ja bis zur Rezession 1966/67.)

6.3. »Kommunikatives Handeln«

Sowohl in seinem Werk »Theorie des kommunikativen Handelns«[29] als auch in seinen explizit politischen Schriften hat

Jürgen Habermas auf die Möglichkeit und Notwendigkeit einer Form nichtkapitalistischer Vergesellschaftung hingewiesen, die den sozialstaatlichen Kompromiß einschließt, aber zugleich darüber hinausreicht. Die Negation ökonomistischer Zusammenbruchs- und marxistischer Revolutionstheorien ist dabei vorausgesetzt und gehört zur der von Habermas weitergetriebenen Tradition der »Frankfurter Schule«.

Der Begründer des Frankfurter Instituts für Sozialforschung, der Austromarxist Carl Grünberg, hatte 1925 für statistische und ökonomische Arbeiten seinen Schüler Henryk Grossmann herangezogen. Dessen Werk »Das Akkumulations- und Zusammenbruchsgesetz des kapitalistischen Systems« entstand in dieser Zeit. Nach Grünbergs Ausscheiden und seiner Ersetzung durch Max Horkheimer wurde Friedrich Pollock gleichsam der »Ökonom« des Instituts und trat in dieser Eigenschaft an die Stelle Grossmanns. In schroffer Wendung gegen Grossmanns Zusammenbruchstheorie bejahte er die Möglichkeit staatsinterventionistischer Stabilisierung.[30] Allerdings verband er diese nicht mit einer Prognose zunehmender Emanzipation, im Gegenteil. Adornos und Horkheimers Analyse der »verwalteten Welt«, jetzt allerdings nicht mehr auf ökonomische, sondern auf kulturtheoretische Reflexionen gestützt, hat in der durch Pollock vorgenommenen Wende ihren Ursprung. Habermas' Habilitationsschrift »Strukturwandel der Öffentlichkeit« (1962) gehört in diese Tradition. Die Mediatisierung eines normativ gesetzten herrschaftsfreien Diskurses im modernen Kapitalismus ist sein Thema. Sein späteres Werk versucht die Möglichkeit der Herstellung von Öffentlichkeit als Ort freier Kommunikation zu erforschen. Der immer wieder konstatierten »Kolonialisierung« von »Lebenswelt« durch das »System« stellt er die Humanisierung dieses Systems durch die emanzipierte Begegnung einander akzeptierender freier Subjekte entgegen. Er läßt keinen Zweifel daran, daß seiner Meinung nach in der Bundesrepublik auf diesem Wege Fortschritte gemacht worden seien. Zu den »Kommunikationsbedingungen«, unter denen sich »ein berechtigtes Vertrauen in die Institutionen der vernünftigen Selbstorganisation einer Gesellschaft freier und gleicher Bürger herstellen kann«,[31] gehört nicht mehr unabdingbar die Aufhebung des Privateigentums an den wichtigsten Produktionsmitteln, wohl aber der »Politikmodus einer von außen ansetzenden indirekten Einflußnahme auf die Mechanismen der Selbststeuerung eines Systems, dessen Eigensinn nicht durch direkten Zugriff gebrochen werden darf. Darüber hat der Streit um Eigentumsformen seine dogmatische Bedeutung verloren.«[32] Habermas' Vorschlag orientiert sich an der Norm einer Durchdringung des Kapitalismus mit nichtkapitalistischen Vergesellschaftungsformen:

»Moderne Gesellschaften befriedigen ihren Bedarf an Steuerungsleistungen aus drei Ressourcen: Geld, Macht und Solidarität. Ein radikaler Reformismus ist nicht mehr an konkreten Schlüsselforderungen zu erkennen, sondern an der auf Verfahren gerichteten Intention, eine neue Gewaltenteilung zu fördern: die sozialintegrative Gewalt der Solidarität soll sich über weit ausgefächerte demokratische Öffentlichkeiten und Institutionen gegen die beiden anderen Gewalten, Geld und administrative Macht, behaupten können. Das 'Sozialistische' daran ist die Erwartung, daß sich die anspruchsvollen Strukturen gegenseitiger Anerkennung, die wir aus konkreten Lebensverhältnissen kennen, über die Kommunikationsvoraussetzungen inklusive Meinungs- und demokratischer Willensbildungsprozesse auf die rechtlich und administrativ vermittelten sozialen Beziehungen übertragen.«[33]

Ohne Zweifel handelt es sich hier in erster Linie um eine Norm. Doch sind in ihr Kritik und Affirmation unauflöslich verbunden. Die »moderne Gesellschaft« *bedarf* laut Habermas nicht nur der Solidarität, sie *hat* diese in den kapitalistischen Zentren auch bereits in dem Maße, das dort deren Funktionieren gewährleistet. Dabei sind administrative Macht und Markt ebenso unabdingbare Faktoren. Habermas' Norm hat einen gesamtgesellschaftlichen Anspruch, zumindest in ihrer abstraktesten Formulierung ist sie auch global definierbar, müßte also die bislang in Unterentwicklung gehaltenen Länder einschließen. Unverkennbar ist aber auch, daß der soziale Träger seiner Reformstrategie auf diejenigen Schichten in den Metropolen beschränkt ist, die an »Macht« und »Geld« so weit beteiligt sind, daß sie artikulationsfähig werden: »Die Marginalisierten und Unterprivilegierten haben allenfalls die Stimme von Protestwählern, um ihre Interessen zur Geltung zu bringen — wenn sie nicht resignieren und ihre Belastungen selbstdestruktiv mit Krankheiten, Kriminalität oder blinden Revolten verarbeiten. Ohne die Stimme der Majorität von Bürgern, die sich fragen und fragen lassen, ob sie denn in einer segmentierten Gesellschaft leben wollen, wo sie die Augen vor Obdachlosen und Bettlern, vor gettoisierten Stadtvierteln und verwahrlosten Regionen verschließen müssen, fehlt einem solchen Problem die Schubkraft, sei's auch nur für eine breitenwirksame öffentliche Thematisierung.«[34]

Hier werden die gebildeten Mittelklassen des altkapitalistischen Europa und Nordamerikas zum Riesen Atlas, der eine ganze künftige Weltordnung balanciert. Es handelt sich um eine Stellvertreterpolitik, bei deren Formulierung ganz offensichtlich nicht die Frage reflektiert wurde, ob dieselben Eigenschaften, welche die »Majorität von Bürgern« für ihre Aufgabe prädestinieren — zumindest Einfluß-Kontakt zu den »Ressourcen« Macht und Geld, darüber hinaus aber Sensibilität für die Leiden der Benachteiligten — nicht jene Disproportionen zur Voraussetzung haben, die sie, um glaubwürdig zu werden, beseitigen müßten.

6.4. »Zivilgesellschaft«[35]

Es handelt sich hierbei um eine Begriffsvermengung, in der ein zunächst kritischer Begriff schließlich affirmativ verwendet wird.

Antonio Gramsci hatte die »società civile« als den Ort ausgemacht, durch den die kapitalistischen Ordnungen des Westens (»Westen« hier noch nicht im Sinne des Kalten Krieges, sondern synonym für die Länder des alten, hochentwickelten Kapitalismus) sich von Rußland unterschieden. Die Eroberung des Staates durch eine revolutionäre Bewegung reiche nicht aus, wenn diese nicht zuvor in langjährigem »Stellungskrieg« sich in dieser verankert und ihre Hegemonie errichtet habe.[36] Die »Zivilgesellschaft« war zwar rein begrifflich ein Neutrum, aber historisch-konkret war sie konterrevolutionär, solange in ihrem Alltag die kapitalistischen Normen gültig blieben und sich ständig reproduzierten.

Die Gramsci-Interpretation des Eurokommunismus und des »westlichen Marxismus« erfolgte nach dem Faschismus und in der Schlußphase des Kalten Krieges, und sie war nicht unbeeindruckt von der Totalitarismustheorie, in der die Durchdringung der Gesellschaft duch den »totalen Staat« und seine direkten und indirekten Organe (Geheimpolizei, Einheitspartei) als zentrales Faktum gesehen wurde. Auf der Linken wurde die Trennung von Staat und Gesellschaft zu einem wichtigen Indiz für eine tatsächliche Entstalinisierung. Der Staat könne damit zum Rechtsstaat werden, die Gesellschaft zum Ort der freien Entfaltung und Kommunikation von Individuen und Gruppen. »Die Entdeckung der Zivilgesellschaft«[37] — so überschreibt Wolfgang Fritz Haug den vierten Teil seines Buches über Gorbatschow. Zustimmend zitiert er Monty Johnstone: »Die Entwicklung der Sowjet- Demokratie heute ist verbunden mit der 'società civile' im Gramscischen Sinn.«[38]

Hier ist die Rede von einer nachrevolutionären Gesellschaft, die ihre sozialistischen Möglichkeiten erst entfalten könne, wenn ihre umfassende Beherrschung durch den Staat aufhöre. In diesem Sinne mag der Begriff »Zivilgesellschaft« tatsächlich mehr als etwas nur Neutrales oder eher Konservatives bezeichnen. Die tatsächliche Entwicklung der Sowjetunion unter Gorbatschow ging allerdings in eine andere Richtung. In der »società civile« bereitete sich nicht der Übergang zu einer höheren Qualität des Sozialismus vor, sondern zum Kapitalismus. Die Handlungen des Staates sind dann nur noch eine Reaktion hierauf (und auf die Niederlage im Kalten Krieg).

Bei der Anwendung auf die Verhältnisse im Westen wird der Begriff »Zivilgesellschaft« zuweilen in das Gegenteil dessen verkehrt, was er bei Gramsci ursprünglich bedeutete. Er bezeichnet dann nicht einen Komplex von Verhältnissen, die verändert werden müssen, bevor eine neue Gesellschaft errichtet werden könne, sondern die »società civile« selbst erscheint als ein Modus nichtkapitalistischer Vergesellschaftung. Joachim Hirsch sieht die Aufgabe, einerseits den »Sicherheitsstaat« zurückzudrängen, andererseits sozialstaatliche Strukturen auszubauen. Im letzteren Sinne könne auf »Durchstaatlichung« nicht verzichtet werden. Hirsch fährt fort:

»Zur Debatte stehen allerdings die *Formen*, in denen dies bewerkstelligt wird.

Stärkung der 'zivilen Gesellschaft', institutionelle Demokratisierung und *Dezentralisierung* sind die Stichpunkte, unter denen dies diskutiert werden muß. Die Wiederbelebung, Kräftigung und Politisierung dessen, was Gramsci 'società civile' genannt hat, ist die unverzichtbare Grundlage eines derartigen Prozesses.«[39]

Nun ist die »Zivilgesellschaft« bei Gramsci im entwickelten Kapitalismus nichts, was erst »gestärkt«, »wiederbelebt« und »gekräftigt« werden muß. Sie ist durchaus vital. Zuweilen ist sie auch enorm »politisiert«, meist allerdings in einem affirmativen Sinne.

Durchaus legitim dagegen ist das Bekenntnis liberaler Intellektueller mit libertärer Konfession zur »Zivilgesellschaft«, wenn sie zu bedenken geben, daß ein Zuviel an Staat ihnen den Spaß an den Wonnen des Imperialismus verderben könnte.[40]

Repräsentative Demokratie, sozialstaatlicher Kompromiß und »kommunikatives Handeln« stellen zweifellos nichtkapitalistische Vergesellschaftungsformen schon im Kapitalismus dar. Von der »Zivilgesellschaft« gilt dies nicht. Sie ist die allgemeine, alltägliche und kulturelle Sphäre, in die das Kapitalverhältnis eingebettet ist und in der es sich reproduziert, allerdings auch ein potentieller Ort der umfassenderen Auseinandersetzung über das im engeren Sinne Politische und Ökonomische hinaus.

Affirmativer Bezug auf die »Zivilgesellschaft« sollte korrekterweise nicht auf Antonio Gramsci zurückgeführt werden, sondern auf John Locke (1632-1704). In seinen »Two Treatises of Government« definiert er die »civil society« als den Ort, an dem die freien Bürger, deren Eigentum durch ihre Arbeit legitimiert ist, ihre Interessen wahrnehmen, zugleich als die Gegenposition zur angemaßten Allgewalt des Despoten[41]. Marx hatte auf Abhängigkeitsverhältnisse und Klassenkonflikte innerhalb dieser bürgerlichen Gesellschaft — um nichts anderes handelt es sich, wenn wir von »civil society« oder »società civile« sprechen — hingewiesen. Sie war damit als eine Herrschaftsordnung definiert, deren Aufhebung Gramsci für notwendig hielt. In seinem Sinne kann »Zivilgesellschaft« nicht das Ziel emanzipatorischer Praxis sein, allerdings wohl eine nicht überspringbare Etappe. Sie kann einer Revolution zwar hemmend im Wege stehen, ihre vorhergehende Existenz und Umgestaltung ist aber zugleich Voraussetzung für die Stabilität der sozialistischen Ordnung. Das emphatische Reden von den »freien Bürgern« bei radikaldemokratischen Theoretikern in der Bundesrepublik wird sich — falls es überhaupt eines Patrons bedürfte — nicht auf Gramsci, sondern auf John Locke berufen können.

6.5. Für klare Unterscheidung

Die real bestehenden nichtkapitalistischen Vergesellschaftungsformen sind keine Voraussetzungen einer aktuell absehbaren Überwindung des Kapitalismus. Das demokratische Repräsentativsystem zumal mag zwar — dort allerdings wohl plebiszitär gewendet — als eine Politikform einer nachkapitalistischen Ordnung denkbar sein. Solange die auf dem Privateigentum beruhende Produktionsweise ökonomisch unerschüttert ist, trägt auch die Demokratie lediglich zusätzlich zu ihrer Festigung bei, genauer: sie reproduziert ein Herrschaftsverhältnis, das durch sie unter solchen Verhältnissen nicht in Frage gestellt werden kann.

Auf dem Weltmarkt, der die innenpolitischen Zustände zunehmend bestimmt, aber gibt es derzeit keine nichtkapitalistische Vergesellschaftung. Soweit dort Regulierungen etwa über den Internationalen Währungsfonds und durch die Weltbank stattfinden, sind sie Ausdruck ökonomischer Herrschaft der reicheren altkapitalistischen Staaten über die weniger entwickelten Gesellschaften sowie über die meisten derjenigen Länder, in denen ein Versuch zur Verwirklichung des Sozialismus unternommen wurde.

Von einem »vierten Versuch« in Permanenz, etwa im Sinne des demokratischen Sozialismus, kann also nicht die Rede sein. Aber auch die kapitalistischen Vergesellschaftungsformen im Feudalismus waren ja nicht ein Kontinuum, dessen Anreicherung gleichsam automatisch zur neuen Produktionsweise führte. Städte, Handels- und Agrarkapital, Manufaktur, Entstehung eines Weltmarktes: ihre Summe ergab noch nicht den Kapitalismus, sondern die Industrielle Revolution mußte hinzukommen. Umgekehrt konnte sie stattfinden aufgrund dieser Voraussetzungen, die sie in einem bestimmten historischen Moment aus sich hervorgetrieben haben. Ohne einen solchen qualitativen Sprung ist die Entstehung einer neuen Produktionsweise nicht denkbar. Hierfür kann (und muß) auch am Revolutionsbegriff festgehalten werden. Solange dieser Sprung nicht stattgefunden hat, empfiehlt es sich, eine strikte Trennungslinie zwischen den bisherigen Formen nichtkapitalistischer Vergesellschaftung und einer etwaigen künftigen nichtkapitalistischen Gesellschaft zu ziehen.

VI. Organisationen zwecks Abschaffung des Kapitalismus

Unter diesem saloppen Namen werden im folgenden Parteien und Bewegungen behandelt, die auf den jeweiligen Stufen kapitalistischer Entwicklung sich die Überwindung dieser Produktionsweise zum Ziel gesetzt hatten. Ihre Ideologie, Organisations- und Kampfweise war dabei immer durch das Stadium geprägt und auch begrenzt, das sie hervorgebracht hatte. Im wesentlichen handelt es sich dabei um kommunistische Parteien und Bünde. Ihre Wandlungen folgen — mit einer wichtigen Abweichung Mitte der zwanziger Jahre — den Perioden kapitalistischer Entwicklung.

1. Propagandagesellschaften während der Industriellen Revolution

Während der Industriellen Revolution waren die kommunistischen Organisationen Propagandagesellschaften, die eine neue, den gerade sich durchsetzenden Kapitalismus ablösende Produktionsweise aus den Bedingungen ihrer Leiden und Hoffnungen zunächst intellektuell konstruierten, Anhänger für dieses Ziel warben und dieses dann entweder aktuell in gemeinwirtschaftlichen Genossenschaften umsetzen oder im Bewußtsein der Gruppenmitglieder als Endpunkt ihrer Bestrebungen lebendig halten wollten. Das war der Inhalt des »utopischen Kommunismus«, der unter im Ausland wandernden oder dorthin emigrierten deutschen Handarbeitern während der vierziger Jahre des 19. Jahrhunderts vor allem im »Bund der Gerechten« organisatorisch verkörpert war. Daß hier ausgearbeitete Zukunftsvorstellungen eine große Rolle spielten, mögen schon die Titel von Büchern des utopischen Kommunisten Wilhelm Weitling belegen: »Die Menschheit, wie sie ist und wie sie sein soll« und »Garantien der Harmonie und der Freiheit«.

Solche utopisch-kommunistischen Vorstellungen sind im ersten Land der Industriellen Revolution, England, offensichtlich erst zu deren Ende hin stärker aufgetreten, in anderen, die diese Umwälzung später vollzogen, dagegen von Anfang an bzw. sogar schon vorher, z.B. in Frankreich in den neunziger Jahren des 18. Jahrhunderts. Die Forderung nach der Beibehaltung von Formen des Gemeineigentums und der Gemeinnutzung (Allmende, die »Gemeinfreiheiten« und »Gemeinheiten«) gehörte im übrigen schon zum Protest von Bauern gegen das erneute Vordringen des Feudalismus in Deutschland während des 15. und 16. Jahrhunderts. Auch der »Bund der Kommunisten«, für den Marx und Engels Anfang 1847/48 das Kommunistische Manifest verfaßten, blieb eine Propagandagesellschaft. Allerdings sollte jetzt eine künftige Gesellschaft nicht mehr a priori konstruiert, sondern aus den Bedingungen der kapitalistischen Entwicklung selbst theoretisch hergeleitet und unter diesen in einem langen historischen Prozeß erkämpft werden. Marx verhängte über die kommunistische Bewegung, soweit sie von ihm beeinflußt war, ein Bilderverbot, das erst durch den Stalinismus wieder aufgehoben wurde. Eine im voraus konstruierte Vorstellung von der künftigen kommunistischen Gesellschaft war nicht möglich. Die Prognose des »Manifestes der Kommunistischen Partei«, an die Stelle der alten bürgerlichen Gesellschaft trete eine »Assoziation, worin die freie Entwicklung eines jeden die Bedingung für die freie Entwicklung aller ist«[1], bildet eine nachgerade üppige Ausnahme. Sie ist im Grunde nicht mehr als die in einen Satz umformulierte Parole »Freiheit, Gleichheit, Brüderlichkeit« der Französischen Revolution, in der allerdings der dritte Begriff (Brüderlichkeit) bei Marx hervorgehoben ist. In seiner frühen Schrift »Zur Judenfrage« hat dieser durch die Analyse des Artikels 6 der Konstitution von 1793 festgestellt, dort sei Freiheit »das Recht, alles zu tun und zu treiben, was keinem andern schadet. Die Grenze, in welcher sich jeder dem andern *unschädlich* bewegen kann, ist durch das Gesetz bestimmt, wie die Grenze zweier Felder durch den Zaunpfahl bestimmt ist. Es handelt sich um die Freiheit des Menschen als isolierter auf sich zurückgezogener Monade.«[2] Auf demselben Prinzip beruhe der Grundsatz der Gleichheit (hier bezieht er sich auf die Konstitution von 1795[3]). Beide Begrenzungen — die, laut Marx, aber zum Wesen bürgerlicher Freiheit und Gleichheit gehören — würden durch eine dritte Maxime gewährleistet, die entscheidende: die »Sicherheit«[4]. Diese beseitigt die Brüderlichkeit, die im Kommunistischen Manifest wieder als zentrale Forderung eingesetzt und jetzt allerdings ansatzweise materialistisch begründet wird: die freie Entwicklung des einzelnen ist gleichsam eine Produktivkraft, welche die Gesellschaft als ganze zur Entfaltung bringen werde. Den armen Mitgliedern des ehemaligen (nun in den »Bund der Kommunisten« transformierten) »Bundes der Gerechten«, denen durch Marx ihre Bilder genommen wurden, mag dieser schwungvolle Satz von der Assoziation ein besonderer Trost gewesen sein. Er ist allerdings mit ihren bisherigen utopisch-kommunistischen Vorstellungen eher vereinbar gewesen als der Historische Materialismus, der das Neue am »Manifest der Kommunistischen Partei« darstellte. Die Vision von der Assoziation, in der die freie Entwicklung der Individuen die Voraussetzung für die freie Entwicklung aller sein werde, hätte auch von Anarchisten stammen können (allerdings schon nicht mehr der knappe Hinweis auf die durch das Proletariat zu errichtende »politische Herrschaft«[5]). Reißt man sie aus dem Zusammenhang, ist sie sogar durch Liberale fehlinterpretierbar.

»Stellen wir uns endlich, zur Abwechslung, einen Verein freier Menschen vor, die mit gemeinschaftlichen Produktionsmitteln arbeiten und ihre vielen individuellen Arbeitskräfte selbstbewußt als eine gesellschaftliche Arbeitskraft verausgaben.«[6] Diese Definition findet sich im sogenannten Fetisch-Kapitel des ersten Bandes des »Kapital«. Marx beschreibt in den darauffolgenden Zeilen die Funktion der Messung von Arbeitszeit zur Regelung der »gesellschaftlichen Beziehungen der Menschen zu ihren Arbeiten und ihren Arbeitsprodukten«.[7] Hier handelt es sich aber nicht um eine — gar umfassende — Beschreibung einer künftigen kommunistischen Gesellschaft, sondern lediglich um einen Beitrag zur Kritik des Warenfetischs. Die gleiche Funktion haben in diesem Kapitel die Darstellung der Einteilung von Arbeitszeit bei Robinson[8], im Mittelalter[9] und in einer zeitgenössischen Bauernfamilie[10]. Dort gibt es überall keine Wertfeststellung auf dem Markt. Der »Verein freier Menschen« ist hier also kein Zukunftsgemälde, sondern eine kritische Kategorie.

Dasselbe gilt für die Passagen der »Randglossen zum Programm der deutschen Arbeiterpartei« (1875), in denen Marx sich auf eine relativ ausführliche Betrachtung der politischen und der Verteilungsverhältnisse in einer kommunistischen Gesellschaft einläßt. Hier handelt es sich ebenfalls nicht um einen eigenen Zukunftsentwurf, sondern, im Gegenteil, um die Kritik von Elementen des utopischen Kommunismus, die, vermittelt gerade durch die Lassalleanische Traditionslinie, in das »Gothaer Programm« der »Sozialistischen Arbeiterpartei Deutschlands« gelangt waren.

So war dort die Forderung nach »gerechter Verteilung des Arbeitsertrages«[11] gestellt worden. Der abstrakte Begriff der »Gerechtigkeit« war typisch für den utopischen Kommunismus gewesen, er konnte, worauf Marx hinwies[12], in der allgemeinen Fassung, die er im Gothaer Programm bekam, im übrigen auch von bürgerlichen Ökonomen verwandt werden. In der Kritik daran macht Marx eine Rechnung über die Abzüge auf, die vor einer individuellen Verteilung des »Arbeitsertrags« vorgenommen werden müssen, und unterscheidet die beiden Stadien der »genossenschaftlichen, auf Gemeingut an den Produktionsmitteln gegründeten Gesellschaft«,[13] die er als eine »kommunistische Gesellschaft«[14] bezeichnet. Als Maxime für deren Ökonomie geht dabei lediglich die unmittelbare, nicht marktvermittelte Berechnung der individuellen Arbeiten »als Bestandteile der Gesamtarbeit«[15] über die Polemik gegen das Gothaer Programm hinaus, ist aber im Vergleich zu der entsprechenden Passage im »Fetisch-Kapitel« des »Kapital« nichts Neues.

Marx' Ausführungen zur »Diktatur des Proletariats« — ebenfalls in den »Randglossen«[16] — stellen eine Kritik an der Forderung nach dem »freien Staat«[17] dar. Sie enthalten keinerlei Ausführungen darüber, wie diese Diktatur auszugestalten sei. Selbst wenn Ausführungen von Marx und Engels zur Pariser Commune ergänzend herangezogen werden, entsteht daraus noch keine positive »Staatstheorie«, sondern lediglich eine jeweils konkrete Anwendung der allgemeineren historisch-materialistischen Aussage, daß in jeder Klassengesellschaft die politische Herrschaft der dominierenden Klasse in letzter Instanz die soziale Funktion einer Diktatur habe, wobei das Substantiv »Diktatur« selbst aus der älteren, vormarxistischen Revolutionsterminologie genommen ist. 1850, in seiner Schrift »Die Klassenkämpfe in Frankreich 1848 bis 1850«, bezog er sich dabei auf Blanqui.[18]

In seiner Terminologie für die künftige Ordnung war Marx außerordentlich vorsichtig. Er vermied in der Regel einen einzigen Begriff, sondern brachte eher knappe Funktionsbestimmungen, welche die Art der Produktion und Distribution betrafen und hier jeweils Negationen von Merkmalen der kapitalistischen Produktionsweise oder von irrigen Auffassungen über eine nachkapitalistische Formation bezeichneten. Der Ausdruck «kommunistische Gesellschaft« in den »Randglossen zum Programm der deutschen Arbeiterpartei« ist eine Ausnahme und wurde ganz offensichtlich ohne viel Federlesen dem zeitgenössischen Sprachschatz des utopischen Kommunismus, aber auch der bereits darüber entstehenden wissenschaftlichen Literatur entnommen. Vor allem aber meidet Marx den Terminus »Sozialismus« als Bezeichnung einer Gesellschaftsformation. Er behält ihn der Charakterisierung von Doktrinen vor, die er häufig eher negativ beurteilt, z.B. in dem Abschnitt »Sozialistische und kommunistische Literatur« im »Manifest der Kommunistischen Partei«. Eine positive Wertung — soweit damit der eigene »wissenschaftliche Sozialismus« gemeint ist — enthält der Titel von Engels' Schrift »Die Entwicklung des Sozialismus von der Utopie zur Wissenschaft«, aber auch in ihm wird »Sozialismus« als Lehre, nicht als Gesellschaftsformation oder Produktionsweise begriffen.

Soweit Marx Andeutungen über seine Vorstellungen für eine nachkapitalistische Ordnung machte, sind diese aus der Kritik an der kapitalistischen Gesellschaft entstanden, und ihre Funktion beschränkt sich darauf. Diese Entgegensetzung von jetzigem und einem erstrebten künftigen Gesellschaftszustand gab es im utopischen Kommunismus allerdings auch. Wenn bei Marx die Ausmalung der kommunistischen Zustände ebenso unterblieb wie das aktuelle Experimentieren mit Genossenschaften, dann deshalb, weil an die Stelle des Endzustandes der historische Prozeß trat. Er war die reale Kritik am Kapitalismus, die aber zugleich durch diesen hindurchgehen und die politischen Instrumente berücksichtigen mußte, welche die auf dem Privateigentum und der Industrie beruhende Gesellschaft selbst hervorbrachte bzw. weiterentwickelte oder ermöglichte. Dazu gehörten der moderne Staat, dessen Exekutive — wie z.B. in der Schrift »Der achtzehnte Brumaire des Louis Bonaparte«[19] ausgeführt — dem späten Feudalismus entstamme, vom Kapitalismus aber übernommen und seinen Zwecken dienstbar gemacht worden sei. In der Auseinandersetzung mit diesem Apparat müsse das Proletariat seine eigene politische Organisation entwickeln, die Marx — im Unterschied zu den Gewerkschaften, die er aus dem Ausbeutungsverhältnis in der Produktion ableitete — in seinen theoretischen Werken (anders als in seiner unmittelbar praktischen, sich bis auf Satzungsfragen erstreckenden Tätigkeit für den »Bund der Kommunisten« und die »Internationale Arbeiter-Assoziation«) als »Partei« ebenfalls mehr andeutete als konkret beschrieb. Dieser Bezug auf den instrumentellen Charakter von Politik unterschied ihn von der Staats- und Organisationsnegation des Anarchismus, jener zweiten großen Bestrebung zur Beseitigung des Kapitalismus. Dessen Kritik ist — beginnend mit Bakunin, weitergeführt in den Auseinandersetzungen der spanischen Republik der dreißiger Jahre und noch einmal, zum Beispiel, deutlich in konzeptionellen Gegensätzen innerhalb der Studentenbewegung der

BRD 1965-1969 — immer wieder auch ein Gegenpart nicht nur der jeweiligen kapitalistischen Verhältnisse, sondern auch der von ihm als »diktatorisch« kritisierten Konzeption und Praxis des Marxismus gewesen. (Auf dem Feld der Politischen Ökonomie begann der Konflikt schon mit Proudhon.) Der Anarchismus hatte mit dem Marxismus allerdings neben der antikapitalistischen Orientierung ein zweites Moment gemeinsam: das Ziel einer staatslosen Ordnung. Die Differenz bestand in der Einschätzung der spezifisch politischen Mittel auf dem Weg dorthin.

Beide, der »wissenschaftliche Sozialismus« und der Anarchismus, grenzten sich von einer weiteren Richtung ab, die während der industriellen Revolution noch keine eigenständige, selbstbewußt auftretende Bewegung war, aber als Haltung bei der Beschreibung der französischen Ereignisse 1848 bis 1850 und auch der deutschen Revolution (etwa in der von Stephan Born geführten »Arbeiterverbrüderung«) von Marx und Engels schon charakterisiert wurde: dem Reformismus. Er beschränkte sich auf den Kampf um Verbesserung der Lage der Lohnarbeiterinnen und Lohnarbeiter unter den Bedingungen des Kapitalismus, ohne diesen grundsätzlich in Frage zu stellen. Auch hier spielten genossenschaftliche Experimente — wie etwa die »Nationalwerkstätten«, die in Frankreich während der Revolution 1848 ff. (zum Teil unter dem Einfluß von Louis Blanc) entstanden waren und staatlich gefördert wurden — eine große Rolle.

So war der »Kommunismus« als politische Richtung nur ein einzelnes Moment in der breiteren Strömung des »Frühsozialismus«, von der er sich durch die für ihn zentrale Forderung nach Aufhebung des Privateigentums an den Produktionsmitteln («Kommunitarismus«) unterschied[20]. Dabei waren die Grenzen zwischen den einzelnen Positionen nicht immer scharf. Eine eigentümliche Mischform stellte in Deutschland die Programmatik Ferdinand Lassalles dar. Zweifellos verstand er sich selber als Kommunisten, und er bemühte sich um enge Beziehungen zu Marx und Engels. Die von ihm geforderten »Produktivassoziationen« sind den kommunitären Siedlungen nach den

Vorstellungen Owens und Proudhons ebenso vergleichbar wie den »Nationalwerkstätten« Blancs. Der »Staatskredit«, den er für ihre Gründung verlangte, hatte allerdings nicht nur instrumentellen Charakter. Hier unterschied sich Lassalle von Proudhon und von Marx durch die prinzipielle Bejahung des Staates als einer die Sittlichkeit realisierenden Instanz, die nicht negiert werden dürfe, sondern durch den Sozialismus die Möglichkeit zur Erfüllung ihres Zwecks finden solle.

Beseitigung des Kapitalismus durch Aufhebung des Privateigentums war in der industriellen Revolution nur eine Losung unter anderen, die in der bedrängten Arbeiterklasse erhoben wurden. In der größten proletarischen Massenbewegung jener Periode, dem Chartismus in Großbritannien, überwogen allgemeine Menschenrechtsforderungen (»One man — one vote«), in denen im Selbstverständnis vieler Anhänger weitergehende, auch kommunitäre Ziele impliziert waren.

Den ersten Versuch einer internationalen sozialistischen Organisation bildete die »Internationale Arbeiter-Assoziation« (IAA), ein 1864 gegründeter Zusammenschluß, der 1872 an den Gegensätzen zwischen britischen Gewerkschaften, Anarchisten in den romanischen Ländern und der stark von Marx und Engels beeinflußten Mehrheit im Leitungsgremium, dem »Generalrat«, zerbrach (offizielle Auflösung 1876).

Die verschiedenen Organisationen und Theoreme waren zweifellos nur die Sache einer Minderheit des Proletariats in der Industriellen Revolution. Sie waren sogar nur die »Spitzen«, die aus einer Arbeiterbewegung herausragten, die zu großen Teilen, obwohl in ihr sich durchaus schon Eigenbewußtsein und Selbständigkeit artikulierten, dennoch in ihrem Wesen nicht in erster Linie durch Organisationen und Theorien sich darstellte, sondern als »elementare Arbeiterbewegung«, wie ein Teil der historischen Forschung sie inzwischen präsentiert. In ihr suchten Menschen, die erstmals in Lohnarbeit standen, die ihnen spezifische Interessenvertretung: zunächst nicht unmittelbar politisch, sondern in einer Veränderung ihres soziokulturellen Habitus, mit der sie sich selbst in die Lage versetzten, in völlig neuen Lebensumständen sich behaupten zu können. Dieser Wandel fand häufig nicht in der ersten Generation der Lohnarbeiter und Lohnarbeiterinnen statt, sondern im »geborenen Proletariat«, also bei denen, deren Eltern schon zu der neuen Klasse gehörten und die — anders noch als diese in ihren Hoffnungen — nicht mehr die Möglichkeit der Rückkehr zu den traditionellen Lebensformen sahen, sondern bereits die ihre gesamte künftige Biografie ausfüllende proletarische Situation für sich selbst und ihre Kinder wahrnahmen.[21]

2. Sozialdemokratische Massenparteien mit radikaler Ideologie

Während der Periode der imperialistischen Konsolidierung hatte die kommunistische Position eine weit geringere praktische Bedeutung innerhalb der sich jetzt herausbildenden großen Gewerkschaften und Arbeiterparteien — trotz der internationalen Ausbreitung des Marxismus und seiner Erhebung zur offiziellen Lehre in den stärksten sozialdemokratischen Parteien, denen des Deutschen Reiches und Deutschösterreichs. Die gesellschaftliche Situation wurde als nichtrevolutionäre wahrgenommen, anders als in der vorangegangenen Phase, in der ein sofortiger Umschwung angesichts des massenhaften Elends vielen kaum noch vermeidbar schien.[22] Parlamentarische und gewerkschaftliche Arbeit und die Tätigkeit in den Sozialversicherungen zeitigten nunmehr deutliche palliative Wirkungen und konnten darüber hinaus als Schritte auf einem nichtrevolutionären Weg in den Sozialismus begriffen werden. Eduard Bernsteins Theorie gab somit durchaus ein Stück Realität der deutschen Arbeiterbewegung wieder. Die Tatsache, daß sie zugleich diskriminiert blieb (etwa durch das Dreiklassen-Wahlrecht in Preußen), war andererseits die Grundlage ihres offiziellen Radikalismus,[23] der in den sozialdemokratischen Parteien der westlichen Demokratien, etwa der um die Jahrhundertwende gegründeten Labour Party, keinen Einfluß hatte. Karl Kautsky, der führende Theoretiker der deutschen Sozialdemokratie, hatte keine Schwierigkeit, sich als Kommunisten zu bezeichnen, ohne daß dies das Bekenntnis zum unmittelbar bevorstehenden Umsturz bedeutet hätte. Diese »zentristische« Position konnte für einige Jahre gerade deshalb sehr einflußreich sein, weil sie den inneren Zwiespalt der Partei harmonisierte.

Das galt nicht für die Bolschewiki seit 1903.[24] Ihr Parteityp resultierte aus der besonderen Situation Rußlands, das sich 1870-1914 ja nicht in der Periode kapitalistischer Konsolidierung befand, sondern noch in der industriellen Revolution — allerdings zugleich schon unter den Bedingungen des Imperialismus. Hinzu kamen die Kampfmethoden, die der zaristische Absolutismus den Revolutionärinnen und Revolutionären aufzwang. Die Bolschewiki waren durch diese Sondersituation geprägt, und schon deshalb wäre es unsinnig, ihre Parteiform für ein zeitloses Modell zu halten.

Da die kapitalistische Entwicklung in der Periode der imperialistischen Konsolidierung, dem »zweiten Intervall«, durch den — häufig protektionistisch abgesicherten — Ausbau nationaler Wirtschaftsmacht (mit der Perspektive »friedlicher« oder kriegerischer Expansion) bestimmt war, blieb die Arbeiterorganisierung jetzt deutlicher als je zuvor an diese gebunden. Seit 1889 fanden allerdings »Internationale Sozialisten-Kongresse« statt. Die Parteien und Gewerkschaften, die an ihnen teilnahmen, konstituierten die »Zweite Internationale«, die als Koordinierungsorgan 1900 ein »Internationales Sozialistisches Büro« einrichtete. Diese Organisation zerbrach praktisch im August 1914, als nahezu alle Mitgliedsparteien den Kriegskurs ihrer nationalen Bourgeoisien unterstützten. Formell überstand die Zweite Internationale den Ersten Weltkrieg und erlosch nach ihrem Genfer Kongreß von 1920.

3. Politische Bürgerkriegsarmeen[25] und sozialdemokratische Ordnungsparteien

In den Jahren 1917-1923 wirkten die Bolschewiki stilbildend auf Teile der radikalen Arbeiterschaft — nicht durch ihre Organisationsstruktur, sondern durch das Vorbild der Oktoberrevolution. In vielen Ländern der kapitalistischen Welt entstanden kommunistische Parteien, die innerhalb weniger Jahre die sozialistische Umwälzung durchsetzen und damit das revolutionäre Rußland aus seiner Isolation befreien wollten. Die 1919 gegründete Kommunistische Internationale (»Dritte Internationale«, Komintern, KI) verstand sich als einheitliche Organisation in einem akut zur Entscheidung anstehenden Bürgerkrieg im Weltmaßstab. Die nationalen kommunistischen Parteien waren lediglich ihre »Sektionen«, die ihre innenpolitischen und ihre Kaderentscheidungen von denen der Kommunistischen Internationale abhängig machten. In »Einundzwanzig Bedingungen« hatte die KI 1920 verbindliche Richtlinien für ihre Mitgliedsparteien erlassen: u.a. zentralistische Organisation (der »demokratische Zentralismus«, wie er von den Bolschewiki seit 1903 entwickelt worden war), Ausschluß aller reformistischen und zentristischen Führer, Fraktionsarbeit in den Gewerkschaften.

Die Entstehung der kommunistischen Parteien trieb einen Spaltungsprozeß voran, der sich innerhalb der Sozialdemokratie bereits lange vorher angebahnt hatte.

In Deutschland war dafür nicht die Oktoberrevolution der erste Anlaß gewesen, sondern die Bewilligung der Kriegskredite durch die Reichstagsfraktion der SPD am 4. August 1914. Knapp drei Jahre später, im April 1917, hatte sich die »Unabhängige Sozialdemokratische Partei« (USPD) abgespalten. Von ihr löste sich Ende 1918 der Spartakus-Bund und vereinigte sich mit anderen bereits bestehenden kommunistischen Gruppen zur KPD. Diese wurde erst zur Massenpartei, als sich 1920 die USPD spaltete und ihr linker Flügel sich mit ihr verband.

In Österreich wurde das Zerbrechen der Sozialdemokratie dadurch vermieden, daß sie noch während des Krieges, den sie anfangs unterstützt hatte, ihre Politik revidierte und sich darum bemühte, zwischen den Bolschewiki und deren sozialdemokratischen Gegnern im Westen einen Mittelkurs zu halten. Die neugegründete Kommunistische Partei Österreichs blieb deshalb klein. Die spezifische Form des Marxismus in der österreichischen Sozialdemokratie wurde durch Theoretiker wie Max Adler, Karl Renner und vor allem Otto Bauer geprägt. Es handelte sich um eine Fortsetzung des einst durch Karl Kautsky bestimmten Vorkriegs-Radikalismus, verbunden mit Versuchen der praktischen Reform (z.B. in der Kommunalpolitik des »roten Wien«) und des Brückenschlags zwischen »Kommunismus« (als Richtung) und Sozialdemokratie. Dieser »Austromarxismus« ist allerdings nicht erst durch seine Position innerhalb der gespaltenen Arbeiterbewegung geschaffen worden. Es gab ihn schon vor dem Ersten Weltkrieg: als Ausprägung des »Kautskyanismus« mit besonderen Interessen an ethischen und methodologischen Problemen und — bedingt durch die Situation des Vielvölkerstaates — der »nationalen Frage«.

Auch in Großbritannien — vor 1914 neben Deutschland und Österreich-Ungarn dem dritten Land mit einer sozialdemokratischen Massenorganisation — kam es nicht zur Spaltung. Die Labour Party unterstützte im Ersten Weltkrieg mehrheitlich die Politik der Regierung, während die ihr angeschlossene Independent Labour Party (I.L.P.) diese bekämpfte. Gerade aufgrund dieser Differenzierung innerhalb einer lockeren und flexiblen Organisation, die in erster Linie durch die Gewerkschaften konstituiert wurde, blieb ab 1917 kaum Raum für eine kommunistische Partei, die in Großbritannien denn auch klein blieb. Lenin empfahl ihr den Anschluß an die Labour Party (der ihr allerdings durch diese immer wieder verweigert wurde).

Die Spaltung der Sozialistischen Partei Italiens 1921 traf eine Organisation, die den Ersten Weltkrieg nicht unterstützt hatte, an militant antikapitalistischen Positionen festgehalten hatte und sogar der Kommunistischen Internationale beigetreten war, allerdings deren organisationspolitische Forderungen — insbesondere die Trennung von »zentristischen« Politikern —

nicht akzeptiert hatte. Auch hier blieb die neugegründete kommunistische Partei zunächst klein und wurde erst im antifaschistischen Widerstand — vor allem in dessen Schlußphase nach Stalingrad 1943 — zur Massenorganisation.

Die französische KP entstand dadurch, daß auf dem Kongreß der Sozialistischen Partei in Tours 1920 die große Mehrheit der Delegierten sich zur Kommunistischen Internationale bekannte. Sie war sofort eine Massenpartei von 140.000 Mitgliedern (bei der alten Organisation verblieben nur 30.000), schrumpfte aber bis 1932 auf 15.000, während die Sozialistische Partei auf 137.000 anschwoll.[26]

In den USA konnten die kommunistischen Organisationen keine Massenbasis gewinnen.

In einem skandinavischen Land hat die Kommunistische Internationale nach kurzer Zeit »ihre glänzendste Partei Europas verloren, die Arbeiterpartei Norwegens.«[27] Diese lehnte es ab, sich den Organisationsrichtlinien der KI zu unterwerfen, und trennte sich 1923 von ihr. Eine Minderheit, die diesen Schritt nicht mitging, bildete eine Kommunistische Partei, die von Anfang an klein blieb und schrumpfte.[28]

Parallel zur Spaltung der nationalen Arbeiterparteien verlief die Auflösung und Neuformierung ihrer internationalen Organisationen. Nach der Gründung der KI versuchten insbesondere die Independent Labour Party und die österreichische Sozialdemokratie einen Neuanfang zwischen der formell noch nicht aufgelösten »Zweiten« und der »Dritten«: die »Internationale Arbeitsgemeinschaft Sozialistischer Parteien« (»Wiener« oder »Zweieinhalbte« Internationale). Sie scheiterte bei dem Bemühen, die Einheit der internationalen Arbeiterbewegung wiederherzustellen und ging in der 1923 gegründeten »Sozialistischen Arbeiter-Internationale« (SAI), dem Zusammenschluß der nichtkommunistischen sozialdemokratischen Parteien, auf.[29]

Diese hielten nach der Abspaltung der kommunistischen Bewegung an ihrem Ziel einer Überwindung des Kapitalismus fest, doch war es jetzt noch weniger als vorher mit ihrer

Tagespolitik verbunden. Seit dem Krieg waren einige von ihnen in Koalitionsregierungen mit bürgerlichen Parteien vertreten. Hier hatten sie keine Gelegenheit, ihre antikapitalistischen Positionen umzusetzen. Einzelne Verbesserungen für die Arbeiterklasse wurden von ihnen als Schritte zum sozialistischen Endziel dargestellt, waren aber reversibel und setzten die Tendenz einer systemkonformen Rationalisierung des Umgangs mit dem variablen Kapital fort, dies aber nun unter weltwirtschaftlichen und inneren Krisenbedingungen, welche die Arbeitslosigkeit erhöhten und schließlich in die Depression der Jahre 1929-1933 führten. In Abgrenzung zum Bolschewismus verstanden die sozialdemokratischen Parteien jetzt die parlamentarische Demokratie als notwendige — wenngleich nicht hinreichende — Bedingung, unter der allein der Sozialismus errichtet werden dürfe. Sozialdemokratische Staatsfunktionäre insbesondere in Deutschland verteidigten sie — und damit allerdings auch die jeweils aktuelle Form des nationalen Kapitalismus — mit Repressionsmaßnahmen, so z.B. 1919 durch die Niederschlagung des Spartakus-Aufstandes in Berlin, 1920 durch die Zerschlagung der »Roten Ruhrarmee« und von ähnlichen Bestrebungen in Thüringen, 1921 bei der Bekämpfung der kommunistischen »März-Aktion« in Mitteldeutschland, 1923 durch die Absetzung von Arbeiterregierungen in Thüringen und Sachsen, die noch nicht einmal einen unmittelbaren Angriff auf den Parlamentarismus darstellten, 1921 und 1924 durch die Ausschaltung kommunistischer Wahlfunktionäre in den Gemeinden. (Dieser Zug sozialdemokratischer Politik trat am Ende der Weimarer Republik, also lange nach der revolutionär erscheinenden Erschütterung des gesellschaftlichen Systems in der unmittelbaren Nachkriegszeit, wieder deutlicher hervor: 1929 durch das bewaffnete Vorgehen von Polizei gegen eine Mai-Demonstration in Berlin und erneut durch Säuberungsmaßnahmen im öffentlichen Dienst.)

Die Spaltung der Arbeiterbewegung hatte somit zwei Organisationstypen mit einander entgegengesetzten Funktionen hervorgebracht: auf der einen Seite die Kommunisten, die sich als politische Bürgerkriegsarmeen mit dem Zweck kurzfristiger Herbeiführung des Umsturzes verstanden; auf der anderen die Sozialdemokraten, die gegen diese Bestrebungen die parlamentarisch-demokratische Ordnung verteidigten, also einen politischen Status quo, der in Deutschland sehr neu und auch von rechts her bedroht war. In den Augen der kommunistischen Führungen und Mitglieder haben sie damit auch den Kapitalismus gerettet. Daß dieser die Erschütterungen der Periode 1917-1923 überstand, ist allerdings wohl nur zum geringeren — letztlich nicht aussschlaggebenden — Teil der sozialdemokratischen Politik (die in Deutschland im übrigen nur mit einem Flügel ihres bis 1922 gespaltenen Potentials, der Mehrheitssozialdemokratischen Partei, MSPD, offen konterrevolutionär auftrat) zuzuschreiben. Das kapitalistische System konnte vor allem überleben, weil es sowohl in seinen ökonomischen als auch in seinen soziokulturellen Grundlagen letztlich noch unerschüttert war, ein Zustand, demgegenüber eine akut revolutionäre Politik der Arbeiterbewegung voluntaristisch gewesen wäre, während allerdings ihre mehrheitliche Anpassung an die gegebenen Machtverhältnisse gerade deren rechtere Variante stärkte und so noch nicht einmal das Maß an Demokratisierung, das im Rahmen der bürgerlichen Ordnung durchaus möglich gewesen wäre (Bodenreform, Verwaltungsreform, Sozialisierung der Montanindustrie oder zumindest deren stärkere Kontrolle durch Parlamente und Mitbestimmungsorgane), erreicht wurde.[30]

4. Parteien der Systemauseinandersetzung

Diese dritte Periode endete schon Mitte der 20er Jahre (also noch in der Phase der innerimperialistischen Konfrontation), als sich der Kapitalismus als vorerst stabil erwies. Schon zu diesem Zeitpunkt, also lange vor der vollen Herausbildung der Systemauseinandersetzung, stellte Stalin die Kommunistische Internationale und ihre Mitgliedsparteien auf den Kampf zwischen dem »Sozialismus in einem Land« und der kapitalistischen Welt ein. Die kommunistischen Parteien im Kapitalismus hatten auf Jahrzehnte eine Hauptaufgabe: die Ergebnisse der Oktoberrevolution zu schützen und nicht die Revolution im eigenen nationalen Rahmen durchzusetzen.

Dies geschah durchaus innerhalb eines revolutionstheoretischen Konzepts. Wenn es nämlich gelinge, den Sozialismus und Kommunismus in Sowjetrußland aufzubauen, dann stelle er eine solche Macht dar, daß auch die Umwälzung in den kapitalistischen Ländern beschleunigt werde. Die unmittelbaren Ergebnisse des Zweiten Weltkrieges, die Revolution in China sowie die Erfolge der nationalen Befreiungsbewegungen schienen diese Strategie glänzend zu rechtfertigen.

Die kommunistische Internationale bestand bis 1943. Nach ihrer Auflösung galt das Konzept, das seit Mitte der zwanziger Jahre allmählich in ihr durchgesetzt wurde, weiter. Es sollte jetzt aber durch bilaterale Beziehungen zwischen der KPdSU (bzw. anderen »regierenden« Parteien) und den kommunistischen Parteien in kapitalistischen Ländern umgesetzt werden. Hinzu trat jetzt immer mehr die unmittelbare, nicht mehr an die Organisationen der Arbeiterbewegung gebundene Staatspolitik der UdSSR und der anderen Länder des Realen Sozialismus, die in dem Maße an Bedeutung gewann, in dem das Gewicht der kommunistischen Parteien im Kapitalismus abnahm.

Mit Stalin endete das Bilderverbot, das seit Marx in der Arbeiterbewegung gegolten hatte. Die Orientierung der kommunistischen Parteien in den kapitalistischen Ländern an der UdSSR wurde nicht nur damit begründet, daß diese in größter Gefahr sei und deshalb geschützt werden müsse, und sie resultierte auch nicht nur aus der strategischen Kalkulation, daß ein Sieg des Realen Sozialismus in der Systemauseinandersetzung im Westen zur Umwälzung führen werde, sondern die Sowjetunion galt als vorbildlich. Diese Aussage war nicht etwa auf die Entwicklungsperspektiven der UdSSR beschränkt, sondern betraf je länger desto mehr schon ihren gegenwärtigen Zustand. In der Stalinschen Propaganda spielte, soweit diese auf Wirkung in der Sowjetunion selbst angelegt war, das Ziel einer massenhaften Autosuggestion offensichtlich eine große Rolle. Sie konnte nur durch Abschirmung gegen Informationen von außen abgesichert werden. Aber auch für viele Intellektuelle und Arbeiter im Westen war zu Beginn der dreißiger Jahre die Sowjetunion eine große Hoffnung. Während die UdSSR einen Anlauf zu einer beschleunigten Entwicklung nahm (erster Fünfjahrplan), geriet der Kapitalismus in die Weltwirtschaftskrise. Die fast gleichzeitig einsetzenden schweren Verfolgungen insbesondere der Kulaken waren in ihrem vollen Umfang zunächst nicht bekannt — anders als später die »Säuberungen« in der Kommunistischen Partei der Sowjetunion selbst, die von der Stalinschen Führung sogar propagandistisch herausgestellt wurden. Diese führten — ebenso wie Übergriffe des sowjetischen Geheimdienstes in Spanien während des Bürgerkrieges — bereits zu Dissidenz, welche jedoch durch die faschistische Gefahr und durch den Sieg der UdSSR im Zweiten Weltkrieg in Grenzen gehalten wurde. Erst die Durchsetzung eines Akkumulationsmodells im Westen, das auch hohen Massenkonsum in den am meisten entwickelten kapitalistischen Staaten ermöglichte, ließ die Vorstellung von einer potentiellen oder aktuellen Vorbildlichkeit der UdSSR verblassen. Sie war nur noch durch eine zunehmend pathologische Realitätsverleugnung in denjenigen — jetzt immer kleiner werdenden — kommunistischen Parteien zu halten, die an der absoluten Bindung zur UdSSR festhielten. Indem sie die nunmehr relativ gefestigten, wenngleich nicht irreversiblen Systeme des Realen Sozialismus gegen alle Kritik — auch von links — verteidigten, waren sie seit Mitte der zwanziger Jahre ebenfalls zu »Ordnungsparteien« geworden, allerdings nur in Bezug auf die UdSSR und die ab 1945 mit dieser verbundenen Staaten, nicht für die kapitalistischen Länder, in denen sie wirken sollten. Die Wahrnehmung der Propaganda- und ideologischen Absicherungsfunktionen gegenüber dem Realen Sozialismus schränkte die innenpolitische Manövrierfähigkeit dieser KPs immer weiter ein. Eine Trennung der strategischen Option für die UdSSR im Kalten Krieg von einer Stellungnahme zu deren inneren Zustand wäre theoretisch denkbar gewesen, fand aber praktisch allenfalls in Splittergruppen statt. Diejenigen kommunistischen Parteien, die das Herrschaftsmodell der Sowjetunion schließlich verurteilten, sprachen ihr nicht nur jede Bedeutung für eine Umwälzung im Kapitalismus ab, im Gegenteil. Sie verwiesen auf den abschreckenden Einfluß, den sie auf das Massenbewußtsein im Westen ausübe, so daß sie sogar objektiv konterrevolutionär wirke. Diese Parteien waren damit stärker als zuvor darauf verwiesen, Transformations- oder gar revolutionäre Potentiale in der noch auf dem Privateigentum an den wichtigsten Produktionsmitteln beruhenden Ordnung auszumachen und zu nutzen. Dabei gelangten sie in der Regel zu Konzepten, wie sie seit Eduard Bernstein in der sozialdemokratischen Bewegung entwickelt worden waren.

Dieser politische Weg war typisch für den »Eurokommunismus«, der Mitte der siebziger Jahre eine neue politische Offensive einzuleiten schien, im nachhinein allerdings eher als der ideologische Reflex der »fordistischen« Reformphase, die in jenen Jahren gerade in Spanien, Frankreich und Italien zu Ende ging, erscheint. (Auch die Kommunistische Partei Japans bekannte sich zu diesen Positionen, war aber eher durch die Distanzierung von der KPdSU als durch innenpolitische Entwicklungen zu ihnen gelangt.) Die Ablösung von einer vollständigen Identifikation mit der Sowjetunion verband sich in allen diesen Fällen also mit einem gesellschaftspolitischen Stilwandel. Lange vor dem »Eurokommunismus« war eine skandinavische Partei diesen Weg gegangen. Die Kommunistische Partei Dänemarks hatte sich von der sowjetischen Intervention in Ungarn von 1956 distanziert und sich 1957 in »Sozialistische Volkspartei« umbenannt. Damit entstand ein erstes Beispiel für den Typus der »postkommunistischen Partei«, der Ende der achtziger und zu Beginn der neunziger Jahre häufiger wurde. Die »Linkspartei-Kommunisten« in Schweden strich 1990 den Namensbestandteil »Kommunisten«, und die Italienische Kommunistische Partei nennt sich seit 1991 »Demokratische Partei der Linken«. Die Transformationen einiger bis 1989 regierender Parteien des ehemaligen Realen Sozialismus, die nunmehr in die Opposition verwiesen sind und sich andere Namen zugelegt haben (z.B. in Polen und Ungarn), gehört ebenfalls hierher, wohl auch der Fall der Bulgarischen Kommunistischen Partei, die sich in »Sozialistische Partei« umbenannte und nach einem Wahlerfolg 1990 nach wie vor an der Macht ist.

Diejenigen kommunistischen Parteien in der kapitalistischen Welt, die ihre Identität weiterhin aus ihrer Haltung zur UdSSR und zu deren Funktion in der Systemauseinandersetzung herleiteten, konnten seit Mitte der siebziger Jahre ihre Existenzberechtigung meist nur noch auf diese außenpolitische Position stützen, da die Aufgabe einer vorwärtsdrängenden Kraft im Kampf um innere Reformen längst nicht mehr von ihnen allein, sondern auch von anderen, einflußreicheren Formationen wahrgenommen wurde. (Ausnahmen in Europa blieben die portugiesische und die griechische KP.) Diese konkurrierenden Parteien verstanden Reformen im Unterschied zu den Kommunistinnen und Kommunisten nicht mehr als Teil eines Kampfes um die Überwindung des kapitalistischen Systems. Das bedeutete in einer nichtrevolutionären Situation für sie jedoch keinen Effizienzverlust, im Gegenteil. Eine solche Politik erschien in sich stimmiger, da sie nicht der Frage nach einem ganz offensichtlich in absehbarer Zeit nicht erreichbaren Ziel ausgesetzt ist. (Soweit diese Frage sich nicht völlig vermeiden läßt, behilft man sich mit der Leerformel »Utopie«, die mittlerweile selbst konservativen Politikern nicht mehr durchgehend ein Greuel ist.) Gerade auf dem Feld der Reformpolitik erschienen kommunistische Parteien in den am höchsten entwickelten kapitalistischen Ländern immer wieder als fünftes Rad am Wagen.

Die außenpolitische Legitimation der nach wie vor an der UdSSR orientierten kommunistischen Parteien entfiel schließlich mit der von Gorbatschow verkündeten und von den USA zu ihren Bedingungen akzeptierten Beendigung des Systemkonflikts. Die KPdSU selbst nahm nun Züge einer postkommunistischen Partei an. Sie bekennt sich zum Konzept der »One

World« und begreift sich als Teil einer Linken, als deren Reprä-
sentatin sie letzten Endes die 1951 unter antikommunistischem
Vorzeichen gegründete sozialdemokratische »Sozialistische Internationale« anerkennt. Die kommunistischen Parteien des
Westens, welche die frühere Politik der UdSSR unterstützt hatten, wurden für eine KPdSU, die sich auf »der Suche nach Präferenzbeziehungen zur internationalen Sozialdemokratie«[31] befindet, uninteressant. Sie haben jetzt nur noch drei Optionen:
Selbstauflösung, Integration in die sozialdemokratisch domi-
nierte Richtung oder eine Radikalität, die sich an neuen gesellschaftlichen Widersprüchen entwickelt. Letzteres dürfte auf absehbare Zeit nicht in der Form einer Massenpartei möglich sein.

Somit scheint jetzt wieder jene sozialdemokratische »Einheit
der Linken« hergestellt, die bis 1914 in der damaligen Zweiten
Internationale bestand. Zweifellos trägt dieser Augenschein
zum Eindruck einer Parallelität zwischen dem »ersten« und
dem »zweiten Intervall« bei: In einem Kapitalismus, der wieder
einmal keine Grenze zu haben scheint, fehlt eine politische Formation, die tatsächlich in der Lage ist, ihn herauszufordern.

Doch die Unterschiede zwischen dem Zustand der sozialdemokratischen Bewegung in den beiden Perioden kapitalistischer Konsolidierung sind wesentlicher als die Gemeinsamkeiten. Die Massenbasis der Parteien, die einst die »Zweite Internationale« bildeten, bestand aus Handarbeitern, die in den modernen Sozialdemokratien eine schwindende Minderheit sind. Definition der bestehenden Gesellschaft als Kapitalismus und der
Kampf um deren Überwindung gehörten zur theoretischen
Ausstattung der alten Arbeiterbewegung. Seit den fünfziger
Jahren (in der Bundesrepublik Deutschland offiziell mit dem
Godesberger Programm von 1959) ist diese nahezu durchgehend aufgegeben. Stattdessen wird behauptet, der Kapitalismus
sei bereits aufgehoben in einer nicht mehr durch Klassenherrschaft bestimmten »Industriegesellschaft« (neuerdings: »postin-
dustriellen Gesellschaft«), die es lediglich sozial, ökologisch,
friedensorientiert, temperiert (also nicht feministischen Vorschlägen folgend) frauenfreundlich und unter Berücksichtigung

der bislang in Unterentwicklung befindlichen Regionen umzu-gestalten gelte. Die perspektivische Einheit der jetzt sozialde-mokratischen neuen — zunächst noch fiktiven — »Internatio-nale« bezieht sich somit auf das Konzept der kapitalistischen Modernisierung, nicht — wie noch die einheitliche Arbeiterbe-wegung vor 1914 — auf die Überwindung des Kapitalismus.

VII. Ein Reigen seliger Geister. Sack und Asche. Durch die Wüste. Ein neuer und alter Begriff von Kommunismus

Der Zusammenbruch des Realen Sozialismus und insbesondere der DDR 1989/90 war von einem vernehmlichen Tastenklappern und Papiergeraschel begleitet. Sozialwissenschaftliche Intellektuelle, die sich als Linke verstehen, versuchten sich ihrer theoretischen und politischen Position zu vergewissern. (Zweifellos gehören auch diese Blätter zu diesem Genre.) 1990 erschienen drei politische Tagebücher von Marxisten.[1] Innerhalb weniger Monate wurde eine ganze Bibliothek mit Texten zum gleichen Thema vollgeschrieben.

Im »Kursbuch« veröffentlichte Uwe Wesel einen Aufsatz mit dem Titel: »Innerlich erröten«. Hier heißt es: »Im 19. Jahrhundert ist der Sozialismus begründet worden, wissenschaftlich und politisch. Im zwanzigsten hat er sich über ein Drittel der Erde ausgedehnt. Was wird nun im einundzwanzigsten?«[2] Wesel antwortet zunächst mit einem Kapitel, das er »Weltgeschichtliche Betrachtungen« überschreibt. Am Anfang hätten die Menschen etwa eine Million Jahre lang als Sammler und Jäger gelebt, in der Altsteinzeit. »Um acht- oder neuntausend vor Christus beginnt mit der Jungsteinzeit die Seßhaftigkeit, Ackerbau und Viehzucht, indem die Menschen vom food gathering übergehen zum food producing. Um dreitausend vor Christus entsteht der Staat, Herrschaft von Menschen über Menschen, zuerst in Mesopotamien und Ägypten, die Antike, die nicht ganz viertausend Jahre gedauert hat.«[3] Diese sei nicht identisch mit der Sklavenhaltergesellschaft, die lediglich in Griechenland und Rom je dreihundert Jahre lang bestanden habe. »Daneben gab es aber auch noch erstens die geschlossene Hauswirtschaft, die aus der Jungsteinzeit stammt, zweitens eine Art vorkapitalistische Geldwirtschaft und — im Römischen Reich bis zum zweiten Jahrhundert nach Christus — drittens eine ziemlich rüde Ausbeutung der eroberten Provinzen.«[4] Danach sei die Grundherrschaft entstanden, »die bestimmend wird für das Mittelalter und die frühe Neuzeit bis zum Ende des 18. Jahrhunderts, also weit mehr als ein Jahrtausend, mit großen Rückschlägen im 13. Jahrhundert und plötzlichem Neubeginn im 16. Jahrhundert.«[5] Der Kapitalismus habe sich in seinen ersten Anfängen seit dem 12. Jahrhundert entwickelt und habe sich auch gegen den Sozialismus, »der jetzt gerade wieder zusammenbricht«,[6] durchgesetzt.

Uwe Wesel nimmt eine Mängelrüge an dieser siegreichen Produktionsweise vor: den Reichtum in ihren Zentren erzeuge sie durch die gleichzeitige Herstellung von Elend in den in Unterentwicklung verbleibenden Ländern, und er nennt ein Beispiel für unwürdige Abhängigkeit in der Arbeitswelt auch der Metropolen. Deshalb hat er nun einen »Traum von einer sozialistischen Partei«[7], dessen praktische Wendung und dessen Ende er so beschreibt: »Gregor Gysi mit der gereinigten PDS müßte natürlich dabei sein, und über einen guten Bekannten in Ostberlin ließ ich ihm signalisieren, ich sei bereit. Er hat sich nicht gemeldet. Nun habe ich mir das inzwischen wieder anders überlegt. Es kam nämlich noch etwas hinzu. Ich hatte das ganz vergessen.«[8]

Statt auf eine neue Organisation aufzuspringen, erinnert sich Wesel jetzt an Transformationspotentiale, die sich in den vergangenen Jahrzehnten entwickelten.

Dazu gehörten erstens die antiautoritären Impulse einer Demokratie von unten, welche die politische Kultur der Bundesrepublik entscheidend verändert hätten. Der zweite Anlaß zur Hoffnung besteht für Uwe Wesel in der Tendenz zur gemeinwirtschaftlichen politischen Steuerung ökonomischer Daseinsvorsorge-Entscheidung. Als Beispiel dient ihm »eine kommunale Nahverkehrseinrichtung. Nimmt man sie zuammen mit dem, was den Kapitalisten inzwischen an Reallöhnen und Arbeitszeit abgepreßt worden ist, sind wir schon fast der Dritte Weg, ist Eigentum an Produktionsmitteln nicht mehr die 'Grundfrage der Bewegung'«.[9]

Dennoch sieht Wesel »Gründe für das Nachdenken über Alternativen zum Kapitalismus. Es gibt sie noch heute. Umweltvernichtung, Arbeitslosigkeit, Ungerechtigkeit bei der Verteilung, psychische Deformation, Verelendung der Dritten Welt. Die Idee des Sozialismus ist nicht gescheitert. Gescheitert ist eine bestimmte Art von Sozialismus, nämlich staatliche Planwirtschaft und Einparteienherrschaft. Onkel Karl (Marx, G.F.) ist dafür mitverantwortlich, denn 'Diktatur des Proletariats' und 'alle Produktionsinstrumente in den Händen des Staates', das stammt von ihm. Auf der anderen Seite hat niemand den Kapitalismus so gut analysiert wie er. Das meiste davon ist heute noch richtig. Beschreibung und Analyse von Ideologie, die Akkumulation, der Mehrwert, der Warenfetischismus, Tauschwert und Gebrauchswert.«[10]

Hier schreibt Uwe Wesel erstaunlicherweise dem Marxismus einige Begriffe gut, die, soweit sie sich auf die Arbeitswertlehre beziehen, ganz offensichtlich einer präzisierenden Reformulierung bedürfen und deren bisherige Anwendung, soweit sie praktisch wurde, neben den katastrophalen Ausgangsbedingungen und dem Druck von außen gerade zu den von ihm beklagten Defiziten des Realen Sozialismus beitrug. Für seinen eigenen Gedankengang ist dies insofern nicht gravierend, als er ohnehin die »Verpflichtung einer anderen Tradition«[11] für notwendig hält. Der negatorische Gehalt des Wortes »anders« ist hier nicht völlig scharf: es vermag nämlich zugleich eine Abweichung vom Kapitalismus wie von den bisherigen Sozialismusvorstellungen zu bezeichnen. Diese neue Ordnung, welche noch nicht verwirklicht wurde, charakterisiert Wesel durch die Begriffe »Gerechtigkeit, Demokratie, Menschenrechte. Sind sie verwirklicht, bleibt die Frage von Kapitalismus oder Sozialismus ein Spiel der Definition. Ist noch Kapitalismus, was dann sein wird? Oder war überhaupt Sozialismus, was jetzt unterging? Der Rest ist Auflösung der Geheimdienste, Abrüstung, ökologischer Neubeginn und Wiederaufbau der Dritten Welt.«[12]

Hier fällt die teilweise Inkongruenz zwischen den von Wesel postulierten Werten eines ethischen Sozialismus (darum handelt es sich im wesentlichen) und den von ihm benannten Problemen auf. Der »ökologische Neubeginn« fügt sich nicht restlos in »Gerechtigkeit, Demokratie, Menschenrechte« ein — und falls doch (etwa im Zusammenhang mit den Menschenrechten), ist die Verbindung höchst abstrakt. Ungeklärt ist die Frage, in welcher Weise die von Wesel anerkannten systemimmanenten Humanisierungsleistungen zumindest in der Vergangenheit und Gegenwart untrennbar mit der Zerstörung der — von ihm nach wie vor so genannten — »Dritten Welt« und der Plünderung der Naturressourcen verbunden waren und ob der Neuanfang auf diesen beiden Gebieten tatsächlich durch eine Modifikation der bisherigen Entwicklung oder durch einen völligen Bruch — welchen? — herbeigeführt werden kann.

»Die nicht-kommunistische Linke hierzulande hat keinen Grund, in Sack und Asche zu gehen, aber sie kann auch nicht so tun, als sei gar nichts passiert.«[13] Dieser Satz findet sich in einem Artikel von Jürgen Habermas, in dem dieser die Frage nach dem Festhalten an einem Sozialismus-Ziel stellt und zugleich die Notwendigkeit eines »linken Revisionsbedarfs« formuliert. Hier wird theoretisch ausgeführt, was bei Wesel eher feuilletonistisch ausgedrückt blieb. Die Eigengesetzlichkeit der für die Selbstreproduktion moderner Gesellschaften nach Meinung von Habermas letztlich unverzichtbaren Märkte muß durch den sozialstaatlichen Kompromiß[14] und autonome Öffentlichkeiten[15] gebändigt und gelenkt werden. Auch hier bleibt offen, ob und wie die internationalen Machtverhältnisse zwischen kapitalistischen Metropolen und den in Unterentwicklung verbleibenden Gesellschaften durch dieses Politikmodell gestaltet werden sollen. Für sie gibt es gegenwärtig und absehbar keinen sozialstaatlichen Kompromiß und keine »Interaktionen zwischen rechtsstaatlich institutionalisierter Willensbildung und kulturell mobilisierten Öffentlichkeiten.«[16] Habermas benennt ausschließlich innenpolitische Instrumente. Während er den »Eigensinn« des kapitalistischen Systems notgedrungen akzeptiert[17], ist unklar, welche Stellung die von ihm durchaus erwähnte ökologische Problematik in seinem Politikmodell einnimmt. Sozialstaatlicher Kompromiß und autonome Öffentlichkeiten gewinnen ihre Möglichkeiten in Institutionen. Die Strukturen des Kapitals und des Staates tragen einerseits zu diesen bei und werden andererseits durch die Gegenkräfte modifiziert. Zwar wirkt das so bestimmte Gesellschaftsmodell auf die natürlichen Ressourcen und die konkrete Gestalt, die diese historisch angenommen haben, ein, sie gehen aber nicht vollständig in den sozialen Verhältnissen auf, sondern stehen in einem noch näher zu bestimmenden Zusammenhang mit diesen. Ebenso wie bei dem Thema der Unterentwicklung wird nicht gefragt, ob »kommunikatives Handeln« und »sozialstaatlicher Kompromiß« ausreichende Instrumente sind oder ob deren zuweilen achtloses Ausblenden von Mensch-Natur-Beziehungen dort bestehende Probleme entweder einfach negiert oder gar verschärft (etwa durch Interessenausgleich mittels Außenverlagerung von Belastungen auf die »freien Güter«) oder der rein instrumentellen, nicht mehr human orientierten Vernunft überläßt.

Am Ende seines Aufsatzes versichert Habermas noch einmal: »Die nicht-kommunistische Linke hat keinen Grund zur Depression.«[18] Hier wird eine Beunruhigung abgewehrt, die auch bei Wesel spürbar war. Beide haben sich offensichtlich die Frage gestellt, ob auch die eigene Sache durch den Untergang eines Systems, dem sie kritisch gegenüberstanden, nicht doch tangiert sei. Habermas' Formulierung legt einen Umkehrschluß nahe: daß zwar nicht die nichtkommunistische Linke Grund zur Depression habe, wohl aber die kommunistische.

Für diejenigen Kommunistinnen und Kommunisten, die bis zuletzt den Realen Sozialismus unterstützt haben, wurde mit dessen Ende die eigenste Sache zerstört. Dies gilt in dreifacher Hinsicht: machtpolitisch, nach den Kriterien der Effizienz (das »Nichtfunktionieren« des Systems) und moralisch. Der dritte Gesichtspunkt ist zeitlich von den ersten beiden insofern zu trennen, als Verbrechen, die von kommunistischen Parteien zu verantworten sind, schon lange vor deren Niederlage bekannt waren.

Eine kalte Untersuchung der Ursachen für den vorläufigen Endsieg des Kapitalismus und der Perspektiven, die sich daraus ergeben mögen, kann, wenn sie von den Resten der kommunistischen Linken vorgenommen wird, deren eigene Position in der Vergangenheit nicht ausnehmen. Wer künftig noch politisch handeln oder auch nur analysieren will, wird sich selbst auf seine Möglichkeit und Grenzen hin prüfen. Hier muß gefragt werden, weshalb kritische Menschen die Mängel des Realen Sozialismus nach außen hin unkritisiert ließen. Zwangsdisziplin einer Organisation, der sie sich freiwillig angeschlossen haben, spielt hier eine zentrale Rolle, doch wird dies die selbsterforschende Erkundigung nach sich ziehen, weshalb man ebenso freiwillig Mitglied einer Partei blieb, die ein solches Sacrificium intellectus verlangte.

Die Antwort, man habe den Antikommunismus in den kapitalistischen Gesellschaften nicht bestätigen wollen, ordnet moralische Gesichtspunkte einer Zweck-Mittel-Abwägung unter, die wahrscheinlich auch im instrumentellen Sinne verfehlt ist. Tatsächlich wurden durch dieses Stillschweigen keine »Geheimnisse« über Mißstände gehütet oder bekannte Informationen wirksam dementiert, und etwaige Rechtfertigungen hatten entweder machtpolitisch keine Chance oder waren meist der Sache nach überhaupt nicht haltbar.

Die antiopportunistische Entscheidung, eine politische Position, die ohnehin schwer bedrängt oder schon völlig verloren ist, nicht verlassen zu wollen, ist Ergebnis einer Einschätzung dessen, was man sich selbst und denen, mit welchen man bislang verbunden war (oder nach wie vor ist) schuldig zu sein hat, folgt narzißtischen Erwägungen oder dem Komment eines Korpsgeistes, der überhaupt nicht spezifisch für die Linke, sondern in konservativeren Formationen ebenfalls verbreitet ist. Es handelt sich um eine Maxime, die keine allgemeine Gültigkeit beanspruchen kann, sondern auf eine Einzelperson oder ihre Organisation beschränkt ist.

Wenn Intellektuelle im Westen ab 1956 — dem Jahr, in dem der XX. Parteitag der KPdSU stattfand — einer kommunistischen Partei, die der Sowjetunion verbunden war, beitraten oder an ihrer Mitgliedschaft festhielten, taten sie dies, obwohl sie Kenntnis z.B. von den Stalinschen Verbrechen hatten. (Für viele war diese Stunde der Wahrheit schon viel früher gekommen.) Soweit sie diese nicht einfach verdrängten, haben sie sie historisiert. Die schweren moralischen Defekte wurden als Produkte katastrophaler ökonomischer, militärischer und politischer Zwangslagen, die pathologische Reaktionen jenseits aller Zweck-Mittel-Relationen zeitigten, interpretiert. Mit dem inzwischen vollzogenen oder historisch absehbaren Wegfallen der Notsituation schienen auch deren Folgen vermeidbar. Soweit Repression weiterhin stattfand, galt sie als Resultat fortbestehender äußerer Anlässe oder als systemfremdes Relikt, dessen Absterben nur noch eine Frage nachgerade unvermeidlicher innerer Reformen, denen der Sache nach nichts mehr im Wege stehe, sei. Die Moralfähigkeit des Realen Sozialismus wurde in einer solchen Argumentation an seine politischen und ökonomischen Entfaltungsmöglichkeiten geknüpft — eine Argumentation, der mit seinem Scheitern in der Systemauseinandersetzung dann allerdings der Boden entzogen war.

Das Moment Wahrheit, das solchen Rechtfertigungen zugrundelag, resultiert aus der Tatsache, daß Kampf um Überwindung des Kapitalismus als Ringen um die Beseitigung der Barbarei verstanden wurde, welche die notwendige Konsequenz einer auf dem Privateigentum an den wichtigsten Produktionsmitteln beruhenden Ordnung darstelle, während moralische Defekte einer sozialistischen Gesellschaftsordnung dieser nicht wesenseigen, sondern den Umständen geschuldet seien. Ein ähnliches Argument findet sich auch in der von Liberalen vorgebrachten Behauptung, bei offensichtlichen Schäden des Kapitalismus handele es sich nur um »Auswüchse«. Allerdings stützt sich die Apologie häufig auf den Vergleich mit anderen, noch fehlerhafteren Ordnungen: Die auf dem Privateigentum an den wichtigsten Produktionsmitteln beruhende Gesellschaft sei nicht vollkommen, aber ihre Nachteile seien insgesamt noch geringer als die des Sozialismus.

Rechtfertigung eines Systems und Relativierung seiner Mängel erfolgt hier also aus der Kritik an einer anderen Produktionsweise. Diese Denkfigur gibt es ganz offensichtlich in jeder gesellschaftlichen Option. Hier liegt letzten Endes auch die Ursache von Bekenntnissen zum Realen Sozialismus. Sie sind nicht nur Apologie, sondern folgern den Sinn und die Notwendigkeit einer neuen Gesellschaftsformation aus der Kritik des Kapitalismus und stimmen damit überein mit der Marxschen Methode einer argumentativen Einführung des »Vereins freier Menschen« ex negativo.

Auch Adorno und Horkheimer haben dieses Verfahren angewandt, wenngleich nicht auf explizit materialistischer Grundlage. Anders als sie sieht Jürgen Habermas in der Real-Entwicklung nicht nur die Notwendigkeit zur Negation: der Prozeß der Moderne enthalte die Chance zu mehr Humanität. Ulrich Rödel, Günter Frankenberg und Helmut Dubiel, die prinzipiell mit ihm übereinstimmen,[19] kritisieren zugleich die Linearität seiner Fortschrittsvorstellung: »Von einer Annahme kontinuierlicher *Lernprozesse*, die bei Habermas durch die strukturelle Analogie zur Entwicklung hin zu einer postkonventionellen Ich-Identität und Moral informiert und damit gerichtet sind, möchten wir allerdings Abstand nehmen.«[20] Damit halten sie sich offensichtlich die Möglichkeit zu einer postmodernen Modifikation des Fortschrittsbegriffs offen. Gleichzeitig kritisieren sie eine »realpolitische Konzession der Kritischen Theorie«[21] bei Habermas. »Wichtige Bereiche der gesellschaftlichen Reproduktion, die Wirtschaft und die politische Verwaltung, werden aus der Zumutung demokratischer Verständigung entlassen.«[22] Eine solche Einschränkung ist für sie nicht akzeptabel. Ihre Forderung nach demokratischer Durchdringung auch von Verwaltung und Ökonomie lösen sie theoretisch allenfalls für den ersten Bereich ein[23], während sie auf dem Feld der Wirtschaftspolitik keinerlei Anstrengung unternehmen.

Auf dieses Gebiet konzentrieren Joachim Bischoff und Michael Menard ihre Überlegungen. Der »Dritte Weg«, den sie vorschlagen, kombiniert »Marktwirtschaft und Sozialismus«.[24] Das Wertproblem versuchen sie gleichsam im Handstreich zu lösen: durch eine neue Erörterung der Differenz zwischen Ware und Geld einerseits, Kapital andererseits.[25] Nur auf das Kapital sei, streng genommen, die Marxsche Charakterisierung als »Fetisch« anwendbar, Ware und Geld stellten dagegen eine zivilisatorisch notwendige Abstraktionsleistung dar, die im Kapitalismus eine Entfaltung von Individualität ermöglicht habe.[26] Diese dürfe auch im Sozialismus nicht rückgängig gemacht werden, was durch die Beseitigung von Warenproduktion, Markt und Geld aber geschehen würde. »Daß die Subjekte ihrem eigenen versachlichten, sich dynamisch entwickelnden Produktionszusammenhang subsumiert sind, nicht länger mehr von sozialen Strukturen und persönlichen Abhängigkeitsverhältnissen, die dem Produktionsprozeß vorausgesetzt sind, subordiniert werden, ist als menschheitsgeschichtlicher Fortschritt ersten Ranges zu beurteilen. (...) Eine Reduktion der Theorie des Fetischismus auf Ware und Geld übersieht zwangsläufig die aus der Produktionsweise als solcher stammenden Subjektivitätspotentiale und muß zu Thesen über Individualitätsentwicklung führen, die — zugespitzt — den Untergang des Individuums diagnostizieren bzw. eine generell kulturkritische Dimension gegenüber einer weitaus komplizierteren widersprüchlicheren Entwicklung von Individualität, Gesellschaft und Kultur verabsolutieren.«[27]

Zweifellos widersprechen Bischoff/Menard hier der Zuschreibung des Fetischcharakters bereits zur Ware, wie sie von Marx ganz eindeutig im ersten Band des »Kapital« vorgenommen wurde. Für die Beurteilung dieses Verfahrens ist irrelevant, ob sie »orthodox« vorgehen oder nicht. (Merkwürdigerweise unternehmen sie große, letztlich nicht überzeugende Anstrengungen, ihre Ansicht bereits bei Marx aufzufinden.) Zumindest in ihrem Text »Marktwirtschaft und Sozialismus« können sie bei dem Versuch, das Wertproblem zu lösen, nicht theoretisch-konkret darlegen, wie ein nichtkapitalistischer Warenbegriff aus dem historisch vorfindlichen Kapital gewonnen werden kann. Dazu müßten sie den umgekehrten Weg gehen, den Marx einst beschritt: er entwickelte erst den Begriff des Werts, dann den der Ware und kam von da zum Kapital. Die Bemühung, diesem den Fetischcharakter abzustreifen (und damit, laut Bischoff/Menard, ihm zugleich den Kapitalcharakter zu nehmen), muß ganz gewiß auch theoretisch erfolgen und wäre durch Beschränkung auf ein wirtschaftspolitisches Trial-and-error-Verfahren unzureichend. Die beiden Autoren erkennen dies auch, beschränken sich aber auf eine uminterpretierende Marx-Philologie.

Bei Bischoff/Menard steht — wie bei Marx — die Eigentumsfrage zentral. Sie sei anders zu beantworten als im Realen Sozialismus. »Staatseigentum an den Produktionsmitteln und Demokratisierung der Produktion schließen sich aus.«[28] Diese Konsequenz ziehen die beiden Verfasser aus dem Scheitern des Realen Sozialismus. »Wettbewerb, Innovation, Auseinandersetzung um Marktanteile kann es sehr wohl auch unter Betrieben geben, die keine kapitalistische Eigentumsform haben. Die Bewegungsgesetze der kapitalistischen Ökonomie können nicht durch die Verstaatlichung des Eigentums überwunden werden, sondern nur durch die Herstellung des individuellen Eigentums auf Grundlage der Errungenschaft der kapitalistischen Ära: der Kooperation und des Gemeinbesitzes der Erde und der durch die Arbeit selbst produzierten Produktionsmittel. Entscheidend wäre also ein qualitativer Sprung in der Demokratisierung der betrieblichen Sphäre, nicht durch erweiterte Mitbestimmung auf Grundlage des kapitalistischen Eigentums, sondern durch das Eigentum der unmittelbaren Produzenten an den Produktionsmitteln. Daß die Koordination, gesellschaftliche Kontrolle und Steuerung dieser Aktivitäten der freien und assoziierten Arbeit selbst wieder bestimmte Eigentumsformen voraussetzt (Genossenschaften, Belegschaftseigentum, Pacht von gesellschaftlichem Eigentum etc.), muß hier nicht ausgeführt werden.«[29] (Unerfindlich — wahrscheinlich ein Lapsus, der nicht weiter erörtert werden muß — ist, wieso der Kapitalismus »Gemeinbesitz der Erde« hervorgebracht haben soll.) Bischoff/

176

Menard sprechen in diesem Zusammenhang von der »Aufhebung der Kapitaleigenschaft der Produktionsmittel.«[30] Das System, das so entsteht, nennen sie »sozialistische Marktwirtschaft«.[31] Oberhalb der Unternehmen funktioniert sie mit keynesianischen Mitteln: »Unter der Voraussetzung von demokratisierten Unternehmensverfassungen kann mit den wichtigsten Steuerungsmethoden — Kreditpolitik in einem zweistufigen Banksystem, Fiskal- und Steuerpolitik, aktive Arbeitsmarktpolitik, regionale Struktur- und Beschäftigungspolitik — eine Marktkoordination aufrecht erhalten werden, die die negativen Implikation(en) der kapitalistischen Gewinnsteuerung und die gewaltigen Fehlentwicklungen einer umfassenden Planwirtschaft vermeidet.«[32]

Wirtschaftstheoretisch lehnen sich Bischoff/Menard stark an die Ausführungen von Wlodzimierz Brus und Kazimierz Laski in deren Buch »Von Marx zum Markt«[33] an. Allerdings sprechen diese nicht von einer Aufhebung der Kapitaleigenschaft von Produktionsmitteln. Wohl halten sie einen größeren staatlichen Sektor für sinnvoll, um die von ihnen gewünschte keynesianische Steuerung zu ermöglichen. Im übrigen aber gehen sie, um ihr System konsistent zu machen, bis zur Einführung eines Kapital- und eines Arbeitsmarktes. Bischoff/Menard stellen sich nicht der Frage, ob das eine: Herstellung relevanten nichtstaatlichen Eigentums, ohne das andere: Börse und Arbeitslosigkeit, zu haben ist. Brus/Laski zeigen sich in ihrem Text faktisch uninteressiert an »der Betriebsdemokratie, der Umgestaltung der Arbeit und der Betriebsorganisation«[34], ebenso an ökologischen Fragen.[35] Es muß hier dahingestellt bleiben, ob die wesentliche Berücksichtigung dieser Gesichtspunkte mit dem Marktcharakter ihres Modells vereinbar ist. Bischoff/Menard benennen den Umweltschutz als eine wichtige Aufgabe und erklären die Demokratisierung der Wirtschaft auf nichtkapitalistischer Grundlage zu einer zentralen Bedingung für die Verwirklichung ihrer Vorstellungen. Da sie das Verhältnis ihres Konzepts zu dem von Brus/Laski dort, wo es mit diesem ganz offensichtlich nicht übereinstimmt (die Frage der Kapitaleigenschaft von Produktionsmitteln), nicht klären, ist unsicher, ob es sich bei ihnen letzten Endes nicht doch nur um voluntaristische Zuschreibung von etwas Wünschenswertem handelt. Jan Priewe hat darauf hingewiesen, daß das in dem Buch »Von Marx zum Markt« dargelegte Modell »zutiefst nationalstaatlich borniert« sei.[36] Dies gilt auch für das Konzept von Bischoff/Menard, in dem Probleme des Weltmarkts nicht behandelt werden.

Das zentrale Thema ihrer Überlegungen ist der Marktsozialismus. Fragen der Ökologie sind diesem zugeordnet. In seinem 1990 erschienenen Buch »Mensch — Gesellschaftsformation — Biosphäre« wählt Karl Hermann Tjaden den umgekehrten Weg. Er erhebt den Anspruch, die Marxsche Theorie von einer Verkürzung befreit zu haben, die ihr durch spätere Interpreten widerfuhr: von der Einschränkung des Gegenstandes der Gesellschaftstheorie auf ausschließlich zwischenmenschliche Interaktion. In seinem Bemühen, den systemtheoretischen Charakter des Historischen Materialismus herauszuarbeiten, weist er darauf hin, daß Karl Marx und Friedrich Engels gesellschaftliche Arbeit stets schon als Mensch-Natur-Verhältnis verstanden haben, das zwei Systeme in sich zusammenfaßt: den Teil der außermenschlichen Natur, der gleichwohl für die Gattung relevant ist, und die Gesellschaft, die sich durch die Auseinandersetzung mit diesen physikalischen, chemischen und biologischen Gegebenheiten konstituiert.

Mit der durch menschliche Tätigkeit bewerkstelligten Durchdringung beider Bereiche entsteht Geschichte, in der bislang zwei große Gesellschaftsformationen aufeinander gefolgt sind:

Die erste waren die »urgeschichtlichen Gemeinwirtschaften«[37]. In ihnen wurden die Produkte der Arbeit — des Sammelns, Jagens, Beschaffens von Wohnung und Kleidung — durch die Gesamtheit der an diesen Tätigkeiten Beteiligten angeeignet. Es entstand kein Mehrprodukt über das für das unmittelbare Leben Notwendige hinaus, die wenig dauerhaften Erzeugnisse verblieben nach (oder auch während) der relativ kurzen Nutzung durch die Menschen in einem »natürlichen« Zusammenhang oder kehrten in ihn zurück. Auf die urgeschichtlichen Gemeinschaften folgte — beginnend wahrscheinlich im unteren Mesopotamien[38] — die »ökonomische« Gesellschaftsformation, die mehrere Produktionsweisen umfaßt, darunter auch die kapitalistische. Steigerung der Arbeitsproduktivität und verfestigte Arbeitsteilung führten zur Erzeugung eines Mehrprodukts, das nicht mehr von der Gesamtheit der Arbeitenden, sondern durch die jeweils herrschende Klasse angeeignet wird.

Die ökonomische Gesellschaftsformation weist verschiedene Produktionsweisen auf. Gesellschaftliche Effektivität wird in ihnen nach dem Verhältnis des Mehrprodukts zum Arbeitsaufwand gemessen. Hierfür entwirft Tjaden eine jeweils spezifische »Formel der produktiven Effektivität (E_p)«[39]. In der »asiatischen oder altorientalischen Produktionsweise« gilt:

$$E_p = t : (pv_{DG} + na_{DG} + [ma_{DG} - t]).$$

Diese Gesellschaft »ist durch die Ausbeutungsform der Erarbeitung und Aneignung eines Tributs (t) der Dorfgemeinschaften (DG) für die sie beherrschende Klasse gekennzeichnet. Aufgrund des Überlebens späturgesellschaftlicher Gemeinwesen als produktionsspezifischer Wirtschaftseinheiten und der Einbehaltung eines Teils der Mehrarbeit (ma) für den Unterhalt der nichtarbeitenden Gemeinschaftsmitglieder sowie der Verfügung über die Ergebnisse der (für den Unterhalt der Arbeitskräfte und ihres Nachwuchses) notwendigen Arbeit (na) sowie über die Ersatzmittel für den Produktionsverbrauch (pv) kann sich die Gemeinwesenwirtschaft reproduzieren.«[40]

Für die »antike Produktionsweise«[41] entwirft Tjaden die folgende Formel der produktiven Effektivität:

$$E_p = s : (pv_{(IM,IS)} + < na_{iv}).^{[42]}$$

Er erklärt sie so: »Im Falle einer auf der Ausbeutung individueller Sklaven beruhenden Sklavenwirtschaft wird der abverlangte und angeeignete Surplus (s) der gesellschaftlichen Produktion sogar nicht lediglich durch die Mehrarbeit, sondern auch durch einen Teil der notwendigen Arbeit gebildet, nämlich denjenigen Teil, der der Ernährung einer Familie dienen müßte. In dieser Produktionsweise ist die betriebliche Reproduktion des verbrauchten sächlichen und tierischen Inventars (instrumentum mutum, IM und instrumentum semivocale, IS) sowie der unmittelbaren Arbeitskraft der Produzenten (instrumentum vocale, IV) vorgesehen.«[43] Im Feudalismus werde »die Rente (r) durch persönlich abhängige und an den Boden des Grundeigentümers gebundene Einzelbauern-Wirtschaften (EB) im Dorfverband« erbracht.[44] »Die Effektivitäts-Formel dieser Produktionsweise schreibt sich wie folgt:

$$E_p = r:(pv_{EB} + na_{EB} + [ma_{EB} - r]).«[45]$$

Allen diesen Produktionsweisen, in denen das Surplus nicht mehr für die Produktion eingesetzt wurde, sei der Kapitalismus »durch Rückverwandlung des nun Mehrwert (m) genannten Mehrprodukts, das die vom 'Lohn' (oder Gehalt) abhängigen Arbeitskräfte produzieren, in Produktivvermögen des kapitalistischen Unternehmers, der durch diese Akkumulation sein eingesetztes Gesamtkapital (C), bestehend aus Anlage- und Umlaufvermögen und Lohn- und Gehaltsfonds, verwertet und vergrößert«, überlegen.[46] Die Effektivitätsformel lautet nun:

$$E_p = m:C.[47]$$

Die hier vorgestellten Produktionsweisen gehören zu. einer »ökonomischen« Gesellschaftsformation insofern, als Steigerung des Mehrprodukts durch Senkung der Aufwendungen für lebendige Arbeitskraft oder stoffliche Ressourcen erzielt wird. Im Kapitalismus bedeutet dies die Minimierung bezahlter Arbeit und ihre Ersetzung durch »kostenlose« oder doch sehr billige Produktionsvoraussetzungen. Zugleich werden konkrete, als Gebrauchswerte definierbare Stoffe, Energien und menschliches Leistungsvermögen auf die Erzielung eines abstrakt (nämlich in Geld) auszudrückenden Mehrprodukts ausgerichtet. Sie werden dabei so deformiert, daß sie in wachsendem Maße der Reproduktion nicht mehr zur Verfügung stehen, also verschlissen werden oder — soweit es sich um stoffliche Altlasten handelt — die Weiterexistenz der menschlichen Gattung in

Frage stellen. Umweltzerstörung, Plünderung der in Unterentwicklung verbleibenden Gesellschaften, die Risiken nicht mehr beherrschbarer Großtechnologien, die Marginalisierung von Minderheiten in den Zentren sowie der breiten Mehrheit der Menschen in der angeblichen »Peripherie« sind Resultate dieser Produktionsweise. Überwindbar seien sie in der »politisch-gemeinwirtschaftlichen ('tertiären') Formation.«[48] Sie lasse sich verwirklichen durch die Ablösung der »Ökonomisierung, wie sie in der Phase der ökonomischen Formierung von Gesellschaft schließlich erreicht worden ist, durch eine reproduktiv gerichtete Effektivität gesellschaftlicher Produktion und Reproduktion«.[49] Es handele sich um »die Ersetzung der produktiven durch eine reproduktiv-systemare Effektivität E_r«.[50]

Ihre Formel sei:

$$E_r = Y_n : (FV + PV + NA + MA).$$

Dabei stehe FV »für den Netto-Fonds-Vorschuß«, und Y_n wird verwandt »als Bezeichnung für ein nützliches Endprodukt der Gesellschaft«.[51] Von der ihr vorangehenden »ökonomischen« Gesellschaftsformation unterscheidet sich die neue dadurch, daß sie jetzt eine »politische« ist. Der gesellschaftliche Gesamtwille steuert über den Gebrauchswert Produktion, Konsumtion und — dies ist die entscheidende Innovation — die Reproduktion der Lebensvoraussetzungen. Die gebrauchswertorientierte Effektivitätsformel ist in der Argumentation Tjadens trotz des Scheiterns des Realen Sozialismus offensichtlich das, was von der Vorstellung einer sozialistischen Gesellschaft gültig bleibt: als eine Notwendigkeit, die unabdingbar ist, auch wenn sie jetzt nicht verwirklicht werden konnte. Er stützt sich deshalb explizit auch auf — von ihm selbständig und im einzelnen kritisch rezipierte — theoretische Ausführungen zur Politischen Ökonomie des Sozialismus, wie sie insbesondere in der DDR erarbeitet wurden.

Aktueller Ansatzpunkt der Überlegungen Tjadens ist die Störung des Mensch-Biosphäre-Verhältnisses. Über die Zeitstrecke, die noch verbliebe, bis dieses, wenn keinerlei regelnde Eingriffe erfolgten, unerträglich würde, und über die Modifikationen der Umweltproblematik durch Palliativmittel sind offenbar keine validen Prognosen möglich, wobei die erste Variante (Verzicht auf jede Steuerung) ohnehin unrealistisch ist. Um ein ausschließlich »sozialistisches« Konzept handelt es sich bei Tjaden insofern nicht, als er nicht von der Möglichkeit und Notwendigkeit einer vorhergehenden Umwälzung der Eigentumsverhältnisse ausgeht: »Die Realisierung solcher Strategien bedeutet also nicht, daß die dazu jeweils erforderlichen Umgestaltungen der gesellschaftlichen Gesamtarbeit schließlich notwendig die gegebenen ökonomisch-sozialen Formen sprengen. Diese Umgestaltungen sind vielmehr umgekehrt eine Aufgabe, die mittels der jeweiligen Gesellschaftsformation selber zu bewältigen ist.«[52]

Dabei bringen sozialistische Gesellschaften insofern besonders gute Voraussetzungen mit, als ihre »Formel für die makroökonomische Arbeitsproduktivität«[53] ja bereits wesentliche Elemente für die Herstellung einer Gesellschaft als »Reproduktionsinstanz« enthält. »Eine hochentwickelte sozialistische Gesellschaft, in der auf der Grundlage eines diversifizierten kollektiven Eigentums am Nationalreichtum eine Politik der volkswirtschaftlichen Steuerung im Sinne einer umfassend intensiven Reproduktion betrieben wird, weist zumindest dann, wenn die gesellschaftliche Gesamtarbeit wirklich demokratisch gesteuert wird, eine größere Nähe zu einem Pfad eigenständig-nachhaltiger Entwicklung auf als die kapitalistischen Gesellschaftsformen.«[54] Insofern Tjaden 1990 davon ausging, daß die Schritte zu einer Gesellschaft als »Reproduktionsinstanz« von den je bestehenden Produktionsweisen aus gegangen werden können und müssen, ist eine solche Überlegung in Bezug auf den Realen Sozialismus nach der Rekapitalisierung der DDR, anderer RGW-Staaten und aller Voraussicht nach auch der UdSSR nunmehr hinfällig. Eine sozialistische Gesellschaft, die besonders gute Voraussetzungen für einen »vernünftigen Entwicklungspfad der Gesamtarbeit«[55] böte, müßte erst wieder erkämpft werden. Für Tjaden ist dies aber ganz offensichtlich keine ausschließliche Option angesichts seiner These, daß die Neufassung des Mensch-Natur-Verhältnisses zunächst unter den Voraussetzungen der aktuell bestehenden Produktionsweisen, also auch der kapitalistischen (die dadurch allerdings gründlich transformiert wird) vorzunehmen ist.

Im Kapitalismus seien je nach Entwicklungsstand verschiedenartige Strategien notwendig. »So bedarf es im abhängig-beherrschten Entwicklungsland vorab eines revolutionären Bruchs mit der intern reproduzierten Abhängigkeit, selbst wenn es nur um die Verwirklichung einer selbstverantworteten Grundbedarfsstrategie im Rahmen fortdauernder kapitalistischer Verhältnisse gehen soll. Bereits die langfristige Sicherung der verschiedenen natürlichen Grundlagen der Nahrungsmittelerzeugung und dieser Erzeugung selber für eine wachsende Bevölkerung erfordert erhebliche Umgestaltungen der deformierten Arbeitsverhältnisse und transnationalen Herrschaftsverhältnisse durch außerordentliche Anstrengungen. Eine hochentwickelte kapitalistische Gesellschaft wiederum, in der etwa die Politik einer sogenannten Modernisierung der Volkswirtschaft, insbesondere der Steigerung abstrakter Produktivität und internationaler Konkurrenzfähigkeit vermittels sogenannter Schlüsseltechnologien betrieben wird, ist sicherlich nur durch massenhafte Bewegungen, die eine Strategie der eigenständig-nachhaltigen Entwicklung der Gesamtarbeit durchzusetzen versuchen, auf den Weg einer Gegensteuerung gegen das drohende Umkippen des Mensch-Biosphäre-Systems zu bringen.«[56] Zwar komme eine solche Entwicklung »durchaus der Produktivität und Effektivität im gesamtwirtschaftlichen Maßstab zugute«, aber sie schmälere »in vielen Fällen den einzelwirtschaftlichen Erfolg«, der andererseits aber bislang durch ruinöse Belastung des Mensch-Biosphäre-Verhältnisses zustandegekommen sei.[57] Wolle man die durch die Konkurrenz der Kapitale hervorgerufene »Destruktivität eindämmen, kommt man um irgendeine Art der gesamtwirtschaftlichen Ausrichtung der gesamtgesellschaftlichen Arbeit nicht herum.«[58] Die Einzelvorschläge, die Tjaden hierfür macht, sind programmkeynesianischen Ansätzen verwandt, gehen aber durch seine

Überlegungen für eine »inhaltliche Vorplanung und Anleitung der Entwicklung der gesellschaftlichen Gesamtarbeit«[59] entscheidend darüber hinaus. Tjaden zitiert in diesem Zusammenhang den von Wolfgang Abendroth verwandten Begriff der »Überleitungsplanung«.[60] Damit ist allerdings auch ein Unterschied zum Programm-Keynesianismus markiert: Selbst soweit dieser — in Andeutungen Joan Robinsons, die in der Bundesrepublik vor allem von Rudolf Hickel aufgegriffen wurden — gesellschaftstheoretische Optionen kennt, sieht er seine Ziele doch kaum in einem historischen Prozeß. Tjaden dagegen stellt die Frage nach der Systemgrenze: »Ob eine solche volkswirtschaftliche Steuerung der Entwicklung der Gesamtarbeit in dieser Gesellschaftsform überhaupt erreicht werden kann und wie sie gegebenenfalls aussehen könnte, ist ein Problem, das in der Diskussion ist.«[61] Diese Formulierung ist vorsichtiger als die formationstheoretischen Überlegungen, deren Konsequenz sie schließlich darstellt: Die Effektivitätsformel einer »Gesellschaft als Reproduktionsinstanz« ist schließlich gerade nach der vorangegangenen Beweisführung Tjadens eine Negation der kapitalistischen Profitraten-Definition E_p = m:C. Zu dieser Aussage kehrt er schließlich wieder zurück: »Als eine am reproduktiven Gebrauch der Arbeitsvermögen, Naturpotentiale und Arbeitsergebnisse interessierte und volkswirtschaftlich orientierte Entwicklung, die eine entsprechende Rahmensteuerung gesamtgesellschaftlicher Arbeit erfordert, widerspricht die eigenständig-nachhaltige Entwicklung der gesellschaftlichen Gesamtarbeit schließlich dem Prinzip kapitalistischer Produktion.«[62]

Karl Hermann Tjaden hat es unternommen, Grundzüge einer nachkapitalistischen Gesellschaft in Bezug auf das Mensch-Natur-Verhältnis in der Terminologie der Politischen Ökonomie aufzuzeichnen. Die von ihm herangezogene Reproduktionsformel sollte nicht als Affirmation eines imaginierten zukünftigen Zustandes — also als Signatur einer Utopie — mißverstanden werden. Im Realen Sozialismus war sie Anleitung zum letztlich mißglückten Handeln. Ihren Wert behält sie insofern in einem zunächst negatorischen Sinn, als sie der Ausdruck einer Kritik an einer profitorientierten Produktion, deren Schäden mittlerweile offen zutageliegen, ist. Über den Inhalt von Y_n werden vernünftigerweise keine konkreten, positiven Aussagen gemacht. So bleibt offen, was das »nützliche Endprodukt der Gesellschaft« ist und wie es bestimmt werden kann. Dieser Begriff ist nichts anderes als die Negation der Größe m (Mehrwert) in der Politischen Ökonomie des Kapitalismus (ebenso wie die anderen Größen, FV, PV, NA, MA, eben nicht mehr »Kapital« sind, sondern »Fonds«). Bei einem späteren Versuch der praktischen Umsetzung würde die Crux auch hier in der Messung der Mengen durchschnittlicher gesellschaftlich notwendiger Arbeitszeit jenseits des Marktes liegen, es sei denn, es gelingt bis dahin ein entscheidender wissenschaftlicher Durchbruch. Ohne Bewältigung dieses Problems ist die Herstellung einer gebrauchswertorientierten gesamtgesellschaftlichen Effektivität nicht denkbar. Tjadens Buch bezeichnet somit eine Aufgabe, an welcher der Reale Sozialismus in der Form, die er seit 1917 angenommen hat, scheiterte und um deren theoretischer Lösung eine an der Arbeitswertlehre festhaltende Kritik der Politischen Ökonomie sich jetzt bemühen muß. Dabei ist denkbar, daß die Bedingungen für eine solche Berechnung aktuell (abgesehen von der Formationsfrage) insofern noch nicht gegeben sind, als dazu eine innerkapitalistische Weiterentwicklung der Produktionsverhältnisse bis zu einem Punkt, an dem sich tatsächlich die neue Gesellschaft schon in der alten abzeichnet, vonnöten ist.

In das Tjadensche Modell sind die Emanzipationsinteressen von Individuen, Klassen, bislang benachteiligten Gruppen und des im Patriarchat unterdrückten weiblichen Geschlechts bislang nur summarisch einbezogen, etwa in der Formulierung, »daß es der Demokratie bedarf«,[63] um es durchzusetzen. Die Ziele aller egalitären Bewegungen seit der Französischen Revolution mögen hier mitgedacht sein, stehen aber nicht im Mittelpunkt. Der subjektive Faktor, der die Transformation zu bewerkstelligen hat, trägt einen abstrakten Namen: Politik. Sie ist zugleich eine Systemeigenschaft der neuen Gesellschaftsformation.[64] Als vorantreibendes Element wurde er in der bisherigen Geschichte wirksam in einer Vielzahl von Befreiungsbewegungen, deren Gemeinsamkeit der junge Marx als »menschliche Emanzipation«[65] zusammenzufassen suchte. Deren Impuls verband sich im Historischen Materialismus mit einem weiteren Motiv, das zugleich Bedingung und Inhalt ihrer Verwirklichung ist: der selbstbewußten, also rationalen und geplanten Verausgabung und Aneignung gesellschaftlicher Arbeit. Soweit es sich dabei tatsächlich nicht um eine Angelegenheit zwischenmenschlicher Interaktion handelt, sondern auch um die Mensch-Natur-Beziehung, kann diese aus einem Emanzipationsprogramm nicht herausgehalten werden.

Dieses wiederum wird in Zukunft nicht mehr ausschließlich mit der Selbstbefreiung einer Klasse — des Proletariats — verbunden werden können, so sehr sie ein notwendiger Bestandteil ist. Wenn Marx das Subjekt der »menschlichen Emanzipation« einheitlich als Arbeiterklasse faßte, dann ist diese aus zeitgeschichtlicher Evidenz gefolgerte Zuschreibung jetzt durch andere Konkretionen (die ebenfalls aktueller Empirie abgewonnen sind) zugleich zu erweitern und zu differenzieren. Individualisierte, geschlechtsspezifische und in frei nach soziolkulturellen Bedürfnissen und Neigungen zueinanderfindenden Gruppen sich manifestierende Interessen werden in einen Emanzipationsbegriff eingehen müssen, der nur dann human genannt werden kann, wenn er tatsächlich universell, also nicht territorial begrenzt ist. In Verbindung mit der Vorstellung von der planend-bewußten Gestaltung des Mensch-Natur-Verhältnisses gewinnen wir damit eine Gesellschaftsvorstellung, die, wie bei Marx, nur konkrete Negation sein kann (das Wort »Utopie« ist in diesem Zusammenhang, da positiv-konstruktive Assoziationen hervorrufend, nicht brauchbar).

Eine ganz andere Frage betrifft das Verhältnis, in dem eine solche Möglichkeit und Notwendigkeit zu den Kräften steht, die sie herbeiführen könnten. Wenn es denn wahr werden sollte, daß Gesamtdeutschland gegenüber der übrigen EG ein ähnliches Gewicht erhält wie die USA gegenüber Kanada und daß das altkapitalistische Europa über die Länder des ehemaligen Realen Sozialismus (ausgenommen die frühere DDR) und große Teile Asiens so herrschen wird wie seit langem schon Nord- über Lateinamerika, dann ist durchaus denkbar, daß eine Linke in einem solchen Machtzentrum in gleicher Weise marginalisiert ist wie schon lange in den Vereinigten Staaten und wie in Großbritannien nach dem Ende des Chartismus. Modifizierungen sind möglich: In Europa wird zwar ein deutsches Übergewicht spürbar sein, vielleicht aber nicht eine völlige Dominanz, die derjenigen der Vereinigten Staaten entspräche. Eine ständige Konkurrenz mit Verlagerungen des Vorrangs zwischen den stärksten Mächten der EG ist denkbar. Dies berührt aber nicht den Tatbestand einer Marginalisierung der Linken als eines dann — wie gegenwärtig absehbar — eben nicht ausschließlich deutschen, sondern europäischen Phänomens. Dabei sind Varianten oberhalb der völligen Auslöschung denkbar. In Ländern mit Verhältniswahlrecht werden auch kleinere Oppositionsbewegungen zuweilen die Chance haben, sich parlamentarisch zu artikulieren. Ein zweiter Unterschied zu den USA ergibt sich aus der relativ starken Stellung der Gewerkschaften und der sozialdemokratischen Parteien in den altkapitalistischen Ländern Europas. Sie sind ein wesentlicher Faktor bei der Gestaltung der Industrial Relations und des politischen Systems. Durch das Verhältniswahlrecht und Einfluß der reformistischen Arbeiterbewegung können antikapitalistische Impulse von Zeit zu Zeit auch in der offiziellen Politik bemerkbar werden — wenngleich ohne große Bedeutung, da sie immer wieder neutralisiert werden. Eine Bewegung, die alle Verhältnisse umstürzen will, in denen Menschen über Menschen herrschen und in denen die Bedingungen zur Aufrechterhaltung dieser Herrschaft mittlerweile nicht nur (wie von jeher, seit sie besteht) materielle Gewalt sind, sondern inzwischen auch zur Zerstörung der natürlichen Lebensgrundlagen geraten: sie wäre die »Linke«. Größeres Gewicht wird sie erst dann wieder gewinnen, wenn ihre Notwendigkeit sich für viele aus der unmittelbaren Erfahrung ergibt. Bis dahin wird das, was als »Linke« bezeichnet werden könnte, stark durch gesinnungsethische Momente gekennzeichnet sein. Deren Begründung ergibt sich deshalb zunächst auch nicht unbedingt aus den — wie sich historisch zeigte: oft trügerischen — geschichtsphilosophischen Zuschreibungen zu aktuellen Notwehrbewegungen, sondern aus Maximen, in denen die Unabdingbarkeit menschlicher Selbstbestimmung und der Schaffung von Bedingungen, in denen diese möglich ist, so niedergelegt ist wie in Kants »Praktischem Imperativ«: »Handle so, daß du die Menschheit sowohl in deiner Person, als in der Person eines jeden andern jederzeit zugleich als Zweck, niemals bloß als Mittel brauchest.«[66]

Die »Menschheit« ist hier als Kollektiv, der Akteur als Individuum gefaßt. Die Voraussetzungen, sich so verhalten zu können, bleiben ungenannt. Um sie sichtbar zu machen, kann jene Bestimmung einer humanen Gesellschaft herangezogen werden, die Marx und Engels im »Manifest der Kommunistischen Partei« vorlegten, also die »Assoziation, in der die freie Entwicklung eines jeden die Bedingung für die freie Entwicklung aller ist.«[67] (Die für Leserinnen und Leser am Ende des 20. Jahrhunderts auffällige ausschließlich männliche Definition für die sich befreienden Individuen ist ohne Sinnentstellung korrigierbar.)

Dies ist das gesinnungsethische Besteck, mit dem in Zukunft alle hantieren müssen, die sich zu einer »Linken« rechnen, die in einheitlicher, organisierter oder gar massenhafter Weise zunächst gar nicht als möglich gedacht werden kann.

Ein zweites Moment ist die Widerspruchsethik: die Bereitschaft zur Gegenwehr derer, die durch die herrschende Ordnung benachteiligt werden. Ihr Protest wird dann nicht Teil einer linken Bewegung sein, wenn die beiden gesinnungsethischen Postulate fehlen. Wir haben es dann mit Populismus zu tun, der in sehr verschiedenartiger Form auftreten kann. Er fand sich zum Beispiel auch dort, wo in der Bundesrepublik und in anderen Ländern Westeuropas die Bewegung gegen die Stationierung von Mittelstreckenraketen sowie in den USA gegen die strategische Rüstung des Präsidenten Reagan Züge einer

Wohlstandsrevolte annahm. Völker, die innerhalb des internationalen Systems eine bevorzugte Position einnahmen (und hier wieder die gebildeten, beschäftigten und von körperlicher Lohnarbeit weitgehend freigestellten Mittelschichten) sahen die Gefahr vor sich, daß ihr Platz an der Sonne durch einen nuklearen Winter nachhaltig verdunkelt würde. Die Universalität gesinnungsethischer linker Postulate spielte hier allenfalls als schlechtes Gewissen gegenüber den in Unterentwicklung gehaltenen Ländern eine randständige Rolle.

Deutschland wird absehbar ein Land ohne eine massenhafte, organisierte und parlamentsfähige (ein Ausdruck der Verankerung in der Gesellschaft) Linke sein. Das ist nichts Neues, es war schon einmal in der Alt-Bundesrepublik zwischen der zweiten Hälfte der fünfziger Jahre (KPD-Verbot 1956, Godesberger Programm der SPD 1959) und dem Beginn der Studentenbewegung so. Damals gab es lediglich radikale intellektuelle Kritik einzelner Hochschullehrer und in der Publizistik sowie Einpunktbewegungen. Dieser Zustand der Proto-Linken entsprach weitgehend US-amerikanischen Verhältnissen. Modifikationen ergaben sich allenfalls aus dem Rückhalt, den z.B. die Single-Issue-Movement gegen die Notstandsbewegung oder auch die Ostermärsche gegen Atomwaffen bei Minderheiten der Gewerkschaften fanden, und in der latenten, vor allem finanziellen Unterstützung einzelner linker Projekte (nicht nur der illegalen KPD) durch die SED. Die Protestbewegung der Studierenden wirkte in einer Situation deutlichen Modernisierungsbedarfs in das etablierte Parteiensystem hinein, ohne daß dort eine auch auf parlamentarischer Ebene aktionsfähige eigenständige, massenhaft wirkende organisierte Kraft entstanden wäre. Eine solche konnte allenfalls Anfang der achtziger Jahre — dann aber regional, ja kommunal begrenzt — bei der Grün-Alternativen Liste (GAL) und der Alternativen Liste (AL) in Westberlin vermutet werden. Auch diese Ansätze wurden bald aus dem parlamentarischen System (durch Machtentscheidungen innerhalb der Partei Die Grünen) wieder zerstört.

Die Frage nach einem reformerischen »Mitgestalten« von in-

nen heraus ist keine Sache einer möglichen »Linken«. Das bestehende politische System wird solche korrektiven Potenzen, solange es überhaupt noch Reserven hat, immer wieder aus sich
hervorbringen, zuweilen vielleicht arbeitsteilig, also mit besonderer Bedeutungszuweisung auch an radikale Gruppen.

Wenn heute von einer zukünftigen Linken überhaupt die Rede sein kann, dann sind darunter nicht Organisationen zu verstehen, sondern Funktionen, die insgesamt kein einheitlich
handelndes Subjekt ausmachen. Deshalb sollte letztlich eben
nicht von einer »Linken« gesprochen werden, sondern von einer Proto-Linken. Diese wird sichtbar

1. in der wissenschaftlichen Analyse des Kapitalismus,

2. in der Aufdeckung und operativen Bekämpfung der durch
ihn bewirkten Zerstörungen in Aktionen, die sich gegen die Ursachen, nicht die Symptome richten,

3. in der gesinnungsethisch ausgerichteten und historisch-ma-
terialistisch informierten Mitwirkung dort, wo Menschen sich
wehren, weil sie sich wehren müssen,

4. dies alles aber orientiert auf die strategische Notwendigkeit
eines gebrauchswert- und reproduktionsinteressierten Gesellschaftstypus, dessen Grundformeln in negatorischer Bestimmung bekannt sind, dessen operative Durchsetzung aktuell unmöglich erscheint, dessen politisch-ökonomische Rechenhaf-
tigkeit noch wichtiger wissenschaftlicher Grundlagen erman-
gelt und den Kommunismus zu nennen schon deshalb ein Beitrag zur Klärung ist, weil eine Verwechslung mit Surrogaten gerade gegenwärtig ausgeschlossen werden kann. Dieser Begriff
ist, da niemals eine bislang real existierende Gesellschaftsformation durch ihn zu bezeichnen war, insofern auch nicht diskredi-
tiert.

Anmerkungen

I. Die Hoffnung des Jürgen Kuczynski

1) Ein Gespräch mit Jürgen Kuczynski über Arbeiterklasse, Alltag, Geschichte und vor allem über Krieg und Frieden. Marburg 1984. S. 7 f.

2) Hierzu jetzt gut zusammenfassend: Niethammer, Lutz, unter Mitarbeit von Dirk van Laak: Posthistoire. Ist die Geschichte zu Ende? Reinbek 1989.

3) Joan Robinson folgert daraus – als eine von vielen – einen »Mystizismus« der Marxschen Arbeitswertlehre. Vgl. Robinson, Joan: Grundprobleme der Marxschen Ökonomie. Marburg 1987, S. 32- 43.

II. Rosa Luxemburg und die Grundrechenarten

1) Marx, Karl: Das Kapital. Kritik der politischen Ökonomie. Zweiter Band. In: Marx/Engels: Werke (MEW). Band 25. Berlin 1966, S. 485 ff.

2) Luxemburg, Rosa: Die Akkumulation des Kapitals. Ein Beitrag zur ökonomischen Erklärung des Imperialismus. In: Dies.: Gesammelte Werke. Band 5: Ökonomische Schriften. Berlin 1985. S. 5-411. Hier: 276 f.

3) Bauer, Otto: Die Akkumulation des Kapitals. In: Ders.: Werkausgabe. Band 7. Wien 1979, S. 1015-1040. Hier: S. 1040.

4) Luxemburg, Rosa: Die Akkumulation des Kapitals oder Was die Epigonen aus der Marxschen Theorie gemacht haben. Eine Antikritik. In: Dies.: Gesammelte Werke. Band 5: Ökonomische Schriften, a.a.O., S. 413-523. Hier: S. 446.

5) Ebd., S. 509.

6) Bucharin, Nikolai S.: Der Imperialismus und die Akkumulation des Kapitals. In: Unter dem Banner des Marxismus, 1. Jg., 1925/26, S. 21-63; 231-290.

7) Sternberg, Fritz: Der Imperialismus. Berlin 1926. S. 103 ff.

8) Grossmann, Henryk: Das Akkumulations- und Zusammenbruchsgesetz des kapitalistischen Systems (Zugleich eine Krisentheorie). Leipzig 1929. – Ich folge bei der Wiedergabe dieser Debatte dem Aufsatz: Finthammer, Volker, Georg Fülberth, Sabine Reiner, Jürgen Scheele: Wiederkehr des »legalen Marxismus«? In: Perspektiven. Zeitschrift für sozialistische Theorie. Nr. 5. Juni 1989, S. 5-16.

9) Bernstein, Eduard: Die Voraussetzungen des Sozialismus und die Aufgaben der Sozialdemokratie. 7. Auflage, Bonn/Bad Godesberg 1977.

III: Marx, Hilferding, Lenin und zurück

1) Marx, Karl: Zur Kritik der Politischen Ökonomie. In: Ders., und Friedrich Engels: Werke (MEW), Herausgegeben vom Institut für Marxismus-Leninismus beim ZK der SED, Band 13, Berlin 1969,S. 3-160. Hier: S. 9.

2) Hilferding, Rudolf: Das Finanzkapital. Eine Studie über die jüngste Entwicklung des Kapitalismus. Berlin 1947, S. 513 f.

3) Lenin, Wladimir I.: Der Imperialismus als höchstes Stadium des Kapitalismus. Gemeinverständlicher Abriß. In: Ders.: Werke (LW), Herausgegeben vom Institut für Marxismus-Leninismus beim ZK der KPdSU, Band 22, Berlin 1960, S. 189-309. Hier: S. 308.

4) Hilferding, a.a.O., S. 518.

5) Hilferding, Rudolf: Probleme der Zeit. In: Stephan, Cora (Hrsg.): Zwischen

den Stühlen oder über die Unvereinbarkeit von Theorie und Praxis. Schriften Rudolf Hilferdings 1904 bis 1940. Berlin/Bonn 1982. S. 166-181.

6) Hilferding, Rudolf: Die Aufgaben der Sozialdemokratie in der Republik. In: Sozialdemokratischer Parteitag 1927 in Kiel. Protokoll mit dem Bericht der Frauenkonferenz. Berlin 1927. S. 165- 184.

7) Lenin, W.I.: Staat und Revolution. Die Lehre des Marxismus vom Staat und die Aufgaben des Proletariats in der Revolution. LW 25, S. 393-507.

8) Kern, Horst, und Michael Schumann: Das Ende der Arbeitsteilung? Rationalisierung in der industriellen Produktion: Bestandsaufnahme, Trendbestimmung. München 1984.

9) Vgl. hierzu u.a. Gruppi, Luciano: Gramsci. Philosophie der Praxis und die Hegemonie des Proletariats. Mit einem Vorwort von Claudia Mancina. Hamburg/Westberlin 1972; Bischoff, Joachim: Einführung Gramsci. Hamburg 1981.

10) Horkheimer, Max, und Theodor W. Adorno: Kulturindustrie. In: Dies.: Dialektik der Aufklärung. Philosophische Fragmente. Frankfurt am Main 1988, S. 128-176.

11) Hess, Peter: Ausgangspunkte moderner Kapitalismuskritik. In: IPW-Berichte 1/1990, S. 33-39. Hier: S. 35.

12) Ebd., S. 38.

13) Marx, Karl: Zur Kritik der Hegelschen Rechtsphilosophie. Einleitung. MEW 1, S. 378-391. Hier: S. 390 f.

14) Engels, Friedrich: Einleitung [zu Karl Marx' »Klassenkämpfe in Frankreich 1848 bis 1850«, (1895)] MEW 22, S. 509- 527. Hier: S. 515. Hervorhebungen von Engels.

15) Kuczynski, Thomas: Es gibt wahrlich keinen Anlaß zu verzweifeltem Pessimismus. Ist denn der Sozialismus tatsächlich gescheitert? Versuch einer wirtschaftshistorischen Standortbestimmung. In: Neues Deutschland Nr. 284, 2./3. 1989, S. 10.

16) Ruben, Peter: Was ist Sozialismus? Zum Verhältnis von Gemein- und Personeneigentum an Produktionsmitteln. In: Initial. Zeitschrift für Politik und Gesellschaft. Nr. 2/90, S. 115-125; 224. Hier: S. 117 f.

17) Thomas Kuczynski, a.a.O.

IV. Fünf Perioden kapitalistischer Entwicklung

1) Dieser Abschnitt wurde im wesentlichen bereits veröffentlicht in: Fülberth, Georg: Im zweiten Intervall. Viermal Kapitalismus. In: Arbeiterkampf. Zeitung des Kommunistischen Bundes. Nr. 307, 29. Mai 1989, S. 33 f. Das Vier- Phasen-Schema, welches ich dort verwandte, ist hier erweitert.

2) Zur Geschichte des vor-industriellen Kapitalismus vgl. jetzt: Braudel, Fernand: Sozialgeschichte des 15.-18. Jahrhunderts. 3 Bde. München 1990; Wallerstein, Immanuel: Das moderne Weltsystem: Kapitalistische Landwirtschaft und die Entstehung der europäischen Weltwirtschaft im 16. Jahrhundert. Frankfurt am Main 1986.

3) Gitermann, Valentin: Geschichte Rußlands. 3. Band. Frankfurt 1987. S. 191ff.

4) Wehler, Hans-Ulrich: Sozialimperialismus. In: Ders.(Hrsg.): Imperialismus. Köln/Berlin 1970. S. 83- 96.

5) Keynes, John Maynard: Allgemeine Theorie der Beschäftigung, des Zinses und des Geldes. Ins Deutsche übersetzt von Fritz Waeger. 5. Aufl. Berlin 1974.

6) Vgl. Böhret, Carl: Aktionen gegen die »kalte Sozialisierung« 1926. Ein Beitrag zum Wirken ökonomischer Einflußverbände in der Weimarer Republik. Berlin 1966.

7) Keynes, a.a.O., S. 319.

8) Zur Aktualisierung dieses Begriffs vgl. Hirsch, Joachim, und Roland Roth: Das neue Gesicht des Kapitalismus. Vom Fordismus zum Post-Fordismus. Hamburg 1986.

9) Gesamtdarstellungen der Theorie des Staatsmonopolistischen Kapitalismus, jeweils bezogen auf die BRD und Frankreich, sind: Institut für Gesellschaftswissenschaften beim ZK der SED (Hrsg.): Der Imperialismus der BRD. Frankfurt/Main 1971. (Autorenkollektiv:) Der staatsmonopolistische Kapitalismus. Frankfurt am Main 1972.

10) Vgl. hierzu: Hofmann, Werner: Was ist Stalinismus? Vorwort von Frank Deppe und Gert Meyer. Heilbronn 1984. S. 84 ff.

11) Trotzki, Leo: Schriften 1: Sowjetgesellschaft und stalinistische Diktatur. Band 1.1. (1929-1936) Band 1.2 (1936-1940). Herausgegeben von Helmut Dahmer, Rudolf Segall und Rainer Tossdorff im Auftrag des Vereins zur wissenschaftlichen Erforschung und Aufarbeitung historischen Kulturguts e.V., Frankfurt a. M. Wissenschaftliche Mitarbeiter: Horst Lauscher und Rolf Wörsdörfer. Hamburg 1988.

12) Vgl. Menzel, Ulrich, und Dieter Senghaas: Indikatoren zur Bestimmung von Schwellenländern. Ein Vorschlag zur Operationalisierung. In: Nuscheler, Franz (Hrsg.): Dritte Welt-Forschung. Entwicklungstheorie und Entwicklungspolitik. Politische Vierteljahresschrift. Sonderheft 16/1985, S. 75-96; Senghaas, Dieter (Hrsg.): Peripherer Kapitalismus. Analysen über Abhängigkeit und Unterentwicklung. Frankfurt am Main 1974. Ein Beitrag, der sich auf die Leninsche Tradition bezieht: Cardoso, Fernando Henrique: Abhängigkeit und Entwicklung in Lateinamerika. Ebd., S. 201-220.

13) Marx, Karl: [Thesen über Feuerbach] MEW 3, S. 5-7. Hier: S. 7. Hervorhebungen von Marx.

14) Sraffa, Piero: Warenproduktion mittels Waren. Einleitung zu einer Kritik der politischen Ökonomie. Nachworte von Bertram Schefold. Frankfurt 1976

15) Schubert, Alexander: Die internationale Verschuldung. Die Dritte Welt und das transnationale Bankensystem. Frankfurt/Main 1985.

16) Hickel, Rudolf: Ein neuer Typ der Akkumulation? Anatomie des ökonomischen Strukturwandels – Kritik der Marktorthodoxie. Hamburg 1987.

17) Roth, Bernhard: Weltökonomie oder Nationalökonomie? Tendenzen des Internationalisierungsprozesses seit Mitte des 19. Jahrhunderts. Marburg 1984.

18) Kreft, Ursula: Postmoderne Zeiten. In: KONKRET 5/1990, S. 27-29.

19) Vgl. hierzu: Mandel, Ernest: Die Langen Wellen im Kapitalismus, eine marxistische Erklärung. Frankfurt 1983; Jänicke, Martin (Hrsg.): Vor uns die goldenen neunziger Jahre? Langzeitprognosen auf dem Prüfstand. München 1985.

20) Rosenberg, Hans: Große Depression und Bismarckzeit. Wirtschaftsablauf, Gesellschaft und Politik in Mitteleuropa. Berlin 1967. S. 53; Fülberth, Georg, und Jürgen Harrer: Die deutsche Sozialdemokratie 1890-1933. Darmstadt und

Neuwied 1974, S. 36.

21) Typisch für diesen Diskurs: Beck, Ulrich: Risikogesellschaft. Auf dem Weg in eine andere Moderne. Frankfurt/Main 1986.

22) Späth, Lothar: Wende in die Zukunft. Die Bundesrepublik auf dem Weg in die Informationsgesellschaft. Reinbek bei Hamburg 1985. S. 276 f.

23) z.B. bei Biedenkopf, Kurt H.: Die neue Sicht der Dinge. Plädoyer für eine freiheitliche Wirtschafts- und Sozialordnung. München 1985, bes. S. 419 ff.

24) u. 25) Marx, Karl: Inauguraladresse der Internationalen Arbeiter-Assoziation, gegründet am 28. September 1864 in öffentlicher Versammlung in St. Martin's Hall, Long Acre, in London. MEW 16, S. 5-13. Hier: S. 11.

26) Lothar Späths Buch »Wende in die Zukunft« ist ein solcher technokratisch-etatistischer Entwurf.

27) Ebermann, Thomas, und Rainer Trampert: Die Zukunft der Grünen. Ein realistisches Konzept für eine radikale Partei. Hamburg 1984.

28) Fischer, Joschka: Der Umbau der Industriegesellschaft. Plädoyer wider die herrschende Umweltlüge. Frankfurt am Main 1989, S. 115.

29) Tjaden, Karl Hermann: Mensch — Gesellschaftsformation — Biosphäre. Über die gesellschaftliche Dialektik des Verhältnisses von Mensch und Natur. Marburg 1990.

30) MEW 23, S. 640-740.

31) Anders als das Allgemeine Gesetz der kapitalistischen Akkumulation und als das Gesetz vom tendenziellen Fall der Profitrate ist die Annahme eine periodisch wirksam werdenden Krisenhaftigkeit der kapitalistischen Entwicklung von Marx nicht in einem eigenen, geschlossenen Abschnitt des »Kapital« dargestellt. Sie tritt gestreut im Gang seiner Argumentation auf, am deutlichsten vielleicht MEW 25, S. 506-510.

32) MEW 25, S. 221-277.

33) Roth, Weltökonomie oder Nationalökonomie? a.a.O.

34) Huffschmid, Jörg, und Heinz Jung: Reformalternative. Ein marxistisches Plädoyer. Frankfurt/Main 1988.
Nach dem Zusammenbruch der DDR hat Heinz Jung seine Auffassungen zur »Reformalternative« vollständig revidiert: »Unter den neuen Bedigungen muß sich eine Systemposition (sic. Verdruckt aus »Systemoppositition«? G.F.), die mehr als die Reform im Kapitalismus will, stärker als Fundamentalopposition profilieren. Und dies kann heute nur in Kritik des Bestehenden und mit theoretisch begründeten Visionen einer neuen nichtkapitalistischen Gesellschaft erfolgen. Damit wird die Position des 'Linksradikalismus' wieder tragfähig, während die Gorbatschow-Richtung wohl im Laufe der Zeit und nach den Umständen in einer globalistischen Sozialdemokratie aufgehen wird. Die frühere stille Interessenübereinstimmung radikale Reformalternative West — Gorbatschow- Perestroika Ost wird sich wohl in der Zukunft nicht mehr ergeben. Für den Linksradikalismus war eine solche Übereinstimmung ohnehin nicht da.« Jung, Heinz: Abschied von einer Realität. Zur Niederlage des Sozialismus und zum Abgang der DDR. Ein politisches Tagebuch — Sommer 1989 bis Herbst 1990. Historischer Abriß und Chronik von Fritz Krause. Frankfurt am Main 1990. S. 368.

35) Klein, Dieter: Chancen für einen friedensfähigen Kapitalismus. Berlin 1988.

36) Ruben, Was ist Sozialismus?, a.a.O., S. 122.

37) Priewe, Jan: Krisenzyklen und Stagnationstendenzen in der Bundesrepublik Deutschland. Die krisentheoretische Debatte. Köln 1988.

38) Ders.: Thesen für ein neues Sozialismusverständnis. In: Streitschrift zur Erneuerung der Politik. Hamburg 1989, S. 5-9. Hier: S. 9.

39) Goldberg, Jörg: Von Krise zu Krise. Die Wirtschaft der Bundesrepublik im Umbruch. Köln 1988. S. 263 f.

40) Hess, Ausgangspunkte moderner Kapitalismuskritik, a.a.O.

41) Altvater, Elmar, Jürgen Hoffmann und Willi Semmler: Vom Wirtschaftswunder zur Wirtschaftskrise. Ökonomie und Politik in der Bundesrepublik. Berlin 1979.

42) Altvater, Elmar: Sachzwang Weltmarkt. Verschuldungskrise, blockierte Industrialisierung und ökologische Gefährdung. Der Fall Brasilien. Hamburg 1987.

43) Ders.: Für einen »Reformismus mit Emphase«. In: Institut für Marxistische Studien und Forschungen (Hrsg.): »Vernunft wird Unsinn, Wohltat Plage ...« Die Linke und der Fortschritt. Frankfurt am Main 1987, S. 134-138.

44) Mandel, Ernest, und Winfried Wolf: Cash, Crash & Crisis. Profitboom, Börsenkrach und Wirtschaftskrise. Hamburg 1988, S. 205.

45) - 48) Ebd., S. 207.

49) Zur Kritik an Mandel und Wolf vgl. auch: Finthammer, Volker, Georg Fülberth, Sabine Reiner und Jürgen Scheele: Entweder-Oder. Legaler Marxismus, radikaler Keynesianismus oder Kritik der politischen Ökonomie? In: Perspektiven. Zeitschrift für sozialistische Theorie. Nr. 7 (1990), S. 51-61. Hier: S. 58 f.

50) Scharpf, Fritz W.: Sozialdemokratische Krisenpolitik in Europa. Frankfurt/New York 1987. Das Referat der Position von Scharpf sowie der Kritik Altvaters übernehme ich weithin wortgleich aus: Finthammer/Fülberth/Reiner/Scheele: Entweder-Oder, a.a.O., S. 47 f.

51) Altvater, Elmar: Nationale Wirtschaftspolitik unter Bedingungen globaler »finanzieller Instabilitäten« — zu Fritz Scharpf's »angebotsorientiertem Keynesianismus«. In: Probleme des Klassenkampfs. Zeitschrift für politische Ökonomie und sozialistische Politik. 18. Jahrgang 1988 Nr. 3. (= Prokla Heft 72) S. 121- 136. Hier: S. 121.

52) Vgl. z.B. Hofschen, Heinz-Gerd (Hrsg.): Lafontaine, SPD und Gewerkschaften. Die Wirtschaftspolitik- Debatte. Köln 1989; Institut für Marxistische Studien und Forschungen: Die Politische Ökonomie des Lohnverzichts. Oskar Lafontaine und die linke Zukunftsdiskussion. Eine kritische Auseinandersetzung. Frankfurt/Main 1988.

53) Scharpf, a.a.O., S. 319 ff.

54) Ebd., S. 335.

55) Ebd., S. 294.

56) Hübner, Kurt: Wenn die D-Mark den Osten überrollt. In: die tageszeitung, 7.2. 1990, S. 3.

57) Neusüß, Christel: Die Kopfgeburten der Arbeiterbewegung oder Die Genossin Luxemburg bringt alles durcheinander. Hamburg 1985. S. 228.

58) u. 59) Ebd., S. 233.

60) Vgl. u.a. Mies, Maria: Patriarchat und Kapital. Frauen in der internationalen Arbeitsteilung. Zürich 1988.

61) Vgl. Beer, Ursula: Geschlecht, Struktur, Geschichte. Soziale Konstituierung des Geschlechterverhältnisses. Frankfurt/Main; New York 1990. S. 29-39.

62) Biedenkopf, a.a.O., S. 448-452.

63) Tjaden, a.a.O., S. 165.

64) Ebd., S. 141.

65) Als Vertreter dieser Ansicht ist neuerdings der stellvertretende Chef des Planungsstabes im State Department der USA, Francis Fukuyama, hervorgetreten. Vgl. Fukuyama, Francis: Das Ende der Geschichte? In: Europäische Rundschau, 17. Jahrgang, 1989, Heft 4, S. 3-25.

V. Gegengesellschaften

1) Foner,Philip S., und Reinhard Schultz: Das Andere Amerika. Geschichte Kunst und Kultur der amerikanischen Arbeiterbewegung. Herausgegeben von der NGBK in Zusammenarbeit mit der Elefanten Press und unter Mitarbeit von Tom Fecht und Matthias Reichelt. Mit Beiträgen von Tim Drescher, Shifra Goldman, Patricia Hills, James Prigoff, Naomi und Walter Rosenblum, Fred Whitehead. Berlin 1983. S. 54.

2) Ebd.

3) Marx, Karl: Zur Kritik der Hegelschen Rechtsphilosophie. MEW 1, S. 378-391. Hier: S. 390. Hervorhebungen durch Marx.

4) Hofmann, Was ist Stalinismus? a.a.O., S. 29.

5) Ebd., S. 48 f. Hervorhebungen von Hofmann.

6) Marx, Karl: Randglossen zum Programm der deutschen Arbeiterpartei. MEW 19, S. 15-32. Hier: S. 28.

7) Engels, Friedrich: Einleitung zu »Der Bürgerkrieg in Frankreich« von Karl Marx (Ausgabe 1891). MEW 17, S. 613-625. Hier: S. 625.

8) Dieser Argumentation und ihrer Fundierung durch Verweise auf Marx und Engels dient durchgehend die Schrift »Staat und Revolution« von Lenin.

9) Engels, Friedrich: Herrn Eugen Dührings Umwälzung der Wissenschaft. («Anti-Dühring«) MEW 20, S. 1-303. Hier: S. 262.

10) Marx, Karl: [Rede über den Haager Kongreß.] MEW 18, S. 159-161. Hier: S. 160.

11) Lenin, Wladimir I.: Die proletarische Revolution und der Renegat Kautsky. LW 28, S. 225-327. Hier: S. 237.

12) Kuczynski, Thomas: Es gibt wahrlich keinen Anlaß zu verzweifeltem Pessimismus, a.a.O.

13) Marx, Karl, und Friedrich Engels: Manifest der Kommunistischen Partei. MEW 4, S. 459-493. Hier: S. 463 f.; 466.

14) Marx, Karl: Randglossen zum Programm der deutschen Arbeiterpartei, a.a.O., S. 19 f. Hervorhebung von Marx.

15) u. 16) Ebd., S. 20.

17) Ebd., S. 21.

18) Ebd., S. 20.

19) Ich danke Jörg Hahn, Grafenau, für die Überlassung seines Typoskripts »Transformationsproblem und Werttheorie. Zum Dualismus von Werten und Produktionspreisen im 'Kapital'«. o.O. o.J.

20) Marx, Karl: Erster Feldzug der absoluten Kritik. In: Engels, Friedrich, und

Karl Marx: Die heilige Familie oder Kritik der kritischen Kritik. Gegen Bruno Bauer und Konsorten. In: MEW 2, S. 3-223. Hier: S. 85. Hervorhebungen von Marx.

21) Hierzu vgl. Hirsch, Joachim: Kapitalismus ohne Alternative? Materialistische Gesellschaftstheorie und Möglichkeiten einer sozialistischen Politik heute. Hamburg 1990. S. 16 ff.

22) Für die deutsche Entwicklung hier und im folgenden: Mottek, Hans: Wirtschaftsgeschichte Deutschlands. Ein Grundriß. Band I. Von den Anfängen bis zur Zeit der Französischen Revolution. Berlin 1971. S. 126 ff.

23) Ebd. S. 151 ff. Pirenne, Henri: Geschichte Europas. Von der Völkerwanderung bis zur Reformation. Frankfurt am Main 1961. S. 183 ff.

24) Mottek, a.a.O., S. 133 ff.

25) Ebd., S. 197 ff.

26) Ein Alltagsbild der handelskapitalistischen Schichten dieser Städte findet sich — basierend auf einem umfungreichen Quellenfund — bei Origo, Iris: »Im Namen Gottes und des Geschäfts«. Lebensbild eines toskanischen Kaufmanns der Frührenaissance. Franceso di Marco Datini 1335-1410. München 1986.

27) Mottek, a.a.O., S. 234 ff.

28) Vgl. Deppe, Frank: Niccolò Machiavelli. Zur Kritik der reinen Politik. Köln 1987.

29) Habermas, Jürgen: Theorie des kommunikativen Handelns. 2 Bde. Frankfurt am Main 1981.

30) Vg. Gangl, Manfred: Politische Ökonomie und Kritische Theorie. Ein Beitrag zur theoretischen Entwicklung der Frankfurter Schule. Frankfurt/New York 1987. S. 168 ff. Ich danke Jürgen Scheele für hilfreiche Hinweise, vor allem im Zusammenhang mit seiner Diplomarbeit »Der Beitrag Henryk Grossmanns zur Akkumulations- und Krisentheorie«. Typoskript. Marburg 1990.

31) Habermas, Jürgen: Nachholende Revolution und linker Revisionsbedarf. Was heißt Sozialismus heute? In: Ders.: Die nachholende Revolution. Kleine Politische Schriften VII. Frankfurt am Main 1990. S. 179-204. Hier: 195.

32) Ebd., S. 198.

33) Ebd., S. 199 f.

34) Ebd., S. 201.

35) Ich danke Urte Sperling für den entscheidenden Hinweis.

36) Gramsci, Antonio: Stellungskrieg und Bewegungskrieg oder Frontalangriff. In: Ders.: Zu Politik, Geschichte und Kultur. Ausgewählte Schriften. Frankfurt am Main 1980. S. 272 f.

37) Haug, Wolfgang Fritz: Gorbatschow. Versuch über den Zusammenhang seiner Gedanken. Hamburg 1989, S. 329 ff.

38) Ebd., S. 436.

39) Hirsch, Kapitalismus ohne Alternative?, a.a.O., S. 172. Hervorhebungen von Hirsch.

40) Schmid, Thomas: Staats-Begräbnis. Von ziviler Gesellschaft. Berlin 1990.

41) Locke, John: Two Treatises of Government. A Critical Edition with an introduction and apparatus criticus by Peter Laslett. Cambridge 1967. S. 402 und passim. Die korrekte Zurückführung des Begriffs Zivilgesellschaft auf Locke (Civil Society) erfolgt bei: Rödel, Ulrich, Frankenberg, Günter, und Helmut

Dubiel: Die demokratische Frage. Frankfurt am Main 1989. S. 199 f.

VI. Organisationen zwecks Abschaffung des Kapitalismus

1) Marx/Engels: Manifest der Kommunistischen Partei, a.a.O., S. 482.
2) Marx, Karl: Zur Judenfrage. MEW 1, S. 347-377. Hier: S. 364.
Hervorhebung von Marx.
3) Ebd., S. 365.
4) Ebd., S. 365 f.
5) Marx/Engels: Manifest der Kommunistischen Partei, a.a.O., S. 481.
6) Marx, Karl: Das Kapital. Kritik der politischen Ökonomie. Erster Band.
Buch I: Der Produktionsprozeß des Kapitals. MEW 23, S. 92.
7) Ebd., S. 93.
8) Ebd., S. 90 f.
9) Ebd., S. 91 f.
10) Ebd., S. 92.
11) Programm der Sozialistischen Arbeiterpartei Deutschlands (Beschlossen in
Gotha 1875). In: Abendroth, Wolfgang: Aufstieg und Krise der deutschen Sozialdemokratie. Das Problem der Zweckentfremdung einer politischen Partei
durch die Anpassungstendenz von Institutionen an vorgegebene Machtverhältnisse. Vierte, erweiterte Auflage, Köln 1978. S. 107 f. Hier: S. 107.
12) Marx, Kritik des Gothaer Programms, a.a.O., S. 18.
13) Ebd., S. 19.
14) u. 15) Ebd., S. 20.
16) Ebd., S. 28.
17) Programm der Sozialistischen Arbeiterpartei Deutschlands, a.a.O., S. 107.
18) Marx, Karl: Die Klassenkämpfe in Frankreich 1848 bis 1850. MEW 7, S. 9-
107. Hier: S. 89.
19) Ders.: Der achtzehnte Brumaire des Louis Bonaparte. MEW 8, S. 111-207.
Hier: S. 196 f.
20) Vgl. die Hervorhebung dieses Spezifikums im Kommunistischen Manifest.
Über die Kommunisten heißt es da: »In allen diesen Bewegungen heben sie die
Eigentumsfrage, welche mehr oder minder entwickelte Form sie auch angenommen haben möge, als die Grundfrage der Bewegung hervor.« Marx/Engels,
Manifest der Kommunistischen Partei, a.a.O., S. 493.
21) Vgl. — am Beispiel einer Stadt — Zwahr, Hartmut: Zur Konstituierung des
Proletariats als Klasse. Strukturuntersuchung über das Leipziger Proletariat
während der industriellen Revolution. Berlin 1978.
22) z.B. Engels, Friedrich: Die Lage der arbeitenden Klasse in England. Nach eigner Anschauung und authentischen Quellen. MEW 2, S. 225-506. Hier: S. 504 ff.
23) Matthias, Erich: Kautsky und der Kautskyanismus. Die Funktion der Ideologie in der deutschen Sozialdemokratie vor dem ersten Weltkriege. In: Marxis-
musstudien, 2. Folge. Hrsg. von Iring Fetscher. Tübingen 1957. S. 151-197.
24) Soweit sich die im folgenden gegebene Periodisierung der Arbeiterbewegung auf die kommunistischen Parteien bezieht, wurde sie bereits vorgetragen
in: Fülberth, Georg: KPD und DKP 1945-1990. Zwei kommunistische Parteien
in der vierten Periode kapitalistischer Entwicklung. Heilbronn 1990. S. 9 f.
25) Ich verdanke diesen zutreffenden Terminus Steffen Lehndorff.

26) Braunthal, Julius: Geschichte der Internationale. 3 Bde. 3. Aufl. Berlin/Bonn 1978. Hier: Band 2, S. 212.

27) Ebd., S. 333.

28) Ebd., S. 334.

29) Ebd., S. 249 ff.; 284 ff.

30) Wehler, Hans-Ulrich: Das Deutsche Kaiserreich 1871-1918. Göttingen 1973. S. 218 ff.

31) Timmermann, Heinz: Die KPdSU-Reformer und die Linke in Westeuropa. Auf der Suche nach Präferenzbeziehungen zur internationalen Sozialdemokratie. In: Beiträge zur Konfliktforschung 3/1990, S. 33-60.

VII. Ein Reigen seliger Geister. Sack und Asche. Durch die Wüste. Ein neuer und alter Begriff von Kommunismus

1) Haug, Wolfgang Fritz: Versuch, beim täglichen Verlieren des Bodens unter den Füßen neuen Grund zu gewinnen/Das Perstrojka-Journal. Hamburg 1990; Jung, Heinz: Abschied von einer Realität. Zur Niederlage des Sozialismus und zum Abgang der DDR. Ein politisches Tagebuch — Sommer 1889 bis Herbst 1990. Historischer Abriß und Chronik von Fritz Krause, a.a.O.; Kuczynski, Jürgen: Schwierige Jahre — mit einem besseren Ende? Tagebuchblätter 1987 bis 1989. Berlin 1990.

2) Wesel, Uwe: Innerlich erröten. In: Kursbuch. Heft 100. Juni 1990. S. 42-53.

3) - 5) Ebd., S. 43.

6) Ebd., S. 43 f.

7) Ebd., S. 46.

8) Ebd., S. 48.

9) Ebd., S. 51.

10) Ebd., S. 51 f.

11) Ebd., S. 52.

12) Ebd., S. 53.

13) Habermas, Nachholende Revolution und linker Revisionsbedarf. Was heißt Sozialismus heute? a.a.O., S. 188.

14) Ebd., S. 197.

15) Ebd., S. 199.

16) Ebd., S. 196.

17) Ebd., S. 198.

18) Ebd., S. 203.

19) Rödel/Frankenberg/Dubiel, Die demokratische Frage, a.a.O., S. 119.

20) Ebd., S. 119. Hervorhebung durch Rödel/Frankenberg/Dubiel.

21) Ebd., S. 155; 159.

22) Ebd., S. 155.

23) Vgl. hierzu vor allem ebd., S. 166 ff.

24) Bischoff, Joachim, und Michael Menard: Marktwirtschaft und Sozialismus. Der Dritte Weg. Hamburg 1990.

25) Ein Kapitel ihres Buches trägt die Überschrift: »Vom Waren- zum Kapitalfetischismus«. Ebd., S. 104 ff.

26) Ebd. 119 f.

27) Ebd., S. 121 f.

28) Ebd., S. 18.

29) Ebd., S. 38 f.

30) Ebd., S.45; vgl. auch S. 54 und 57.

31) Ebd., S. 57.

32) Ebd., S. 56. »Implikation« offensichtlich verdruckt statt »Implikationen«.

33) Brus, Wlodzimierz, und Kazimierz Laski: Von Marx zum Markt. Der Sozialismus auf der Suche nach einem neuen Wirtschaftssystem. Marburg 1990.

34) Priewe, Jan: Der Sozialismus ist tot — es lebe der Marktsozialismus? In: Zeitschrift Marxistische Erneuerung. Vierteljahresschrift. 1. Jahrgang. Heft 3 (September 1990) S. 79-86. Hier: S. 85.

35) Ebd., S. 85 f.

36) Ebd., S. 86.

37) Tjaden, Mensch — Gesellschaftsformation — Biosphäre, a.a.O., S. 90.

38) Ebd., S. 90.

39) Ebd., S. 91.

40) Ebd., S. 91. »Altorientalische« Produktionsweise erscheint auf S. 91 — offenbar verdruckt — als »altorientalitische«.

41) - 45) Ebd., S. 92.

46) u. 47) Ebd., S. 93.

48) Ebd., S. 90.

49) u. 50) Ebd., S. 93.

51) Ebd., S. 94.

52) Ebd., S. 211.

53) Ebd., S. 151.

54) Ebd., S. 211.

55) Ebd., S. 212.

56) u. 57) Ebd., S. 213.

58) Ebd., S. 213 f.

59) Ebd., S. 215.

60) Ebd., S. 215. Karl Hermann Tjaden verweist hier auf: Abendroth, Wolfgang: Die Alternativen der Planung. Planung zur Erhaltung des Spätkapitalismus oder Planung in Richtung auf eine klassenlose Gesellschaft? In: Ders.: Antagonistische Gesellschaft und politische Demokratie. Aufsätze zur politischen Soziologie. Neuwied und Berlin 1967. S. 463-493. Hier: S. 489 ff.

61) Ebd., S. 215.

62) Ebd., S. 216.

63) Ebd., S. 215.

64) Ebd., S. 141 f.

65) Marx, Zur Judenfrage, a.a.O., S. 370.

66) Kant, Immanuel: Grundlegung zur Metaphysik der Sitten. Stuttgart 1988. S. 79. Für Hilfe bei der Interpretation danke ich Ralf Blendowske.

67) Marx/Engels, Manifest der Kommunistischen Partei, a.a.O., S. 482.

Literatur

Abendroth, Wolfgang: Die Alternativen der Planung. Planung zur Erhaltung des Spätkapitalismus oder Planung in Richtung auf eine klassenlose Gesellschaft? Einige marxistische Bemerkungen zum Problem der Planung. In: Ders.: Antagonistische Gesellschaft und politische Demokratie. Aufsätze zur politischen Soziologie. Neuwied und Berlin 1967. S. 463-493.

Altvater, Elmar: Für einen »Reformismus mit Emphase«. In: Institut für Marxistische Studien und Forschungen (Hrsg.): »Vernunft wird Unsinn, Wohltat Plage ...« Die Linke und der Fortschritt. Frankfurt am Main 1987, S. 134-138.

Altvater, Elmar: Nationale Wirtschaftspolitik unter Bedingungen globaler »finanzieller Instabilitäten« — zu Fritz Scharpf's »angebotsorientiertem Keynesianismus«. In: Probleme des Klassenkampfs. Zeitschrift für politische Ökonomie und sozialistische Politik. 18. Jahrgang 1988 Nr. 3. (= Prokla Heft 72) S. 121- 136.

Altvater, Elmar: Sachzwang Weltmarkt. Verschuldungskrise, blockierte Industrialisierung und ökologische Gefährdung. Der Fall Brasilien. Hamburg 1987.

Altvater, Elmar, Jürgen Hoffmann und Willi Semmler: Vom Wirtschaftswunder zur Wirtschaftskrise. Ökonomie und Politik in der Bundesrepublik. Berlin 1979.

(Autorenkollektiv:) Der staatsmonopolistische Kapitalismus. Frankfurt am Main 1972.

Bahro, Rudolf: Die Alternative. Zur Kritik des real existierenden Sozialismus. Köln/Frankfurt am Main 1977.

Bauer, Otto: Die Akkumulation des Kapitals. In: Ders.: Werkausgabe. Band 7. Wien 1979, S. 1015-1040.

Beck, Ulrich: Risikogesellschaft. Auf dem Weg in eine andere Moderne. Frankfurt/Main 1986.

Beer, Ursula: Geschlecht, Struktur, Geschichte. Soziale Konstituierung des Geschlechterverhältnisses. Frankfurt/Main; New York 1990.

Bernstein, Eduard: Die Voraussetzungen des Sozialismus und die Aufgaben der Sozialdemokratie. Eingeleitet von Dieter Schuster. 7. Auflage, Bonn/Bad Godesberg 1977.

Biedenkopf, Kurt H.: Die neue Sicht der Dinge. Plädoyer für eine freiheitliche Wirtschafts- und Sozialordnung. München 1985.

Bischoff, Joachim: Einführung Gramsci. Hamburg 1981.

Bischoff, Joachim und Michael Menard: Marktwirtschaft und Sozialismus. Der Dritte Weg. Hamburg 1990.

Böhret, Carl: Aktionen gegen die »kalte Sozialisierung« 1926. Ein Beitrag zum Wirken ökonomischer Einflußverbände in der Weimarer Republik. Berlin 1966.

Braudel, Fernand: Sozialgeschichte des 15.-18. Jahrhunderts. 3 Bde. München 1990.

Braunthal, Julius: Geschichte der Internationale. 3 Bde. 3. Aufl. Berlin/Bonn 1978.

Brus, Wlodzimierz, und Kazimierz Laski: Von Marx zum Markt. Der Sozialismus auf der Suche nach einem neuen Wirtschaftssystem. Marburg 1990.

Bucharin, Nikolai S.: Der Imperialismus und die Akkumulation des Kapitals. In: Unter dem Banner des Marxismus. Wien, Berlin, Moskau, Leningrad. 1. Jg., 1925/26 (Reprint Erlangen 1970), S. 21-63; 231-290.

Cardoso, Fernando Henrique: Abhängigkeit und Entwicklung in Lateinamerika. In: Senghaas, Peripherer Kapitalismus. Analysen über Abhängigkeit und Unterentwicklung. Frankfurt/Main 1974, S. 201-220.

Deppe, Frank: Niccolò Machiavelli. Zur Kritik der reinen Politik. Köln 1987.

Ebermann, Thomas und Rainer Trampert: Die Zukunft der Grünen. Ein realistisches Konzept für eine radikale Partei. Hamburg 1984.

Ein Gespräch mit Jürgen Kuczynski über Arbeiterklasse, Alltag, Geschichte und vor allem über Krieg und Frieden. Marburg 1984.

Elleinstein, Jean: Geschichte des »Stalinismus«. Westberlin 1977.

Engels, Friedrich: Die Lage der arbeitenden Klasse in England. Nach eigner Anschauung und authentischen Quellen. MEW 2, S. 225-506.

Engels, Friedrich: Einleitung zu »Der Bürgerkrieg in Frankreich« von Karl Marx (Ausgabe 1891). MEW 17, S. 613-625.

Engels, Friedrich: Einleitung [zu Karl Marx' »Klassenkämpfe in Frankreich 1848 bis 1850«, 1895] MEW 22, S. 509-527.

Engels, Friedrich: Herrn Eugen Dührings Umwälzung der Wissenschaft. (»Anti-Dühring«) MEW 20, S. 1-303.

Finthammer, Volker, Georg Fülberth, Sabine Reiner, Jürgen Scheele: Wiederkehr des »legalen Marxismus«? In: Perspektiven. Zeitschrift für sozialistische Theorie. Nr. 5. Juni 1989, S. 5-16.

Finthammer, Volker, Georg Fülberth, Sabine Reiner und Jürgen Scheele: Entweder-Oder. Legaler Marxismus, radikaler Keynesianismus oder Kritik der politischen Ökonomie? In: Perspektiven. Zeitschrift für sozialistische Theorie. Nr. 7 (Mai/Juni 1990), S. 51-61.

Fischer, Joschka: Der Umbau der Industriegesellschaft. Plädoyer wider die herrschende Umweltlüge. Frankfurt am Main 1989.

Foner, Philip S., und Reinhard Schultz: Das Andere Amerika. Geschichte, Kunst und Kultur der amerikanischen Arbeiterbewegung. Herausgegeben von der NGBK in Zusammenarbeit mit der Elefanten Press und unter Mitarbeit von Tom Fecht und Matthias Reichelt. Mit Beiträgen von Tim Drescher, Shifra Goldman, Patricia Hills, James Prigoff, Naomi und Walter Rosenblum, Fred Whitehead. 2. Aufl. Berlin 1983.

Fülberth, Georg: Im zweiten Intervall. Viermal Kapitalismus. In: Arbeiterkampf. Zeitung des Kommunistischen Bundes. Nr.307, 29. Mai 1989, S.33 f.

Fülberth, Georg: KPD und DKP 1945-1990. Zwei kommunistische Parteien in der vierten Periode kapitalistischer Entwicklung. Heilbronn 1990. S. 9 f.

Fülberth, Georg und Jürgen Harrer: Die deutsche Sozialdemokratie 1890-1933. Darmstadt und Neuwied 1974.

Fukuyama, Francis: Das Ende der Geschichte? In: Europäische Rundschau, 17. Jahrgang, 1989, Heft 4, S. 3-25.

Gangl, Manfred: Politische Ökonomie und Kritische Theorie. Ein Beitrag zur theoretischen Entwicklung der Frankfurter Schule. Frankfurt/New York 1987.

Gitermann, Valentin: Geschichte Rußlands. Dritter Band. Frankfurt (Main) 1987.

Goldberg, Jörg: Von Krise zu Krise. Die Wirtschaft der Bundesrepublik im Umbruch. Köln 1988.

Gramsci, Antonio: Stellungskrieg und Bewegungskrieg oder Frontalangriff. In: Ders.: Zu Politik, Geschichte und Kultur. Ausgewählte Schriften. Frankfurt am Main 1980. S. 272 f.

Gruppi, Luciano: Gramsci. Philosophie der Praxis und die Hegemonie des Proletariats. Mit einem Vorwort von Claudia Mancina. Hamburg/Westberlin 1972.

Grossmann, Henryk: Das Akkumulations- und Zusammenbruchsgesetz des kapitalistischen Systems (Zugleich eine Krisentheorie). Leipzig 1929.

Habermas, Jürgen: Nachholende Revolution und linker Revisionsbedarf. Was heißt Sozialismus heute? In: Ders.: Die nachholende Revolution. Kleine Politische Schriften VII. Frankfurt am Main 1990. S. 179-204.

Habermas, Jürgen: Theorie des kommunikativen Handelns. 2 Bde. Frankfurt am Main 1981.

Haug, Wolfgang Fritz: Gorbatschow. Versuch über den Zusammenhang seiner Gedanken. Hamburg 1989.

Haug, Wolfgang Fritz: Versuch, beim täglichen Verlieren des Bodens unter den Füßen neuen Grund zu gewinnen. Das Perestrojka-Journal. Hamburg 1990.

Hess, Peter: Ausgangspunkte moderner Kapitalismuskritik. In: IPW-Berichte 1/1990, S. 33-39. Hier: S. 35.

Hickel, Rudolf: Ein neuer Typ der Akkumulation? Anatomie des ökonomischen Strukturwandels — Kritik der Marktorthodoxie. Hamburg 1987.

Hilferding, Rudolf: Das Finanzkapital. Eine Studie über die jüngste Entwicklung des Kapitalismus. Berlin 1947.

Hilferding, Rudolf: Die Aufgaben der Sozialdemokratie in der Republik. In: Sozialdemokratischer Parteitag 1927 in Kiel. Protokoll mit dem Bericht der Frauenkonferenz. Berlin 1927. S. 165-184.

Hilferding, Rudolf: Probleme der Zeit. In: Stephan, Cora (Hrsg.): Zwischen den Stühlen oder über die Unvereinbarkeit von Theorie und Praxis. Schriften Rudolf Hilferdings 1904 bis 1940. Berlin/Bonn 1982. S. 166-181.

Hirsch, Joachim: Kapitalismus ohne Alternative? Materialistische Gesellschaftstheorie und Möglichkeiten einer sozialistischen Politik heute. Hamburg 1990.

Hirsch, Joachim, und Roland Roth: Das neue Gesicht des Kapitalismus. Vom Fordismus zum Post-Fordismus. Hamburg 1986.

Hofmann, Werner: Was ist Stalinismus? Vorwort von Frank Deppe und Gert Meyer. Heilbronn 1984.

Hofschen, Heinz-Gerd (Hrsg.): Lafontaine, SPD und Gewerkschaften. Die Wirtschaftspolitik-Debatte. Köln 1989.

Horkheimer, Max, und Theodor W. Adorno: Kulturindustrie. In: Dies.: Dialektik der Aufklärung. Philosophische Fragmente. Frankfurt am Main 1988, S. 128-176.

Hübner, Kurt: Wenn die D-Mark den Osten überrollt. In: die tageszeitung, 7.2. 1990, S. 3.

Huffschmid, Jörg, und Heinz Jung: Reformalternative. Ein marxistisches Plädoyer. Frankfurt/Main 1988.

Institut für Gesellschaftswissenschaften beim ZK der SED (Hrsg.): Der Imperialismus der BRD. Frankfurt/Main 1971.

Institut für Marxistische Studien und Forschungen: Die Politische Ökonomie des Lohnverzichts. Oskar Lafontaine und die linke Zukunftsdiskussion. Eine kritische Auseinandersetzung. Frankfurt/Main 1988.

Jänicke, Martin (Hrsg.): Vor uns die goldenen neunziger Jahre? Langzeitprognosen auf dem Prüfstand. München 1985.

Jung, Heinz: Abschied von einer Realität. Zur Niederlage des Sozialismus und zum Abgang der DDR. Ein politisches Tagebuch — Herbst 1989 bis Herbst 1990. Historischer Abriß und Chronik von Fritz Krause. Frankfurt/M. 1990.

Kant, Immanuel: Grundlegung zur Metaphysik der Sitten. Stuttgart 1988.

Kennedy, Paul: Aufstieg und Fall der großen Mächte. Ökonomischer Wandel und militärischer Konflikt von 1500 bis 2000. Aus dem Englischen von Catharina Jurisch. Historische Beratung Katrin Schambach Frankfurt am Main 1988.

Kern, Horst, und Michael Schumann: Das Ende der Arbeitsteilung? Rationalisierung in der industriellen Produktion: Bestandsaufnahme, Trendbestimmung. München 1984.

Keynes, John Maynard: Allgemeine Theorie der Beschäftigung, des Zinses und des Geldes. Ins Deutsche übersetzt von Fritz Waeger. 5. Aufl. Berlin 1974.

Klein, Dieter: Chancen für einen friedensfähigen Kapitalismus. Berlin 1988.

Kreft, Ursula: Postmoderne Zeiten. In: KONKRET 5/1990, S. 27-29.

Kuczynski, Jürgen: Schwierige Jahre — mit einem besseren Ende? Tagebuchblätter 1987-1989. Berlin 1990.

Kuczynski, Thomas: Es gibt wahrlich keinen Anlaß zu verzweifeltem Pessimismus. Ist denn der Sozialismus tatsächlich gescheitert? Versuch einer wirtschaftshistorischen Standortbestimmung. In: Neues Deutschland Nr. 284, 2./3. 12. 1989. S. 10.

Lenin, Wladimir I.: Der Imperialismus als höchstes Stadium des Kapitalismus. Gemeinverständlicher Abriß. In: Ders.: Werke (LW), Herausgegeben vom Institut für Marxismus-Leninismus beim ZK der KPdSU, Band 22, Berlin 1960, S. 189-309.

Lenin, Wladimir I.: Die proletarische Revolution und der Renegat Kautsky. LW 28, S. 225-327.

Lenin, W.I.: Staat und Revolution. Die Lehre des Marxismus vom Staat und die Aufgaben des Proletariats in der Revolution. LW 25, S. 393-507.

Locke, John: Two Treatises of Government. A critical Edition with an introduction and apparatus criticus by Peter Laslett. Cambridge 1967.

Luxemburg, Rosa: Die Akkumulation des Kapitals. Ein Beitrag zur ökonomischen Erklärung des Imperialismus. In: Dies.: Gesammelte Werke. Band 5: Ökonomische Schriften. Berlin 1985. S. 5-411.

Luxemburg, Rosa: Die Akkumulation des Kapitals oder Was die Epigonen aus der Marxschen Theorie gemacht haben. Eine Antikritik. In: Dies.: Gesammelte Werke. Band 5: Ökonomische Schriften, Berlin 1985. S. 413-523.

Mandel, Ernest: Die Langen Wellen im Kapitalismus, eine marxistische Erklärung. Frankfurt am Main 1983.

Mandel, Ernest, und Winfried Wolf: Cash, Crash & Crisis. Profitboom, Börsenkrach und Wirtschaftskrise. Hamburg 1988.

Marx, Karl: Das Kapital. Kritik der politischen Ökonomie. In: Ders., und Friedrich Engels: Werke (MEW). Herausgegeben vom Institut für Marxismus-Leninismus beim ZK der SED. Band 23- 25. Berlin 1975-1976.

Marx, Karl: Der achtzehnte Brumaire des Louis Bonaparte. MEW 8, S. 111-207.

Marx, Karl: Die Klassenkämpfe in Frankreich 1848 bis 1850. MEW 7, S. 9- 107.

Marx, Karl: Inauguraladresse der Internationalen Arbeiter-Assoziation, gegründet am 28. September 1864 in öffentlicher Versammlung in St. Martin's Hall, Long Acre, in London. MEW 16, S. 5-13.

Marx, Karl: Randglossen zum Programm der deutschen Arbeiterpartei. MEW 19, S. 15-32.

Marx, Karl: [Rede über den Haager Kongreß]. MEW 18, S. 159-161. Hier: S. 160.

Marx, Karl: [Thesen über Feuerbach] MEW 3, S. 5-7.

Marx, Karl: Zur Kritik der Hegelschen Rechtsphilosophie.Einleitung. MEW 1, S. 378-391.

Marx, Karl: Zur Kritik der Politischen Ökonomie. MEW, 13, Berlin 1969, S. 3-160.

Marx, Karl und Friedrich Engels: Die heilige Familie oder Kritik der kritischen Kritik. Gegen Bruno Bauer und Konsorten. In: MEW 2, S. 3-223.

Marx, Karl und Friedrich Engels: Manifest der Kommunistischen Partei. MEW 4, S. 459-493.

Marx, Karl: Zur Judenfrage. MEW 1, S. 347-377.

Matthias, Erich: Kautsky und der Kautskyanismus. Die Funktion der Ideologie in der deutschen Sozialdemokratie vor dem ersten Weltkriege. In: Marxismus-Studien, 2. Folge. Hrsg. von Iring Fetscher. Tübingen 1957. S. 151-197.

Menzel, Ulrich, und Dieter Senghaas: Indikatoren zur Bestimmung von Schwellenländern. Ein Vorschlag zur Operationalisierung. In: Nuscheler, Franz (Hrsg.): Dritte Welt- Forschung. Entwicklungstheorie und Entwicklungspolitik. Politische Vierteljahresschrift. Sonderheft 16/1985, S. 75-96

Mies, Maria: Patriarchat und Kapital. Frauen in der internationalen Arbeitsteilung. Zürich 1988.

Mottek, Hans: Wirtschaftsgeschichte Deutschlands. Ein Grundriß. Band I. Von den Anfängen bis zur Zeit der Französischen Revolution. Berlin 1971.

Neusüß, Christel: Die Kopfgeburten der Arbeiterbewegung oder Die Genossin Luxemburg bringt alles durcheinander. Hamburg 1985.

Niethammer, Lutz, unter Mitarbeit von Dirk van Laak: Posthistoire. Ist die Geschichte zu Ende? Reinbek bei Hamburg 1989.

Origo, Iris: »Im Namen Gottes und des Geschäfts«. Lebensbild eines toskanischen Kaufmanns der Frührenaissance. Franceso di Marco Datini 1335-1410. Zweite, verbesserte Auflage. München 1986.

Pirenne, Henri: Geschichte Europas. Von der Völkerwanderung bis zur Reformation. Frankfurt am Main 1961.

Priewe, Jan: Der Sozialismus ist tot — es lebe der Marktsozialismus? In: Zeitschrift Marxistische Erneuerung. Vierteljahresschrift. 1. Jahrgang. Heft 3 (September 1990) S. 79- 86.

Priewe, Jan: Krisenzyklen und Stagnationstendenzen in der Bundesrepublik Deutschland. Die krisentheoretische Debatte. Köln 1988.

Priewe, Jan: Thesen für ein neues Sozialismusverständnis. In: Streitschrift zur Erneuerung der Politik. (Redaktion: Michael Rittmeier). Hamburg 1989, S.5-9.

Programm der Sozialistischen Arbeiterpartei Deutschlands (Beschlossen in Gotha 1875). In: Abendroth, Wolfgang: Aufstieg und Krise der deutschen Sozialdemokratie. Das Problem der Zweckentfremdung einer politischen Partei durch die Anpassungstendenz von Institutionen an vorgegebene Machtverhältnisse. Vierte, erweiterte Auflage. Köln 1978. S. 107 f.

Robinson, Joan: Grundprobleme der Marxschen Ökonomie. Marburg 1987.

Rödel, Ulrich, Frankenberg, Günter, und Helmut Dubiel: Die demokratische Frage. Frankfurt am Main 1989.

Rosenberg, Hans: Große Depression und Bismarckzeit. Wirtschaftsablauf, Gesellschaft und Politik in Mitteleuropa. Berlin 1967.

Roth, Bernhard: Weltökonomie oder Nationalökonomie? Tendenzen des Internationalisierungsprozesses seit Mitte des 19. Jahrhunderts. Marburg 1984.

Ruben, Peter: Was ist Sozialismus? Zum Verhältnis von Gemein- und Personeneigentum an Produktionsmitteln. In: Initial. Zeitschrift für Politik und Gesellschaft. Nr. 2/90, S. 115-125; 224.

Scharpf, Fritz W.: Sozialdemokratische Krisenpolitik in Europa. 2. Aufl. Frankfurt/New York 1987.

Scheele, Jürgen: Der Beitrag Henryk Grossmanns zur Akkumulations- und Krisentheorie. Diplomarbeit im Fach Politikwissenschaft. Fachbereich Gesellschaftswissenschaften und Philosophie. Typoskript. Marburg 1990.

Schmid, Thomas: Staats-Begräbnis. Von ziviler Gesellschaft. Berlin 1990.

Schubert, Alexander: Die internationale Verschuldung. Die Dritte Welt und das transnationale Bankensystem. Frankfurt/Main 1985.

Senghaas, Dieter (Hrsg.): Peripherer Kapitalismus. Analysen über Abhängigkeit und Unterentwicklung. Frankfurt am Main 1974.

Späth, Lothar: Wende in die Zukunft. Die Bundesrepublik auf dem Weg in die Informationsgesellschaft. Reinbek bei Hamburg 1985.

Sternberg, Fritz: Der Imperialismus. Berlin 1926.

Sraffa, Piero: Warenproduktion mittels Waren. Einleitung zu einer Kritik der politischen Ökonomie. Nachworte von Bertram Schefold. Frankfurt am Main 1976.

Timmermann, Heinz: Die KPdSU- Reformer und die Linke in Westeuropa. Auf der Suche nach Präferenzbeziehungen zur internationalen Sozialdemokratie. In: Beiträge zur Konfliktforschung 3/1990, S. 33-60.

Tjaden, Karl Hermann: Mensch — Gesellschaftsformation — Biosphäre. Über die gesellschaftliche Dialektik des Verhältnisses von Mensch und Natur. Marburg 1990.

Trotzki, Leo: Schriften 1: Sowjetgesellschaft und stalinistische Diktatur. Band 1.1. (1929-1936) Band 1.2 (1936-1940). Herausgegeben von Helmut Dahmer, Rudolf Segall und Rainer Tossdorff im Auftrag des Vereins zur wissenschaftlichen Erforschung und Aufarbeitung historischen Kulturguts e.V., Frankfurt a. M. Wissenschaftliche Mitarbeiter: Horst Lauscher und Rolf Wörsdörfer. Hamburg 1988.

Wallerstein, Immanuel: Das moderne Weltsystem. Kapitalistische Landwirtschaft und die Entstehung der europäischen Weltwirtschaft im 16. Jahrhundert. Frankfurt am Main 1986.

Wehler, Hans-Ulrich: Das Deutsche Kaiserreich 1871-1918. Göttingen 1973.
Wehler, Hans-Ulrich: Sozialimperialismus. In: Ders.(Hrsg.): Imperialismus. Köln/Berlin 1970. S. 83- 96.

Wesel, Uwe: Innerlich erröten. In: Kursbuch. Heft 100. Juni 1990. S. 42-53.

Zwahr, Hartmut: Zur Konstituierung des Proletariats als Klasse. Strukturuntersuchung über das Leipziger Proletariat während der industriellen Revolution. Berlin 1978.